ミネルヴァ日本評伝選

一筋に誠をもちて仕へなば

昭憲皇太后・貞明皇后

小田部雄次著

ミネルヴァ書房

刊行の趣意

「学問は歴史に極まり候ことに候」とは、先哲荻生徂徠のことばである。

歴史のなかにこそ人間の智恵は宿されている。人間の愚かさもそこにはあらわだ。この歴史を探り、歴史に学んでこそ、人間はようやくみずからの正体を知り、いくらかは賢くなることができる。新しい勇気を得て未来に向かうことができる。徂徠はそう言いたかったのだろう。

「ミネルヴァ日本評伝選」は、私たちの直接の先人について、この人間知を学びなおそうという試みである。日本列島の過去に生きた人々の言行を、深く、くわしく探って、そこに現代への批判を聴きとろうとする試みである。日本人ばかりではない。列島の歴史にかかわった多くの異国の人々の声にも耳を傾けよう。

先人たちの書き残した文章をそのひだにまで立ち入って読み、彼らの旅した跡をたどりなおし、彼らのなしとげた事業を広い文脈のなかで注意深く観察しなおす――そのとき、はじめて先人たちはいまの私たちのかたわらによみがえってくる。彼らのなまの声で歴史の智恵を、また人間であることのよろこびと苦しみを、私たちに伝えてくれもするだろう。

この「評伝選」のつらなりのなかから、列島の歴史はおのずからその複雑さと奥ゆきの深さをもって浮かび上がってくるはずだ。これを読むとき、私たちのなかに新たな自信と勇気が湧いてきて、その矜持と勇気をもって「グローバリゼーション」の世紀に立ち向かってゆくことができる――そのような「ミネルヴァ日本評伝選」にしたいと、私たちは願っている。

平成十五年（二〇〇三）九月

上横手雅敬
芳賀　徹

矢沢弦月筆「女子師範学校行啓」（聖徳記念絵画館蔵）

明治 8 年11月29日，昭憲皇太后は東京女子師範学校開校式に出席した（本書102頁参照）。

昭憲皇太后（明治神宮蔵）

明治天皇（宮内庁蔵）

貞明皇后（宮内庁蔵）

大正天皇（宮内庁蔵）

御庭煙草盆（昭憲皇太后遺品）（宝鏡寺蔵）

神山復生病院の楓の森（静岡県御殿場市神山・神山復生病院提供）
昭和８年に貞明皇后が贈った楓の実生は現在立派に成長している（本書307頁参照）。

はじめに

昭憲皇太后《しょうけんこうたいごう》は明治天皇の、貞明皇后《ていめいこうごう》は大正天皇の、それぞれの皇后である。明治維新以後の近代天皇制国家創設に関わった皇后と、それを継承し発展させた皇后ともいえる。

昭憲皇太后は一条家、貞明皇后は九条家の出身で、ともに五摂家《ごせっけ》である。両皇后の活動は共通するところが多いが、それぞれに独自性も持っている。本書では、両皇后の類似性と個別性を整理しながら、近代日本の生成と発展に果たした皇后の役割を明らかにしてみたい。

昭憲皇太后や貞明皇后はともに「国母（こくも・こくぼ）」と称された。そのため両皇后を顕彰する伝記や回想録の類は多い。昭憲皇太后が亡くなった大正三年（一九一四）だけで、山口鼎太郎『明治皇后』、坂本辰之助『昭憲皇太后』、洞口猷寿『昭憲皇太后宮』、皇学書院『昭憲皇太后御聖徳録』、上田景二『昭憲皇太后史』、大日本実修女学会編『昭憲皇太后御一代記』などの伝記が刊行されたのである。貞明皇后は亡くなったのが国民主権となった戦後の昭和二六年（一九五二）だったこともあり、貞明皇后が総裁をつとめた大日本蚕糸会が刊行した早川卓郎『貞明皇后』がある程度であった。その後、昭和四六年に主婦の友社『貞明皇后』が上梓され、両皇后の歌集や歌論、関係者の回想録なども出版された。

しかしながら、多くは美辞麗句の逸話集であり、総合的で緻密な分析をした学術的な文献は少ない。そうした研究状況の中で、昭憲皇太后の肖像から近代皇后論に迫った若桑みどり『皇后の肖像』は高い水準を示している。片野真佐子『皇后の近代』や保坂正康『皇后四代』も、概説的ではあるが、たんなる顕彰ではない実証的史書となっている。また貞明皇后については、末子の三笠宮崇仁《みかさのみやたかひと》に取材した工藤美代子『母宮貞明皇后とその時代』『国母の気品』が新たな切り口をみせている。また、断片的ながら、浅見雅男『闘う皇族』『皇太子婚約解消事件』や原武史『昭和天皇』も、貞明皇后の実像に迫ろうとした。

こうした研究状況をふまえて、本書では、昭憲皇太后や貞明皇后の行状を再整理するのみならず、両皇后の近代天皇制国家における歴史的役割とその意味を解明したい。とりわけ、皇室という「超人間的世界」に嫁いで、その重責を全うした女性の、顕彰されるべき行状の影に隠れた近代人としての個人的苦悩のありかを探ってみたいと思う。

「近代の皇后」の重責を担った女性には、相応の心身の強靱さがあったことは間違いない。多くの伝記や回想録のように、その強靱さを誉めたたえる言辞があってもいいほどだ。他方、そうした強靱な人生にかかった重圧がどのようなものであったのか、それにどう対処したのかを明らかにする必要もあろう。なにゆえに「超人間的世界」に嫁いでその重責を担わざるを得なかったのか、そのために何を犠牲にしたのか、その結果は何を得たのか、本書ではそうした問いかけをしたみたい。その問いかけは、日本の近代のあり方そのものへの問いかけにもなると考えるからである。

なお、昭憲皇太后は、幼少時は一条勝子《かつこ》、富貴《ふき》、寿栄《すえ》、そして入内《じゅだい》(皇后に決まった女性が正式に宮中に入ること)に先立ち美子《はるこ》と称した。皇后から皇太后となり、逝去した後に昭憲皇太后と諡号《しごう》された。つまり、生前に昭憲皇太后と称されることはなかった。貞明皇后も同様に九条節子《さだこ》から皇太子妃節子、皇后節子、皇太后節子となったが、生前に貞明皇后と呼ばれることはなかった。しかし、本書では表記統一上、勝子、寿栄、美子、皇后美子、皇太后美子を総称して昭憲皇太后とし、適宜、寿栄、美子なども用いた。貞明皇后も同様である。ちなみに、昭憲皇太后の諡《おくりな》を決めて後に、昭憲皇后と改称する提案があったが、一度決定した諡を覆すことは避けられた。また、貞明皇后を貞明皇太后と称することはない。

ところで、戦前の皇室を論ずるにあたり、皇室に対する用語や歴史的に問題が残る言葉のいくつかを現代的に改める努力をした。たとえば、戦前の皇室では崩御や薨去、逝去などの使用基準が明確になされていたが、戦後の象徴天皇制下ではややゆるくなっている。そのため薨去などは使用せず、多くは「亡くなった」などとしたが、適宜、崩御なども使った。「奉告」も「報告」などとしたが、誤記誤植ではない。他方、「下賜」などは「贈った」としたり、そのまま「下賜」としたりした。また親王、王、内親王、女王などの区別も重要であるが原則として割愛した。歴史的に問題の残る言葉では、たとえば「ライ病」は原則「ハンセン病」と改めた。しかし、「盲人」「盲唖院」など今日的視点から見て問題の残る用語もいくつかは文脈上そのまま使った。

昭憲皇太后・貞明皇后——一筋に誠をもちて仕へなば　目次

第十四章　戦時下の宮中……295

図版写真一覧

荒井寛方筆「富岡製糸場行啓」（聖徳記念絵画館蔵）部分……カバー写真
右：英照皇太后、左：昭憲皇太后。
矢沢弦月筆「女子師範学校行啓」（聖徳記念絵画館蔵）……口絵1頁
明治天皇（宮内庁蔵）……口絵2頁右
昭憲皇太后（明治神宮蔵）……口絵2頁左
大正天皇（宮内庁蔵）……口絵3頁右
貞明皇后（宮内庁蔵）……口絵3頁左
御庭煙草盆（昭憲皇太后遺品）（宝鏡寺蔵）……口絵4頁上
神山復生病院の楓の森（静岡県御殿場市神山・神山復生病院提供）……口絵4頁下
昭憲皇太后・貞明皇后系図……xxiii
赤十字社総会に臨御する昭憲皇太后（上田景二編『昭憲皇太后史』帝国教育研究会、
大正三年、より）……1
柳原愛子（『明治・大正・昭和天皇の生涯』新人物往来社、平成一七年、より）……14
園祥子（『昭憲皇太后史』より）……15
禁裏御所周辺図（「校正内裏再覧之図」元治元年、より作成）……24
県井（京都市上京区、京都御苑内）……25

昭憲皇太后・貞明皇后系図

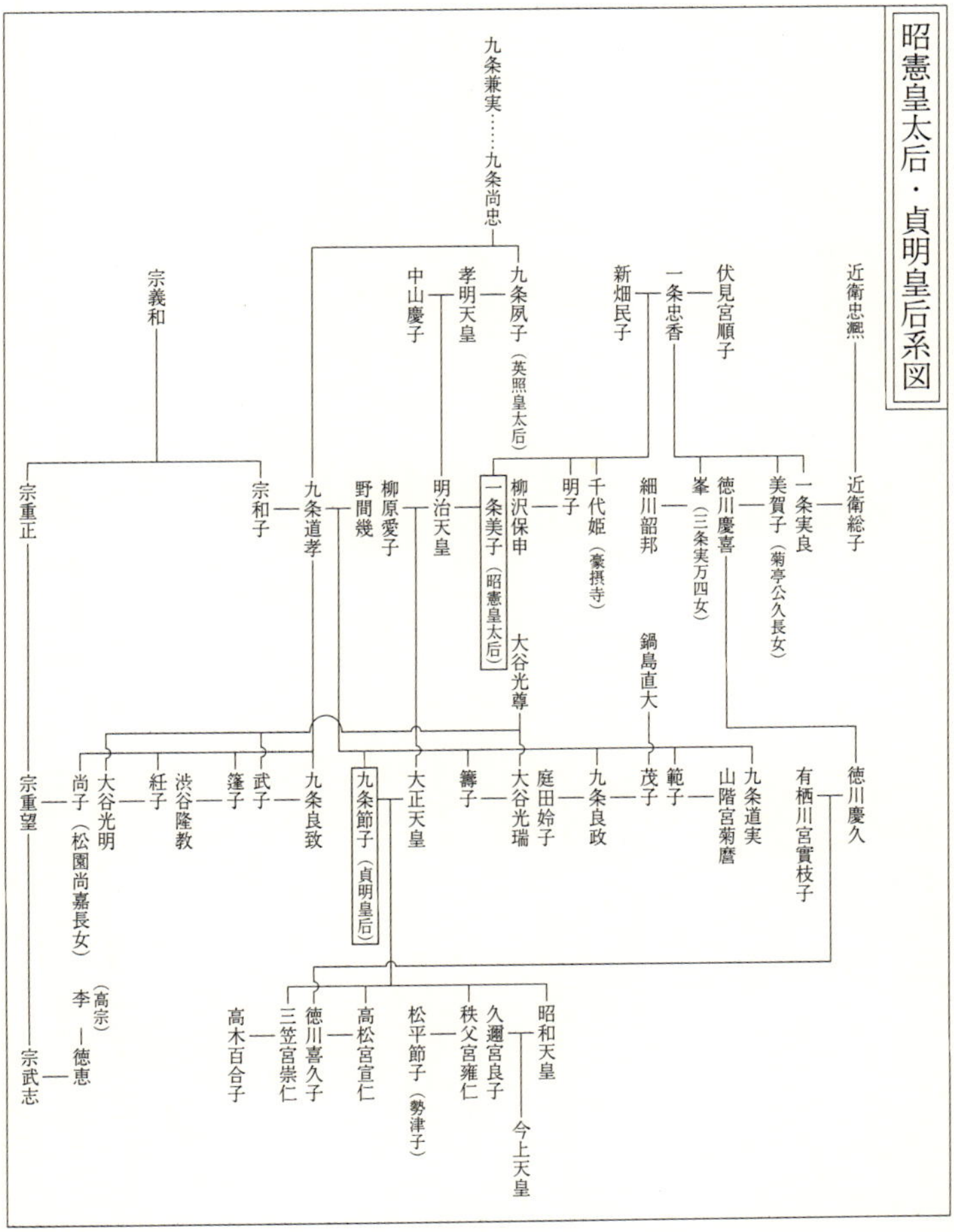

第Ⅰ部　昭憲皇太后——孤高の女神

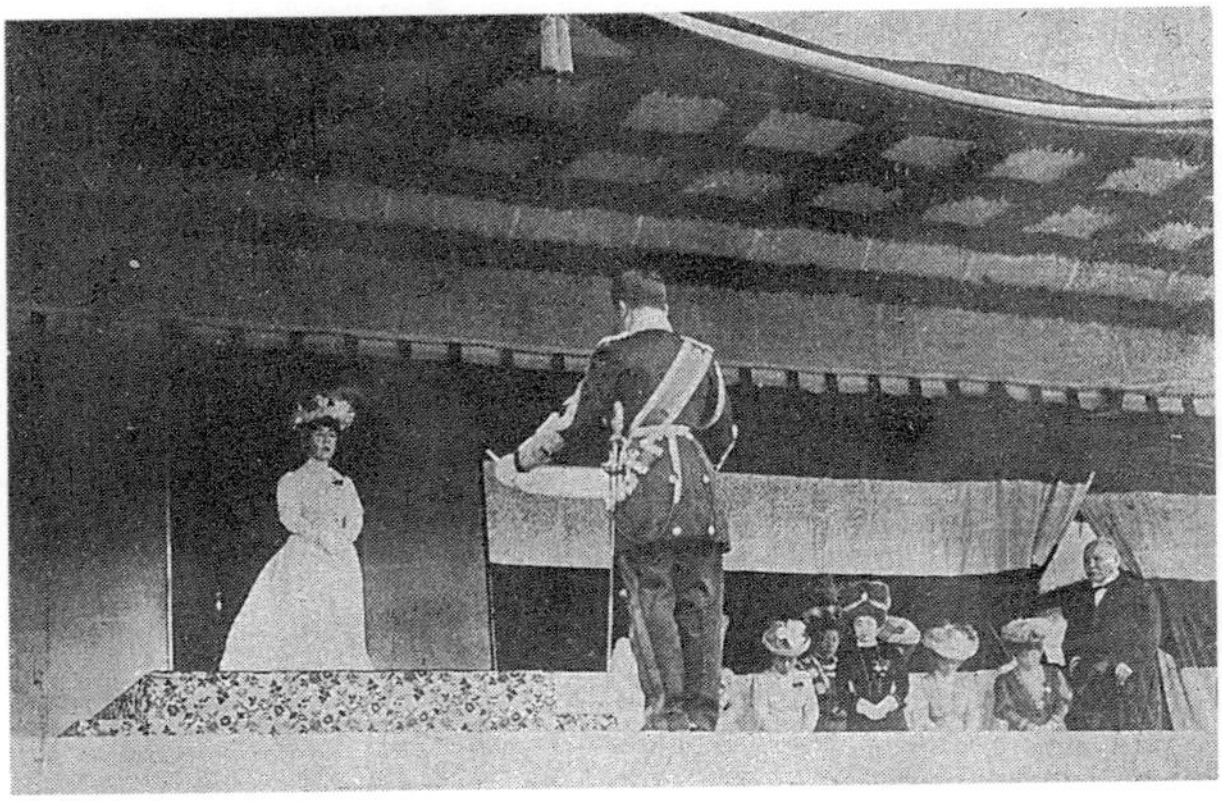
赤十字社総会に臨御する昭憲皇太后（『昭憲皇太后史』より）

第一章　鑑の空白

1　ピエール・ロチの見た昭憲皇太后

フランス海軍大尉のピエール・ロチは、赤坂御苑での観菊会で昭憲皇太后を見て、「つめたい女神」と評した。明治一八年（一八八五）一一月一〇日のことであった。ピエール・ロチ『秋の日本』の「観菊御宴」には、ロチが昭憲皇太后と出会った観菊会での様相が克明に記されている。

「観菊御宴」

ロチは、日が傾いた午後四時に、「前代未聞の衣裳をした、二十人ばかりの女性の一団」が現れたと書く。女房装束の宮廷女官たちである。その女性の一団の先頭に昭憲皇太后がいたのだと、ロチは興奮して、こう記す。「彼女らはその衣裳と同じように玉虫色にきらきらと輝く色とりどりの日傘の下に身を寄せている。おそらく菊の花らしい白い花束を飾ったむらさき色の日傘をかざして先頭を歩いておられる方。これこそ紛うかたなく皇后陛下だ！」。

ロチはこの年数え三六歳、はじめて日本を訪れた。フランス海軍のトリオンファント号艦長だった。一七歳で軍に籍を置いて以後、各地を歴訪し、諸国の宮廷にも立ち入り、貴顕の人々と友好関係を築いてきた。この年は、日本に七月から一二月上旬まで滞在し、その体験をもとに、後に『お菊さん』と『秋の日本』を書いた。『お菊さん』では、ロチが滞在した夏に長崎の娘「お菊さん」と同棲した日々を描いた。『秋の日本』では、京都や日光での見聞のほか、鹿鳴館や観菊会のありさまを記した。

艦長であったロチは、天皇の特別許可で社寺や鹿鳴館舞踏会に身を置くことができた。そして、ロチは天皇・皇后と対面できることを楽しみにした。しかし、鹿鳴館舞踏会に天皇・皇后の出席はなく、ロチも「そこにはmikado《ミカド》や、まして拝顔し得ざる皇后陛下が、臨席される筈はない」とあきらめていた。

伊藤博文からの招待状

ロチが昭憲皇太后に会うには、赤坂御苑で催される春の観桜会か秋の観菊会に参加するしかなかった。ロチが招かれた鹿鳴館の舞踏会は一一月某日。観菊会はその後の九日に予定されていた。フランス大使館などに働きかけたのであろう、功が奏して、ロチは皇室の菊の紋章のついた招待状の入った封書を受け取る。一一月九日に赤坂御所で開かれる観菊会に招待すると簡潔に記されていた。宮内卿伊藤博文からであった。同封の案内状には、九日雨天の場合は一〇日に延期と付されていた。

皇后は、数年前までは、会うこともできない存在だったのである。ロチは、念願かなった喜びをこう書いた。「それは四月の観桜御宴とともに、ごく少数の特定の人々が、御苑の奥で皇后に拝謁のかなう唯一の機会である。ついこの二、三年前までは、皇后は真の女神と同じように、見ることのできない存在であったらしい。たとえば、皇后がどこか離宮の一つに出かけるために、エドの宮殿の宏大な城壁から離れなければならないときには、その金泥の轎《かご》は紫の長い帳《とばり》でつつまれ、そして従僕たちが先触れに駈けまわって、通行の道筋の家々の門や窓を閉めさせたものである」。

「つめたい女神」

観菊会で昭憲皇太后を待つ間、ロチは、鹿鳴館舞踏会で見知った、外務大臣井上馨《かおる》伯爵の夫人である武子、旧佐賀藩主であり駐イタリア大使などをつとめた鍋《なべ》島直大《しまなおひろ》侯爵の夫人である栄子《ながこ》らが、鹿鳴館での洋風ドレスではなく、古式和装の宮廷服でいるのを見つける。ロチは栄子と一度ワルツを踊ったのである。時間はまだ二時半であり、昭憲皇太后は三時ごろ姿を見せるであろうといわれた。ロチは周囲の異文化を楽しみ、それを記憶した。そして、午後四時、ロチはようやく昭憲皇太后を見た。ロチは昭憲皇太后の仕草や表情をつぶさに観察した。

「皇后陛下はもう目の前においでになった。いよいよご通過である。招待にあずかった者は一人残らずその道筋で最敬礼をする。日本の貴族たちは、黒の燕尾服を着た身体を二つに折りまげ、両手を膝にぴたりとあて、頭を地に向けて深くたれる。ヨーロッパ人もこの宮廷の敬礼法でお辞儀をする……と、浮き織の菊の花を巧みに繍いとりしたあの大きなむらさきの日傘が持ちあがり、わたしは皇后を拝顔したのである……そのお化粧をされた小さな顔はわたしを茫然自失させ、わたしを魅惑してしまう」。

「つめたい女神のような姿で、内側をご覧になったり、あちらをご覧になったり、さらぬ方に眼をやられたりする様子はまことに優美で風変りである。ほとんどひらかれないその眼もまた優美である。すっかり細長くて黒い二つの斜線のようであり、眉のさらに細い別の二つの線と大へん離れているその目は。死者のような無表情の微笑は、皓歯《こうし》の上の洋紅色の唇を半ばひらかせている。その透きとおった小さな鼻は鷲のくちばし型に半ば曲線をえがき、その顎は毅然といかめしく前に突き出ている」。

「皇后は小柄である。彼女は自分のデリケートな姿体を少しも見抜かせようとしないあの格式張った固苦しいお召物を着て、リズミカルに歩かれる。わたしたちに見える方の手、つまりむらさきの日傘をお持ちになっている方の手は、まるで子供の手のようである。もう一方の手は、あの非常に長い、ほとんど地に触れんばかりのごわごわした広袖の下にかくされている。フランスでは、見かけの年齢というものに対するわれわれ流儀の観念で、誰しも彼女を二十五歳から二十八歳ぐらいに思うことだろう」。

「小さな顔」「ろうたけた」「つめたい女神」「ほとんど開かれない眼」「死者のような無表情の微笑」「透きとおった小さな鼻は鷲のくちばし型」「顎は毅然といかめしく」「小柄」「二十五歳から二十八歳ぐらい」というのが、ロチの見た昭憲皇太后の印象であった。当時、昭憲皇太后はロチと同じ三十六歳（実際には三十七歳）になっていた。

あだ名は「天狗さん」

ロチは、「微笑はちゃんと保たれているが、ほんの僅かな一瞬のあいだ、その鷲形の小さな鼻が神経質に収縮し、眼頭が皮肉の影を帯びたり、きびしくなったり、あるいは無慈悲になったりする。眼からは端的な命令と冷やかな光とが投げられる」と観察する。明治天皇が「天狗さん」とあだ名をつけた、その特徴そのものでもある。昭憲皇太后の御真影の端正な容姿とも重なる。

かつて女神として人前に姿を見せなかった皇后が、維新後、多くの人々と接し、様々な人間的感情の渦に巻き込まれることからくる精神的負担について、ロチは語っている。「つめたい」「無表情」の「小さな顔」の下には、近代国家の皇后となったために耐えなければならない憤懣や嫌悪が隠されているはずなのに、それを感じとらせない、と。

昭憲皇太后に関する多くの伝記や評伝が、昭憲皇太后の美徳を手放しで讃えたが、その美徳の陰に置かれた昭憲皇太后の近代人としての苦悩までは描かなかった。それだけに、無表情の小さな顔の下に隠された憤懣や嫌悪を読みとったロチの観察は鋭かった。

昭憲皇太后を「ランペラトリス・プランタン」（春の皇后。美子の「ハル」から春とした）と嘆美してフランスに広めたロチの言葉だけに重いものがある。

2　盛大になる地久節

昭憲皇太后の誕辰日

明治八年（一八七五）五月二七日付の『読売新聞』に、「明日は皇后様の御誕辰日でござります（御年は二十五歳一ヶ月）」の記事が載った。明治天皇の皇后である昭憲皇太后は嘉永二年（一八四九）四月一七日生まれだが、入内にあたり、明治天皇より三歳年長であることが「四つ目」として忌まれ、嘉永三年生まれとした。その後、明治六年より太陽暦と改められ「二十五歳一ヶ月」を迎えたというのだが、実際は数え二七歳、満二六歳だった。

明治一九年五月二八日には、開校したばかりの華族女学校が皇后誕生日を祝う奉賀式を行い、以後、毎年恒例となった。もっとも、この日に昭憲皇太后の行啓はなく、学校が祝賀をなすだけであった。このころから皇后誕生日を地久節《ちきゅうせつ》として祝うべきであるという世論が高まり、女学校などでは学業を休んで奉祝式を行うようになった。

明治二五年五月五日付の『読売新聞』は、皇后誕生日を「地久節」とし、「来る廿八日は御誕辰当日なれば在京華族総代として在東京の冷泉伯は参賀の筈なり」とある。冷泉伯とは、藤原定家の末裔の冷泉為紀《ためもと》（神宮大宮司）のことである。

明治二〇年代以後、地久節は盛大になる。新聞も詳細にその報道をした。『読売新聞』を追うだけでもその高揚ぶりがわかる。明治二五年には華族女学校や女子高等師範学校（明治八年に東京女子師範学校として開校、その後、東京師範学校女子部、女子高等師範学校、東京女子高等師範学校と改称し、戦後にお茶の水女子大学となった）を臨時休校として祝賀を行っている。また各国公使や宮内省奏任官《そうにんかん》らが参内祝賀をした。明治三〇年には宮中のみならず各地で祝賀行事が行われている。明治三一年になると、皇太子嘉仁《よしひと》（のち大正天皇）や伊藤博文が祝賀のため参内した。明治三四年には宮中の桐の間にて親《しん》任官《にんかん》、勅任官《ちょくにんかん》、奏任官を招いて祝賀をしている。また西園寺公望《さいおんじきんもち》臨時首相が昭憲皇太后に対面して食事をしている。明治三八年になると、諸学校で地久節奉祝のため「磨かずば」「君が代」などが歌われた。「磨かずば」は、昭憲皇太后が華族女学校に下賜した「金剛石」のことである。

第六二回地久節

明治四四年は第六二回地久節となった。昭憲皇太后が還暦を迎えたのである。公式年齢で満六一歳、実際は一歳年長の六二歳であった。この日の様子を『読売新聞』は、こう伝えた。

二重橋前通りは午前早々より人出極めて多く、特に横浜に停泊中なる第一艦隊乗組将卒二千余名、市内小学校男女生徒数千名は、午前九時前後より陸続馬場先門内に参集して君が代を奉唱し、其の間、陸海軍将校、宮内省高等官等礼服着用にて参賀せし者数百名の多きに達せり。

当日、招待された「文武の顕官」とその夫人たちは、みな大礼服《たいれいふく》にて、午前一〇時前後より馬車や人力車にて坂下門から参内した。午前一一時三〇分に、昭憲皇太后は高倉寿子《かずこ》と柳原愛子《やなぎわらなるこ》の両典侍を筆頭にした女官を従えて、香川敬三皇后宮大夫の先導で桐の間に入り、参内した皇太子嘉仁はじめ皇族や「文武百官」から順次祝辞を受けた。この日の昭憲皇太后の服装は純白の洋装で、同じく純白のボンネットをかぶっていた。

正午より豊明殿で酒饌がふるまわれ、午後二時からは人形の間にて皇太子および皇族妃、高等女官たちとの祝宴が開かれた。祝電も届き、京都在住や、軍務で地方や艦隊勤務の皇族はじめ、イタリア皇太后マルゲリータ、皇后ユンナなど海外王室からのものもあった。また、台湾では午前一〇時に総督府で御真影を奉拝、佐久間左馬太《さくまさまた》総督は総督府を代表して祝詞を宮城に捧呈した。一方、樺太庁長官の平岡定太郎《ひらおかていたろう》、関東都督府民政長官の白仁武《しらにたけし》らも地久節の祝電を打った。

在東京の各国大公使館では「日の丸」を掲げた。学習院女子部（明治三九年に華族女学校を改組）、東京女子高等師範学校など官公立、私立の学校では、午前八時から校長、職員、生徒一同が御真影を拝し、校長の勅語奉読、一同の「金剛石」唱歌などがあった。この時、皇后の御真影《ごしんえい》は四一歳の姿のままであった。

3　国母と呼ばれた女性

『皇后の肖像』

昭憲皇太后は近代日本女性の模範とされた。明治天皇の正室、すなわち皇后として、近代女性のあるべき姿を象徴してきた。

若桑みどり『皇后の肖像』は、「昭憲皇太后の表象と女性の国民化」を主題とした。明治維新によって成立した新政府が、新しい国家の建設にあたり、どのように女性を国民化し、その女性の統御と支配のために、昭憲皇太后がどのような役割を果たしたのかを解明している。多くの昭憲皇太后に関する伝記類が、昭憲皇太后の人柄の卓越さとその超人的な研鑽ぶりを賞賛することに多くの紙数を割いてきたのに対し、若桑はその人柄の卓越さと超人的な研鑽ぶりの社会的な意味を掘り下げたのであった。

若桑が指摘するように、昭憲皇太后は明治維新によって天皇とともにその姿を人びとの前に見せ、近代婦人としての生き方の手本を示そうとしてきた。維新前までは、京都御所内に生活し、その容姿を人前に晒さなかった皇后（厳密には天皇の正室というべきであり、皇后という称号をどの正室も得たわけではなかった）が、一転して、容姿のみならずその日々の生活様式や心の内までも人びとの前に手本として提示するようになったのである。すなわち、昭憲皇太后は、維新後の新時代に女性たちがどのような生き方をするかの道標を築いてきたわけであった。

良妻賢母

昭憲皇太后の道標は「良妻賢母」という言葉に集約されている。維新以前の女子の道徳規範は貝原益軒の『女大学』に代表され、『女大学』は維新後も高等女学校の修身教材などでとりあげられていた。『女大学』は、女子の家庭内での隷従を説くものであり、前提には男尊女卑の差別のみならず、女子と社会との関わりの否定もふくまれていた。

維新になって男尊女卑の差別思想が消えたわけではない。しかし、近代国家建設にあたり、女子がたんなる男子の隷従的存在では不十分であり、一定の自立と教養、男子に従属する形での社会との関わりの必要性が求められた。

もちろん、維新後の西洋思想の流入などにより、男尊女卑の差別思想を否定する動きはあった。たとえば、福沢諭吉は『女大学』の主張を受けつつ、男子を例外として女子のみに道徳を求めるあり方などを批判して、新しい近代的な男女平等の構築を提示しようとした（『女大学新論』『新女大学』）。また、女性の自立と解放を強く主張する人びとも増え、従来の家族秩序の規範は動揺した。そうした様々な思想的潮流にあって、従来の儒教的立場を継承して一定の国家的基準を示そうとしたのが昭憲皇太后であった。しかも、多くの思想のうちの一つとしてではなく、近代日本国家の正統な絶対的価値としての意味を持たそうとした。

国家母性

昭憲皇太后の言動は、すべての女子の手本であり、かつ目指すべき道であった。それゆえに、昭憲皇太后は国母とも呼ばれた。国家を家庭と見なし、天皇を父、皇后を母とした家族的国家観を具現化する役割を担ったのである。

当時、近代女子の模範的言動は婦徳と称された。その婦徳の先導者として近代日本女性を代表した昭憲皇太后。御真影と名づけられたその写真は国内のみならず外交関係のある世界の諸国に広められた。その容姿には、神功《じんぐう》皇后と騎龍観音（龍頭観音とも。原田直次郎作の荒れる海の浜辺に立つ英雄的な女性像）のイメージが重ねられ、神格化された国家母性と見なされるほどであったと、若桑みどりは『皇后の肖像』に書いている。

昭憲皇太后の生涯を追うことは、近代女性のあるべき姿のモデルを描くことになろう。そして、近代女性の抱えた「たてまえ」と「本音」という矛盾を、昭憲皇太后もまた負っていたことに気づくであろう。

4　皇后様でさえ

不断の修養

昭憲皇太后が女子に説いた道徳は、「金剛石」と「水は器」の二つの歌に集約される。「金剛石」は、「金剛石もみがかずば　珠のひかりはそはざらむ　人もまなびてのちにこそ　まことの徳はあらはるれ」とあり、いかに立派な素質があるものでも精進しなければその価値は生まれてこないと、女子の不断の修養を求めた。また「水は器」は、「水はうつはにしたがひてそのさまざまになりぬなり　人はまじはる友により　よしにあしきにうつるなり」とあり、友を選べというものであった。

「金剛石」と「水は器」は、宮内省の雅楽師であった奥好義《おくよしいさ》が作曲し、明治二〇年（一八八七）三月一八日、華族女学校に下賜した。奥は「君が代」作曲家としても知られる。華族女学校はのちに学習院女学部、女子学習院と名称を変えるが、代々、歌い継がれていった。また、東京女子高等師範学校をはじめ、良妻賢母教育を掲げる各地の女学校でも歌われた。

昭憲皇太后は女子教育を重視し、明治一八年の華族女学校創設に深く関与していた。当時の学習院

柳原愛子
（『明治・大正・昭和天皇の生涯』より）

は男女同学であったが、独自の女子教育の必要性から女子だけの華族女学校が構想されたのである。昭憲皇太后は、元女官であった下田《しもだ》歌子《うたこ》を深く信頼しており、下田を宮内省御用掛に命じて学校創建にあたらせた。華族女学校開校後も下田は幹事兼教授として、昭憲皇太后の意を教育現場で実践する使命を担った。

明治一八年一一月の開校式に行啓した昭憲皇太后は、次のように述べた。「女子は巽順《そんじゅん》の徳を体してよく父母舅姑《きゅうこ》につかへ、またその良夫を助けてよく一家のことを理《おさ》め、その父母たるにいたりてはその子を家庭の内に教育する義務あるものなれば、その身に相応する学識なかるべからず」。

昭憲皇太后は、女子は「巽順」すなわち「柔順」であることが徳であり、家庭を預かることが義務であるが、近代国家建設を担う男子の社会活動を支えるため、相応の学識も持つべきであると主張したのである。

実子なき皇后

昭憲皇太后は時代の女性の鑑となった。しかし、昭憲皇太后自身は完璧な女子としての具現化を果たせなかった。皇位継承者を産めなかったのである。

明治天皇の男子と女子は、早世をふくめて公式には一五名。男子が五名、女子が一〇名。そのうち、成人した男子は一名で、のちに大正天皇となる嘉仁親王のみ。成人した女子は四名おり、それぞれ竹《たけ》田宮恒久《だのみやつねひさ》、北白川宮成久《きたしらかわのみやなるひさ》、朝香宮鳩彦《あさかのみややすひこ》、東久邇宮稔彦《ひがしくにのみやなるひこ》らの王妃となる。ほかはみな夭折した。

しかも、これら一五名の男女に正室である昭憲皇太后の子はひとりもいなかった。明治天皇の代にはまだ側室制度が残り、一五名の生母は、それぞれ葉室光子《はむろみつこ》、橋本夏子、柳原愛子、千種任子《ちくさことこ》、園祥子《そのさちこ》ら五名の女官たちであった。唯一の成人男子を産んだ柳原愛子は権典侍《ごんてんじ》であったが、生母としてその格式と地位と待遇を得、二位の局と称された。四名の成人女子を産んだのは園祥子であった。園は権掌侍《ごんしょうじ》のころから天皇の寵愛を受けて多くの子をなし、八名を産んだ。しかし成人男子はなく、宮中におけるその権勢はあまり強くはなかった。

正室と側室

宮中に側室制度があり、民間でも妾が半ば公然と認められていた時代、正室に子がいないことは特別な問題を持たなかった。むしろ、子をなせない事態に対処するための側室であり、正室をその地位から奪うものではなかった。正室と側室の違いは、その出自身分にあり、産んだ子の多寡にはない。皇室において、正室は皇族か、五摂家と称された近衛、九条、鷹司《たかつかさ》、一条、二条の藤原摂関家の末裔から嫁ぐことになっていた。これに対して、側室たる女官たちは、五摂家より下位の羽林家《うりんけ》、名家《めいか》という家柄の女子が選ばれた。近代になると五摂家は公爵、羽林家や名家は主に伯爵となった。正室と側室は、出自身分で分けられて

園祥子
（『昭憲皇太后史』より）

いた。ましてや、羽林家や名家にも属さない公家より下位の士族や平民の女子の子を、天皇の子として容認することはなかった。

こうした側室制度の中にあって、昭憲皇太后は正室の地位を保持しえたのだが、自らの子がいなかったことで少なからぬ「空白感」を抱いたことはあったろう。しかし、昭憲皇太后は、そうした「空白感」は外には見せず、絶えず毅然としてふるまった。嘉仁親王を嫡子として迎え、実の親子として生活した。もちろん、乳母や養育掛がおり、実際に昭憲皇太后が育児をしたわけではない。あくまでも家族としての姿を守ったという意味である。つまり、皇室では、実子であっても、乳母はいたし、親の元で養育はしなかった。もっとも、この近代国家としては異様な家族形態は、近代化や西洋化の波の中で徐々に崩れていった。

はじめに攻撃対象となったのは、民間の妾保持であった。キリスト教の一夫一婦制の普及などもあり、一夫多妻制の非人権性や後進性が批判された。その背景には、条約改正問題もあったろう。野蛮な妾保持の風習のある社会からの脱却という大義名分は、外交上の懸案事項と連動していった。皇室のほうが民間よりも一夫一婦制確立に主体的となったのは、そうした政治的課題も負ったからと見なせよう。

とはいえ、時代の過渡的状態の中では、すべてが円満に処理されていったわけではない。民間での妾保持は容易には解消されないでいた。とりわけ皇室の藩屏とされた華族社会では妾保持はその属性であるといわれるほど強固であった。森岡清美『華族社会の「家」戦略』によれば、統計上では華族の半数以上が妾を保持しており、統計外の妾の存在も計算すればもっと多いとしている。

気丈夫の忍従

社会的な暴露記事で知られる『萬朝報《よろずちょうほう》』の主宰者である黒岩涙香《くろいわるいこう》は、明治三一年に資産家たちの妾を調べあげ、日々報道した。そこには公爵の九条道孝《みちたか》、岩倉具定《ともさだ》はじめ、西園寺公望、北里柴三郎、鳩山和夫、森鷗外、ベルツら著名人の妾の名と所在地などが記された。九条道孝の妾は野間幾《いく》、すなわち九条節子（貞明皇后）の実母である。

こうした時代にあって、昭憲皇太后は、子はなくとも、女子の規範として屹立していた。しかし、そうした昭憲皇太后の姿を、妾保持の資産家たちは本妻に対して、「皇后様でさえ」と忍従を強いる時に利用した。昭憲皇太后の気丈夫な姿勢は、妾を持たれた本妻の模範ともされたのである。

しかも、昭憲皇太后の「空白感」は、たんに皇位継承者を産めなかったことのみではなかった。昭憲皇太后は早くに実父の一条忠香《ただか》や生母の新畑民子《にいはたたみこ》をはじめとする肉親を失い、直接的に血の繋がる者は実姉の輝子と明子ぐらいであった。輝子は醍醐輝弘養女となって豪摂寺《ごうしょうじ》正室となり、明子は大和郡山の柳沢保申《やすのぶ》伯爵夫人となった。日常的に会える距離にはいなかった。昭憲皇太后は、宮中内でいわば「後ろ盾」のいない皇后であり、側室を多く持つ天皇や、実子ではない皇太子と模範家族を演じ続けながら、良妻賢母の鑑としてふるまったのである。その精神的に過酷な環境で暮らすには、子を産めなかった以上の「空白感」があっても不思議はない。昭憲皇太后の生涯が賞賛に値するほど、模範的であるほど、無意識にもその「空白感」は深まったろう。

明治国家創建の実力者である伊藤博文は、明治三三年（一九〇〇）三月一〇日、侍補として明治天皇側近の重任をつとめ皇子女の養育も任されてきた佐佐木高行《ささきたかゆき》に、昭憲皇太后についての印象をこう述べた。「皇后陛下〔昭憲皇太后〕は明皇后なり。然れども今少し聖上と御親敷何角《したしくなにかと》御申上に相候はゞと奉存候、余り御謙遜に過ぎ候様恐察す」（『かざしの桜』）。昭憲皇太后は皇后として申し分ないが、天皇ともう少し親しくてもいいのではないか、天皇に遠慮し過ぎるというのである。

5　愛煙家

刻み煙草を愛飲

昭憲皇太后は愛煙家であった。明治天皇の侍従職出仕となり、のちに大正天皇や貞明皇后に仕えた旧公卿で伯爵家の坊城俊良《ぼうじょうとしなが》は『宮中五十年』の中で、「こういうことを申しあげるのは、如何かとも思うが、昭憲皇太后様は、大変煙草がお好きであられたようだ」「今と違って紙巻などを召し上るのではなく、煙管（きせる）に刻み煙草をつめて、召し上っていられた」と、語る。

坊城が「こういうことを申しあげるのは」と前置きしたように、皇室の女性が煙草を、それも煙管を使うというのはあまり誉められた行為ではなかった。まして、「婦女の鑑」「国母」とまであがめられた近代初代の皇后が、煙管で刻煙草を愛飲する姿は、覆い隠したい事柄であったろう。

女子の喫煙

女子の喫煙について、明治三八年一月八日の『読売新聞』には、「女学生で煙草を吹《ふか》すもの漸く多くなり中には蝦茶袴《えびちゃばかま》ほら〳〵と往来を巻煙草啣《くは》へ歩くさへありて甚だ見苦しと監督者は頭痛」とある。当時、昭憲皇太后が愛煙家であったことを楯にして、注意する監督者に反抗した女学生はいたのだろうか。

昭憲皇太后が亡くなった大正三年（一九一四）に刊行された坂本辰之助『昭憲皇太后』、上田景二『昭憲皇太后史』、昭和一七年（一九四二）刊行の渡辺幾治郎『昭憲皇太后の御坤徳』など、戦前の代表的な伝記は、嗜好や趣味に詠草、読書の類をあげるだけで、喫煙についてはふれていない。当時の模範的な婦女子として好ましくない行為だったからだろう。

とはいえ、全くの秘密であったわけではなく、大正三年刊行の洞口猷壽『昭憲皇太后宮』には、「陛下は煙草を召し上がられました。とりわけ刻煙草を御嗜好遊ばされまして、一ヶ年の御料量は五貫目位であらせられたそうです」と、喫煙についての記述がある。「五貫目」は約一九キロ、一日平均五〇グラム程度となろうか。紙巻はあまり好まなかったが、明治天皇の好んだ紙巻をときおり吸ったという。煙草は淀橋の専売支局で、皇太后宮職官吏の臨検の上、「三千余人の職工中から品行方正技術秀逸し身元の賤しくないものを男二名女四名を選抜」して製造されたという。材料の葉は「天保文久頃のもの」で新葉は六ヶ年以上たったものを用いて、これを半々位の割合で混ぜたとある。

入内の品として

そもそも、昭憲皇太后はいつごろ煙草を覚えたのだろうか。ドナルド・キーン『明治天皇』（上巻）には、慶応三年（一八六七）六月二七日に、昭憲皇太后がはじめて参内して天皇と対面（お目見え）し、その時に「煙管」を賜ったとある。これが事実とすれば、昭憲皇太后は結婚前にすでに吸煙の習慣があったことになる。しかし、昭憲皇太后は当時まだ数え一八歳（実際には一九歳）であった。天皇は自分よりも年長とはいえ、まだ一〇代の公家の娘の喫煙を容認していたのであろうか。これから宮中に正室として迎えようとする女子にそのようなものを贈るであろうか。あるいは、吸煙せずとも「煙管」を贈る慣行があったのだろうか。

大正三年（一九一四）に刊行された山口鼎太郎『明治皇后』には、この入内前の対面の時の祝儀品として「飾打御簪《かんざし》、銀御香合《こうごう》、同御筆洗、蒔絵御盃二個」とあり、「煙管」はない。もっとも、同年刊行の坂本辰之助『昭憲皇太后』によれば、「お目見え」の参内の時、昭憲皇太后が英照《えいしょう》皇太后へ「煙草盆」を贈っていた。

遺品の煙管

昭憲皇太后がいつから愛煙家になったのかは不明である。孝明《こうめい》天皇の寡婦となった英照皇太后に喫煙習慣があって、昭憲皇太后は入内して後に覚えたと考えることもできる。あるいは、天皇の東幸や巡幸の留守の折に覚えたかもしれない。明治天皇も英照皇太后も、そして昭憲皇太后も、明治になって慣れない東京に住むようになり、三者が身近な相談者同士であったことを思えば、宮城の奥深く、互いに煙を楽しんだこともありえよう。

いずれにせよ、昭憲皇太后の喫煙習慣はあった。戦後の昭和五七年（一九八二）刊行の日本専売公社東京工場『たばこと共に七十余年』には、昭憲皇太后の刻煙草の葉組表と、東京工場保存の「昭憲皇太后御料刻煙草」の写真が掲載されており、愛飲の事実が明記されている。そして遺品には、愛用の煙管や煙草入れなどもいくつか残り、その一つは京都国立近代美術館の収蔵品としてある。

ちなみに、皇后が女官に贈った煙管も残っている。天皇に最も寵愛された側室の園祥子に下賜された煙管は、館山藩主の子孫本多正復子爵に伝わり、千葉県主基《すぎ》村（長狭町）に寄贈された。

昭憲皇太后の孫にあたる秩父宮雍仁《ちちぶのみややすひと》は、子供のころに沼津御用邸で見た「喫煙セット」の思い出を、『皇族に生まれて』に書いている。「祖母上〔昭憲皇太后〕は常に「喫煙セット」坐っておられた。キセルは祖母上につきもので、いかなるところへでも喫煙セットがついて行く」という。そして、「その喫煙セットは銀または蒔絵で、火と灰壺の外に引出しもついていて、その中には火や灰をならし、またキセルの掃除のためのいろいろこまごました道具がはいっていたが、物珍しいのでよくそれをいじりまわして遊んだものだ」と、懐かしんだ。

昭憲皇太后は当時の女子の模範として屹立していた。そうした至高の女性だっただけに、吸煙の習慣には違和感がある。ある意味で、孤高の昭憲皇太后の心の空白を感じさせもする。

第二章　五摂家の娘

1　桃花殿の日々

京都生まれの最後の皇后

昭憲皇太后は、嘉永二年（一八四九）四月一七日に京都一条烏丸東入《いちじょうからすまひがしいる》の一条家桃《とう》花殿《かでん》で生まれた。近代はじめての皇后であり、京都で生まれた近代最後の皇后でもあった。すなわち、以後の皇后はみな東京生まれであり、大正天皇の皇后節子（貞明皇后）は神田区錦町の九条道孝邸、昭和天皇の皇后良子《ながこ》（香淳《こうじゅん》皇后）も麻布鳥居坂町の久邇宮邦彦《くにのみやくによし》邸、現皇后美智子も本郷区の東京帝国大学医学部付属病院を誕生の地とした。

延暦一三年（七九四）の平安遷都以来、一〇〇〇年以上も京都にあった天皇および天皇の后となるべき女性の居所は、明治になって東京へ移った。天皇家のみならず、皇親（皇族）や公卿たちも、多くは京都から東京へ住まいを変えたのであった。

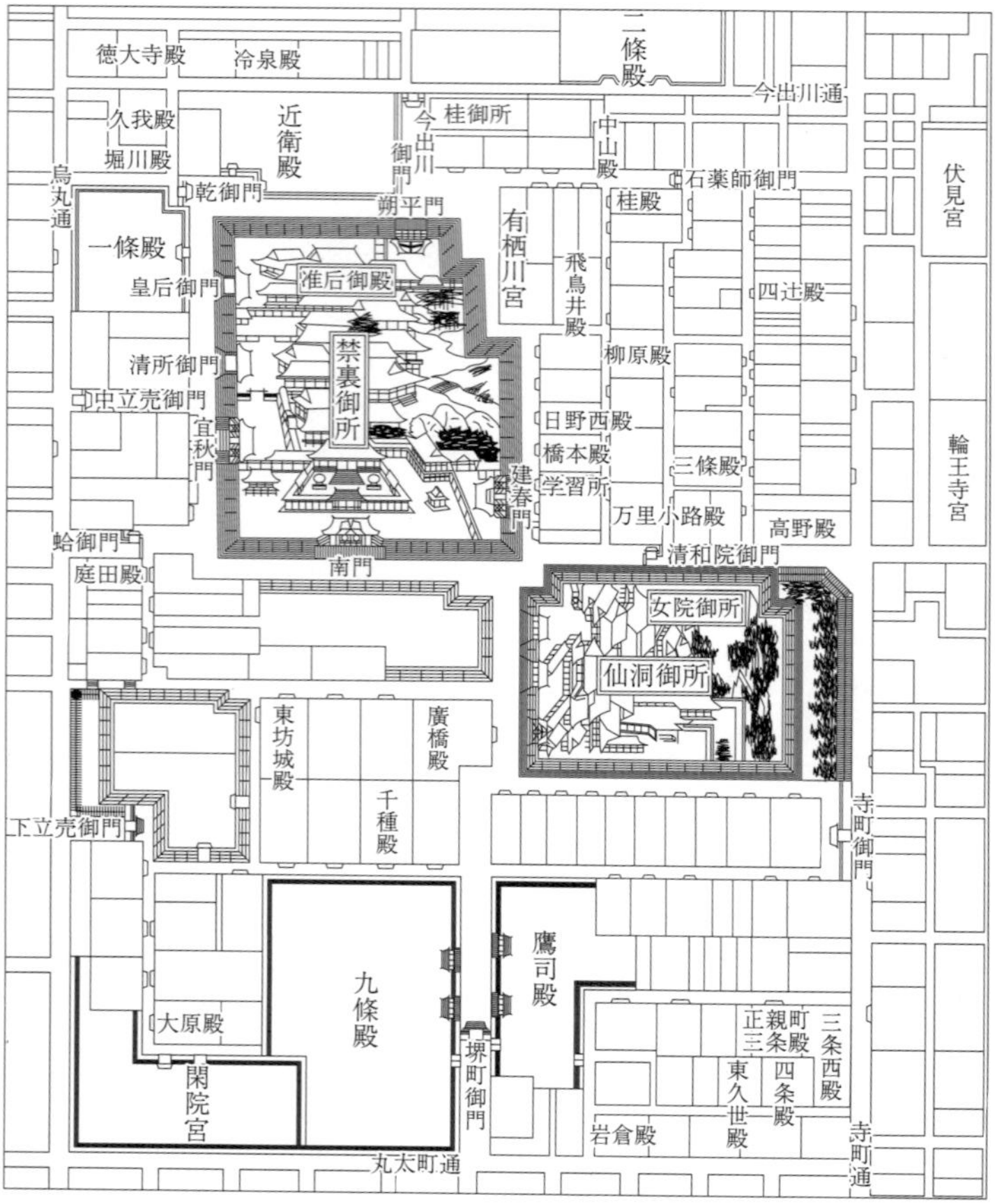

禁裏御所周辺図（「校正内裏再覧之図」元治元年，より作成）

京都生まれの京都育ちであることと、入内して後に東京に移ったことは、歴代皇后では唯一、昭憲皇太后だけが経験したことであった。そして、このことが、昭憲皇太后の生活や言動を大きく特徴づけた。

産湯をつかった県井

昭憲皇太后が生まれ育った京都一条家の屋敷は今はない。屋敷の西南隅にあった庭園跡に井戸だけが残っている。この井戸は、県井《あがたのい》と称され、昭憲皇太后が産湯をつかったと伝えられる。かつては洛陽の名水とされた。現在も染井《そめのい》、祐井《さちのい》とともに御苑三名水として、御苑の北部、宮内庁京都事務所の西側に「縣井戸」の三文字を刻んだ井戸が残るが、もはや水は涸れている。ちなみに、染井は梨木神社にあり、今も水を湛えている。祐井は明治天皇の幼名「祐宮《さちのみや》」にちなむ名で、明治天皇の生誕の地である旧中山邸にある。

県井（京都市上京区，京都御苑内）

胞衣は天道神社に

昭憲皇太后の胞衣《ほうい》（胎盤）は、現在の下京区仏光寺通猪熊西入西田町の天道神社に納められた。暦博士であった陰陽師の幸徳井《こうとくい》勘文により吉方とされたからである。天道神社は、伊勢神宮の天照大神を主神とし、正八幡大神と春日大明神を左右二柱として祀っている。はじめ山城国の長岡に鎮座した。延暦一一年（七九二）の悪疫流行の際に、祈願のご利益があり、篤く信仰されるようになった。平安遷都にともない三条坊門東洞院（東洞院御池上ル付近）に移った。しばしば戦火に見舞われ、のち、織田信長から五条坊門猪熊を得て、現在に至ったと伝えられる。

産湯の井戸や胞衣の場所が明確にわかるのは、近代最初の皇后として顕彰されたからである。皇室の地位の向上により、その事蹟の多くが記録され残されたのである。

保姆と乳人

昭憲皇太后は、生後一年を過ぎた嘉永三年四月二三日、勝子《かつこ》と命名され、富貴《ふき》と称された。その後、数え一〇歳になる安政五年（一八五八）六月一二日、孝明天皇に皇女富貴宮が生まれたので、同名をはばかって末子ゆえ寿栄《すえ》と改めた。まだ五摂家の娘である時代には、皇女より下位の立場にあり、その名を譲ったわけである。

幼少のころは父である一条忠香の部屋から一町（約一〇九メートル強）ほどの長廊下を隔てた八畳と六畳の間で暮らした。隣室には姉二人の部屋があった。一条家では、娘たちに自分の部屋を与え、乳人のほかに一人侍女を付して養育するのが定めであったという。

寿栄が数え一二歳から入内する二〇歳までの八年間、侍女として仕えたのが、保姆《ほぼ》の松田春江であった。春江は、一六歳の時に一条家に上がり、寿栄の四歳年長であった。春江は、当時をこう語る。

「陛下（寿栄・昭憲皇太后）に御仕へしたのは、私と江州から来て居たお安さんと云ふ御乳の人と二人でしたが、其頃《そのころ》、陛下は非常に御弱くあらせられまして、召上りの物も極く少量であらせられたので、可成《なるべく》沢山召上る様にと、様々御勧め申しましたが、夫れでも精々二椀位しか召上らず、魚類や鶏卵等は、胸に問《つか》へて厭との仰せで、常に精進料理ばかり召上られました」（坂本辰之助『昭憲皇太后』）。

乳人の「お安さん」は、近江国滋賀郡伊香立村《いかだち》大字途中《とちゅう》（現・滋賀県大津市伊香立途中町）の農民である作右衛門の娘で、「ヤス」と呼ばれた。やさしく、温良で、怜悧なので、寿栄姫が入内して後も、女嬬《にょじゅ》となり岩根松子の名を賜って、明治二七、八年頃まで仕え、同三一年に七五歳で他界した（山口鼎太郎『明治皇后』）。

2 修養時代

手習い

寿栄と呼ばれていた幼少時代の昭憲皇太后は、食が細かったが、手習いは熱心だった。坂本辰之助『昭憲皇太后』によれば、朝は「卯の半刻（午前六時頃）」に起き、化粧をして、正午まで稽古をした。午後一時から二時まで学問、五時頃夕食をとった。夜は、「押絵の御細工、古き物語類」で過ごしたという。そして、四書五経の素読は「お隆」、和学は父である一条忠香、漢学は若江薫子《わかえかおるこ》と藤原永福、和歌は近衛忠煕《ただひろ》（関白）、手蹟《しゅせき》ははじめ倉橋泰聡（大蔵卿）、次に有栖川宮熾仁《たるひと》らに学んだ。また、岩倉具集《ともあい》（具視の先々代）の娘である洗子《すがこ》（知光院）が入内前後の読書習字の相手をした。また、税所篤子《さいしょ》（近衛家老女）、小池道子（のち掌侍・源氏名柳《げんじな》）らも昭憲皇太后の相手として召されていた。

そのほか、琴は福永フク（生田流）、抹茶は一条家御用人の伊地知光茂《いじちみつしげ》（裏千家流）、生花は家臣の倉橋釆女《うねめ》、諸大夫の下橋敬亮《ゆきすけ》（主殿寮《とのも》京都出張所殿部下橋敬長《ゆきおさ》の父）らが指南した。

手習いは、上流公卿家の娘としてのたしなみであり、将来、嫁いだ場合の備えでもあった。そして、こうした手習いの中で観察された性格や人柄や所作が、后候補としての有力な情報となった。昭憲皇太后の場合、皇后となって後も、和歌や漢籍などの才能が天皇とともに学び遊ぶ際に大いに役だったのである。しかし、運動はあまり得意ではなかった。

後に昭憲皇太后は、体力のなさが皇子や皇女の誕生育成にも関わるとして、天皇側近の職である侍補（明治一〇年八月二九日設置、明治一二年一〇月一三日廃止）からしばしば運動を勧められた。明治一一年（一八七八）三月二八日には、侍補の吉井友実《よしいともざね》が「皇后御運動の事、曩《さき》に奏請せしが如くにして、玉体の健・不健は皇子・皇女の強弱に関すること頗る大なるを以て、力《つと》めて運動を為し、吹上御苑等にも時々行啓あらせられんこと」を願った。吉井の言により、天皇は「明日は寒香亭に出でて落梅を賞すべし」と昭憲皇太后に命じている（『明治天皇紀』）。

若江薫子

ところで、入内前の一条家の使用人には、宮家の別当に相当する諸大夫、侍（家令）らがおり、彼らは朝廷からの付人として置かれていた。その下に、士分として用人、近習、中小姓、勘定方、青士、茶道がおり、卒として小頭、中番があった。幕藩時代には、藩士を騎士（侍）、徒士、卒または足軽に三分して、騎士と徒士を士分としており、そうした序列に準じた階層が五摂家の使用人の間にもあったのである。

奥向きの使用人もおり、女中頭を上﨟（堂上方の娘に限る）、老女、若年寄、中﨟、表使《おもてつかい》、平の女中（以上、お目見え以上）、お次衆、茶の間（下女）となる。平の女中は、お梅、お松など普通の呼び名であるが、表使（物資調達など）は浅岡、岩藤などと呼ばれた。そして、茶の間は源氏名に因み、明石、若菜などと名のった。

使用人の人数は、五摂家の中では近衛家が一番多く二〇〇人。次いで九条家の一〇〇人、二条の六〇〜七〇人、鷹司の四〇〜五〇人。一条家は四〇人だったという。五摂家の中では、あまり羽振りのいい家ではなかったようだ（坂本辰之助『昭憲皇太后』）。

これら手習いの師や友や、使用人たちの中でも異彩を放ったのが、若江薫子であった。若江は伏見宮家の諸大夫である若江量長《かずなが》の娘である。和歌、諸礼式の稽古、漢籍の復習、女儀の心得などに秀でており、容貌はともかくも、性格は賢明闊達で、和漢の学に通じ、「正を愛し邪を悪む」と評された。「山陵の荒廃を談じ、或は勤王佐幕の可否を論ずる」こともあったという。若江は、日ごろから寿栄らの生活と力量をつぶさに見ており、明治天皇の女御選定に大きな役割を果たすのである（同前）。

「物見の台」

父の一条忠香も、和学などを直接教えた。忠香の昭憲皇太后らへの教育の一つとして語り伝えられるのは「物見の台」である。忠香は一条烏丸の館に「物見の台」をもうける。子供たちが下情に通じないことを憂えたのである。邸内に櫓を建てて、そこから塀の外の人びとの暮らしを観察させ、忠香が直接、あれこれ教えた。公家の子女の教育に心を傾ける者も少ない時代にしては稀なことであったようだ。

『明治天皇紀』の明治一二年一月一〇日には、同年六月六日の内廷夜話（皇后も同席した天皇と侍補の夜の懇談会、明治一〇年九月一一日より明治一二年一〇月一三日の侍補廃止まで続く）で、昭憲皇太后は幼時に実家の一条家が焼失し、岡崎の別邸で仮住まいをしたことがあり、その時に毎朝目撃した「農夫の生活状態等、民間の疾苦」を種々語ったという。下情に通ずることは、近代の皇后としての評価を高める重要な要素であった。

なお、「物見の台」については、明治二三年の吉野行啓の折の旅宿所で、皇后宮大夫の香川敬三に昭憲皇太后自身が語っている。一条忠香自身が子供たちとともに台に上り、染物屋で汗水流して働く親子を指し、「あれ見られよ、幼けなき者まで父と共に終日励み勉むるぞかし。あはれ御子達もあの如く学びの道に励まれよ」と深く誡めたと、昭憲皇太后は回想したという（山口鼎太郎『明治皇后』）。

この「物見の台」で、昭憲皇太后は「東西屋《ちんどんや》」、牛の背の籠に野菜を乗せて売る商人、天秤棒を担ぐ魚屋、飴売りなど、世間の人びとを見聞した。そして、昭憲皇太后は施薬院の存在に気づき、貧しい病人たちへ憐憫の情を抱いたとされる。

3　父・一条忠香

皇子深曾木

昭憲皇太后の実父は、一条忠香である。忠香は文化九年（一八一二）二月一三日に山城国（現在の京都府南部）に生まれた。数え一七歳で権大納言となり、右近衛大将、左近衛大将などをつとめた。

忠香が三八歳の時、三女（忠香には養女が二人おり、それを考慮すると五女にあたる）の昭憲皇太后が生まれた。その四年後の嘉永六年、ペリーが浦賀に来航して開国を迫った。ペリー来航後の条約勅許問題で紛糾する安政五年（一八五八）三月、関白、左右大臣に次ぐ内大臣の要職に就いた。五摂家の当主であるがゆえの必然の地位であり、とりわけ政治的な野心があったわけではなかった。はじめ忠香は外交措置の幕府委任に賛同していた。しかし、朝廷中心の政治情勢が進む中、その地位と状況に応じた対応を余儀なくされた。

忠香は、条約勅許問題で左右大臣らとともに幕府問責の立場をとっていたが、主導的ではなかった。そのためか、安政の大獄では「慎十日」という軽い処分ですんだ。井伊直弼が桜田門外で暗殺された万延元年（一八六〇）三月、忠香は太政官筆頭の左大臣に昇進した。政局転換の中、幕府は公武合体を進め、忠香の周辺もあわただしくなった。姻戚関係にある公卿と藩主との結びつきが深まり、忠香はその妻の実家である熊本藩主の細川家との特殊な関係を築いていった（『一条忠香日記抄』）。

左大臣となった忠香は、万延元年（一八六〇）閏三月一六日に行われた祐宮（のちの明治天皇）の深《ふか》曾木《そぎ》（髪削ぎの儀であり、幼児期の髪置きで伸ばした髪を切り揃えて整え大人の髪にする）の次第草案を作成し、さらに鬢親《びんおや》（烏帽子親）をつとめた。鬢親は仮親であり、将来の生活の保護にあたるのが慣例であった。忠香は、直衣《のうし》、黄衣《こうい》、黄単《ひとえ》、浅葱奴袴《あさぎやっこばかま》などの衣裳で儀式に臨んだ。当時、祐宮は数え九歳。昭憲皇太后は一二歳で、寿栄と称していたころであった。

孝明天皇
（『今上陛下御即位式写真帖』より）

石清水社行幸の供奉

忠香は、文久二年（一八六二）一二月に朝廷に新設された国事御用掛となる。御用掛にはほかに、安政の大獄で処分を受けた関白近衛《このえ》忠煕《ただひろ》や右大臣二条《にじょう》斉敬《なりゆき》、青蓮《しょうれん》院尊融《いんそんゆう》（久邇宮朝彦《あさひこ》）らをふくむ二九名が任じられた。

国事御用掛は、幕府の制度や慣行を変更させ、攘夷を遂行するための国事の討議機関であった。当時、朝廷は幕府の禁令を破って入京する藩主の力をもって、政治の実権を握っていったのである。そして従来、政治に関わらなかった公卿たちにも身分の上下を問わず門戸を開放し、朝議に参加させて皇室の権威をとりもどす一歩とした。ところが、国事御用掛の中では長州や土佐と結んだ三条実万《さねつむ》ら尊皇攘夷派が主力となり、公武合体派の忠香らと対立が生じた。ために、忠香はこれを辞そうとしたが許されなかった。

他方、忠香は孝明天皇の攘夷に忠実であった。孝明天皇が日米修好通商条約に反対して「墨（亜墨利加・アメリカ）夷退治祈禱」を命じた時、昼まで朝飯や塩を断ち、沐湯し、鎮守社へ八種の供えをし、夷人退治を願った。「忠香も今朝より朝飯塩断昼迄致相慎沐湯致、鎮守四社へ八種神供備之、先今日始一拜夷人退治の儀」(『一条忠香日記抄』)などとある。

忠香は、攘夷のみならず、神道への畏敬の念も深く、孝明天皇が攘夷のために行った伊勢公卿勅使、伊勢奉幣使、石清水《いわしみず》・賀茂社奉幣使などにも関わった。伊勢斎宮の再興もはかった。文久三年(一八六三)四月一一日、孝明天皇は攘夷祈願に石清水社を行幸し、忠香はこれに供奉した。しかしその後病気となり、公武合体派が宮中の尊皇攘夷派を一掃した八月一八日の政変時には病床にあって、一一月七日他界した。五二歳。このとき昭憲皇太后はまだ一五歳であった。

この三年後の慶応二年(一八六六)一二月二五日、孝明天皇が崩御。翌慶応三年五月一四日、一九歳の昭憲皇太后の女御入内の内沙汰がある。忠香は、朝廷や三女が迎える新しい時代の姿を知らずに、その生涯を終えたのであった。

忠香の娘として

しかし、忠香の存在は、昭憲皇太后が皇后になって維新政府の要人たちと結びつきを深める際に大きな力となった。昭憲皇太后は皇后として、三条実美《さねとみ》、木戸孝允、大久保利通ら維新の功労者たちとともに新政府の確立に尽力し、親交を深める。その円滑な交流の背後には、早逝した父・一条忠香の存在があったといえる。岩倉具視の病気悪化に際しては、昭憲皇太后は岩倉の気づかいをなくすために「一条忠香の女《むすめ》」としての見舞いであることを強調した。皇后ではなく、忠香の娘として見舞いに行くから、寝たままでいるように命じたと、明治一六年七月一二日の『明治天皇紀』にある。

4　生母と養母

生母・新畑民子

昭憲皇太后の生母は、一条家上臈の新畑民子《にいはたたみこ》である。文政三年に花浦と称し、三〇歳の時に昭憲皇太后を産んだ。安政五年（一八五八）九月一六日に逝去し、花容院殿と号された。墓所は、新畑家の菩提所千本頭一二坊（上品蓮台寺《じょうぼんれんだいじ》）内の仏眼寺にある。

新畑家の祖先は新田姓で、定道の代に若狭小浜藩主酒井家九代目の忠貫に仕えるが、徳川将軍家にはばかって新田姓を改め新畑とした。酒井家一〇代目の忠進が京都所司代となると、定道も京都の大宮五辻西北角に居を構え、針医となり、新畑東易と称した。東易の子孫の種成も針医として若狭藩に仕えていたが、請われて一条家の典薬となる。昭憲皇太后の生母民子は、この種成の長女である。民子は一六歳の時、一条家の若年寄として迎えられ、一条忠香の子をもうけたのであった。

坂本辰之助『昭憲皇太后』は、民子の才媛ぶりをこう賞賛する。「容姿清らかに、且厳格なる家庭に育ちし事とて、読書習字は言ふも更なり、行儀作法すぐれ、御摂家の若年寄として誠に相応しく、点の打ちやうもなかりし」。

忠香に寵愛された民子は、長女千代姫、次女多百姫、三女富貴姫（昭憲皇太后）を産む。民子が亡くなったのは、昭憲皇太后が一〇歳の時であった。

兄と姉

昭憲皇太后には成人した一人の兄と四人の姉（二人は忠香の養女）がいる。

長男は実良《さねよし》。実良の生母は一条家上臈《じょうろう》の久美であり、昭憲皇太后とは異母兄妹である。実良は天保六年（一八三五）二月八日生まれで、昭憲皇太后より一四歳年長であった。右大臣で従一位となるも慶応四年（一八六八）四月二四日、昭憲皇太后の女御治定をみとどけた後、三四歳で逝去した。

長女は養女の美賀子。天保六年七月一七日生まれ。もとは今出川（菊亭）公久長女であった。一五代将軍徳川慶喜の正室となる。美賀子は慶喜とともに静岡に隠棲し、明治二七年（一八九四）七月九日に、六〇歳で亡くなった。

次女の峯（美音）も養女で、天保八年（一八三七）一二月生まれ。三条実万の四女であった。のち、一条家と姻戚関係にある一一代熊本藩主の細川韶邦《よしくに》のもとに嫁いだ。峯は明治二八年三月に五九歳で去った。

三女は実子の輝子（千代姫）。のち醍醐輝弘の養女となり越前国毫摂寺の光暁の正室となった。輝子以下の生母は昭憲皇太后と同じ民子である。

四女は明子（多百姫）。弘化三年（一八四六）一〇月二三日、民子の次女として生まれる。大和郡山藩主の柳沢保申の正室となり、明治三五年（一九〇二）一月八日に五七歳で他界。

そのほか早世したが、次男秋雲院殿（天保一三年七月二四日逝）、三男秋月院殿（嘉永四年七月二五日逝）という二人の男子がいたといわれる。昭憲皇太后には兄と弟にあたる（山口鼎太郎『明治皇后』）。

養母・伏見宮順子

親族として、昭憲皇太后を終生見守っていたのは養母の順子《よりこ》であった。順子は伏見宮邦家の次女であり、文政一〇年（一八二七）二月四日生まれ。嘉永五年（一八五二）、昭憲皇太后が四歳の時に一条忠香の正室となった。忠香やその長男の忠良が亡くなった後も、皇后の養母として年金などが下賜された。明治二三年（一八九〇）には、昭憲皇太后の意向により東京に移住している。そして、明治四一年（一九〇八）一月二六日に八二歳の生涯を終えた。天皇皇后から祭資金二万円が下賜され、侍従の日野西資博《ひのにしすけひろ》が代拝した。皇后の養母のゆえをもって勲二等、宝冠章を授かった。

維新当時の伏見宮家

養母順子の実家である伏見宮家は、いわゆる四親王家（伏見・有栖川・桂・閑院《かんいん》）の一つであった。維新当時の四親王家は、伏見と有栖川をのぞき、継承者なく断絶状態であった。このため、伏見宮邦家一六男の載仁《これひと》が閑院宮家を嗣いだ。そして閑院宮家のみならず、維新前後に還俗したり新設されたりした宮家の多くが、伏見宮邦家の男子（親王）たちであり、彼らは、勅旨など特例により独立した宮家を設立したり、相続したりしたのである。また、女子（女王）たちも、五摂家や御三家ほか有力な門閥家に嫁いでいる。維新当時の伏見宮家は、皇族家として閨閥的に大きな力を持っていた。

ついでながら、伏見宮邦家の四男である朝彦は、孝明天皇の信頼が篤く幕末動乱期に活躍した尊融《そんゆう》入道である。この朝彦は維新後に久邇宮となり、その子孫もまた賀陽宮《かやのみや》、梨本宮《なしもとのみや》、朝香宮、東久邇宮などの宮家を嗣いだり、新設したりした。その孫の良子はのちの昭和天皇の皇后（香淳皇后）となる。朝彦は父の邦家におとらず大きな閨閥を築いたのである。

父や生母、兄を亡くしていた昭憲皇太后にとって、養母とその実家である伏見宮家は、最も近しく、かつ頼りにした存在であった。

5 適齢の女子

五摂家への優遇

江戸時代には、禁中並公家諸法度により摂関職は幕府の推薦が必要となったが、幕府は五摂家を朝廷統制のために優遇した。たとえば、摂家の子弟の昇進は、同じ公卿の中でも下位の清華家《せいがけ》や大臣家《だいじんけ》などと比べて別格扱いであった。また、摂関家は下位の公卿を「門流」として家臣的に支配することができた。そして、宮中席次は摂関、三公《さんこう》(太政大臣・左大臣・右大臣で摂関家が優先的に就いた)、宮家、そのほかの公卿の順となっており、宮家より上位におかれていた。

昭憲皇太后の父の一条忠香はこうした上層公卿である五摂家の一員であった。皇族とともに、五摂家の子女は代々、天皇の正室とみなされる中宮や皇后となった。江戸時代には将軍家の子女が天皇家の正室となることもあったが、多くは摂関家の子女であった。その意味で、昭憲皇太后は、将来、天皇の正室になる可能性を生まれながらに有していた一人であった。

もっとも五摂家とはいえ、一〇歳下から五歳上というのがおおむねの目安であったろう（表1「江戸時代の正室一覧」）。年長であることは不可ではなかったが、年長すぎることに一定の抵抗はあったはずだ。

正室候補

そうした範囲内をひとつの基準（六歳下から六歳上）として、当時の祐宮（明治天皇）と適齢の女子を列挙すると、表2「明治天皇の正室候補者一覧」のようになる。四親王家では伏見宮家に三人、有栖川宮家に二人。五摂家では近衛家二人、鷹司家一人、一条家二人で、合計八人いた（九条尚忠の猶子である日栄は伏見宮家に加えた）。桂宮、閑院宮、二条家などは、はじめから適齢の女子がいなかったのである。

昭憲皇太后の女御内定は、慶応三年（一八六七）五月一四日。一条忠香の長男である実良が参内した際に、摂政二条斉敬、前関白鷹司輔凞《すけひろ》から昭憲皇太后を「新帝様女御」にと伝えられた。実良にとっては実妹の入内であり、「天恩を拝謝」した（山口鼎太郎『明治皇后』）。

若江薫子の決断

昭憲皇太后の女御内定の背景にどのような政治的駆け引きがあったのかは憶測の範囲でしかない。山口鼎太郎『明治皇后』は、「其の局に当れる者さへ何処に如何なる姫君のおはするや知る者とては殆んど尠《すくな》く」と伝えている。関白の近衛忠凞、公卿の岩倉具視、三条実万らが選定に苦しんでいる時、山陵修理の役目で京にいた下野高徳《たかとく》藩主の戸田《とだ》忠至《ただゆき》が委託されて人選した結果、一条家の四女多百と五女寿栄（昭憲皇太后）が推薦されたという。その結果、一条家の若江薫子の意見で、妹の寿栄に決したというのがおおよそのいきさつとされる。

表1　江戸時代の正室一覧

天皇	正室		出自		年差
後陽成	女御	前子	近衛家	五摂家	4下
後水尾	皇后（中宮）	和子	徳川家	将軍家	11下
明正	（女帝）				
後光明	典侍	秀子	庭田家		不明
後西	女御	明子女王	高松宮家	宮家	2下
霊元	**皇后（中宮）**	**房子**	**鷹司家**	**五摂家**	**1上**
東山	皇后（中宮）	幸子女王	有栖川宮家	宮家	5下
中御門	女御	尚子	近衛家	五摂家	1下
桜町	**女御**	**舎子**	**二条家**	**五摂家**	**4上**
桃園	女御	富子	一条家	五摂家	2下
後桜町	（女帝）				
後桃園	女御	維子	近衛家	五摂家	1下
光格	皇后（中宮）	欣子内親王	天皇家	皇女	8下
仁孝	**女御**	**繫子**	**鷹司家**	**五摂家**	**2上**
孝明	女御	夙子	九条家	五摂家	3下

（註）　太字は年長の正室。

表2　明治天皇の正室候補者一覧

出自	名	続柄	生年	年差	婚家など
伏見宮	則子	邦家八女	嘉永三（一八五〇）・四・五	二上	徳川（紀州）茂承夫人
	日栄＊	邦家一〇女	安政二（一八五五）・二・一七	三下	瑞龍寺住職（村雲日栄）
	貴子	邦家一二女	安政四（一八五七）・一一・二〇	五下	松平（松江）直応、のち松平（忍）忠敬夫人
有栖川宮	宜子	幟仁三女	嘉永四（一八五一）・二・二六	一上	井伊（彦根）直憲夫人
	利子	幟仁四女	安政五（一八五八）・五・二二	六下	伏見宮貞愛妃
近衛家	尹子	忠煕六女	嘉永元（一八四八）・一二・一一	四上	津軽（弘前）承昭夫人
	寧姫	忠煕養女	嘉永六（一八五三）・一〇・三〇	一下	島津（薩摩）忠義夫人
鷹司家	治子	輔煕九女	嘉永元（一八四八）・六・一〇	四上	三条実美夫人
一条家	明子	忠香二女	弘化三（一八四六）・一〇・二三	六上	柳沢（大和郡山）保申夫人
	美子	**忠香三女**	**嘉永二（一八四九）・四・一七**	**三上**	**皇后（昭憲皇太后）**
九条家	日栄＊	尚忠猶子	安政二（一八五五）・二・一七	三下	瑞龍寺住職（村雲日栄）

（註）＊は同一人
太字は昭憲皇太后。

当時、近衛家にも尹子《ただこ》と寧姫《やすひめ》の適齢の二人の女子がいたが、白羽の矢は一条家にあたった。あるいは、当主の一条忠香が他界していたことが、重要な要因であったかもしれない。皇后を背後で操る強い外戚の存在を危惧する必要がないからである。孝明天皇崩御後の維新の実権を握る人びと、たとえば薩長閥や五摂家、四親王家などにとっては、政治的均衡のよい婚姻であったろう。

ちなみに、一条家から入内した先例としては、昭憲皇太后入内の一一三年ほど前、一一六代桃園天皇の女御富子がいる。一条兼香《かねよし》の娘で、宝暦五年（一七五五）一一月に入内し女御となった。しかし、富子は二〇歳で寡婦となり、のち皇太后と称され、恭礼門院《きょうらいもん》と号した。

禄高は二〇四四石

ところで、維新前の一条家の経済事情はどのようなものであったろうか。五摂家の禄高は、時期や文献により数値が異なるが、坂本辰之助『昭憲皇太后』は、九条家三〇四三石、近衛家二八〇〇石、一条家二〇四四石、二条家一七〇〇石、鷹司家一五〇〇石としている。一石は成年男子一年分の消費する米の量とみなされるので、二〇四四石は年二〇四四人分の米を得た家であったということになろう。領地の状態により実際の収入には多少の増減があり、近衛家などは池田、伊丹など酒造地方を領したので、事実上は一万石以上の収入があったという。他方、一条家は岡崎の五〇〇石、南山城上下両狛の五〇〇石、そのほかであり、なかでも狛村は旱水の凶作地で年々欠損し、実収は全体で一〇〇〇石内外としている。

家禄は六六五石四斗

明治二年（一八六九）六月一七日、版籍奉還と同時に、公卿と諸侯は一体化され華族と称された。この時の家禄（禄高に応じて華士族に与えた俸禄・秩禄処分で廃止）を見ると、五摂家の場合、九条家は禄高三〇四三石に対して家禄は一二九七石九斗となる。以下、近衛家二八六〇石で一四六九石五斗、一条家二〇四四石で六六五石四斗、二条家一七〇八石で一八一一石、鷹司家一五〇〇石で五二六石七斗であった。

これを諸侯と比べると、たとえば上位の島津家（鹿児島）は七七万八〇〇石で三万一四〇〇〇石である。禄高において五摂家の二〇〇倍、家禄において三〇倍ほどの違いがあった（霞会館『華族制度資料集』）。

そもそも諸侯は禄高一万石以上であり、最低でも一条家の五倍ほどの禄高を有していた。こうした公卿と諸侯との経済格差は維新以後の家禄においても継承された。そのため、貧乏公家の中には、資産家武家との閨閥によって、一定の財政基盤を得る家もあったわけである。一条家も資産家の有力諸侯や実業家との婚姻を重ねる。こうした閨閥は、他方で、五摂家の栄誉を新興の資産家たちに付与する意味も持った。一条家が、明治天皇の皇后である昭憲皇太后の実家であることは、閨閥として連なる価値をさらに高めた。

一条家の閨閥

一条家は新旧勢力との間に多様な姻戚関係を築いた。明治期では五摂家はじめ清華家、大臣家、羽林家などの公卿、熊本藩主であった細川家、四親王家の伏見宮家との関係が深い。そして、のちには三井のような実業家との閨閥もできるのである。

もっとも、一条家は実良の後、男子がなかった。宮家であれば、明治二二年の皇室典範第四二条「皇族は養子を為すことを得ず」の規定で、男系が絶えれば家は廃絶せざるを得なかった。しかし、一条家は華族であり、華族令は養子相続を認めていた。このため、一条家は女系男子による家の継承がなしえた。

たとえば、実良三女である良子の婿養子となった実輝《さねてる》は、海軍に入ってフランス留学後に日清、日露戦争に従軍した。明治四一年に予備役となって嘉仁親王（大正天皇）の東宮侍従長を命ぜられる。いわば義理の叔母にあたる昭憲皇太后の養子（嘉仁）の世話役となったわけである。のち、掌典次長、宮中顧問官、明治神宮宮司など宮内省系の要職を歴任した。なお、実輝の三女朝子は伏見宮博義妃、四女直子は閑院宮春仁妃となるなど、皇族との姻戚関係を強めるが、その背景には一条家出身の昭憲皇太后の存在があったと考えられよう。

正田家との婚姻

一条家の意外な閨閥として、実輝の婿養子となった実孝の次女重子と正田文右衛《しょうだ》門の再婚がある。重子ははじめ肥前小城《おき》藩主家の鍋島直浩子爵（陸軍砲兵中尉）と結婚する。しかし昭和二四年（一九四九）七月に離婚していた。再婚相手の正田家は、日清製粉の創設者で、皇后美智子の実家である。正田美智子は、皇太子妃になるにあたりその出自身分が問われたのであるが、婚姻後に大叔父が一条家と結ばれたのである。昭憲皇太后と皇后美智子とは一条家の姻戚としてもつながっているのである。

第三章　皇后美子

1　入内

昭憲皇太后は、慶応三年（一八六七）五月一四日、数え一九歳の時に女御に内定した。昭憲皇太后が天皇より三歳年長であることを口にする者もいたが、年長の女御は霊元、桜町、仁孝の前例があるので不問となった。しかし、「三歳の年長は世俗四つ目と称して之を忌む所なるを以て」、摂政の指揮に従い誕生日を嘉永二年四月一七日から同三年四月一七日（陽暦五月二八日）に改めて二歳年長とした。その後、六月二七日に初お目見《めみ》えの参内をし、翌二八日に女御となった（『明治天皇紀』）。

「四つ目」を忌む

この当時の昭憲皇太后は、寿栄《すえ》と呼ばれ、稚児髷《ちごまげ》の吉弥結《きちやむす》びで手習いにつとめていた。稚児髷とは、堂上家の公達が元服前に結った髪型である。少女の髪型の一種で、頭上に高く輪を左右に作った。明治天皇の生母である中山慶子《よしこ》の下で針妙《しんみょう》として仕えていた小染繁子《こぞめしげこ》は、今出川天神の若江薫子のもとに通学する稚児髷の昭憲皇太后をよくみかけ、「人形の様な可愛らしさ」（上田景二『昭憲皇太后史』）と評している。小染は昭憲皇太后より二歳年長であった。なお、「吉弥結び」は、美貌の女形として知られた初代上村吉弥《うえむらきちや》が舞台で広幅の帯を八文字にしたもので、江戸期の若い女性の間に流行った結び方である。

小染繁子は、昭憲皇太后が初お目見えの参内をした時の様子も覚えており、「御装束は白の羽二重に刺繡の模様をした振袖を召され茶の御袴」と回想している。そして小染が聞いたところでは、昭憲皇太后は明治天皇と対座して将棋をしたという。小染は仲間たちと「さぞ御気の張ることであらう」と語り合っている。ちなみに、昭憲皇太后には顔に黒子《ほくろ》があったが、お目見えの前にとりのぞいたという。

美子と改名

昭憲皇太后が女御に内定した時、一条家では邸内に居室を新築した。高倉寿子、姉小路良子、堀川駒子らを上臈として置き、皇后たるべき修養を積ませた。女御となるための修養として、有栖川宮幟仁《たかひと》から書を、若江薫子から学問を、関白の近衛忠凞から和歌を、それぞれ学んだ。

明治元年（一八六八）一二月二六日、昭憲皇太后は入内に先立ち従三位となり、名を寿栄から美子《はるこ》と改めた。翌二七日、女御入内用の檳榔毛《びんろうげ》の牛車が御所から一条家に向かった。二八日、入内。この日、明治天皇は「朝餉の御座（清涼殿）に出御」し、「御書」を女房と内侍使をつとめる殿上人に下賜した。当時は、朝廷の財源は乏しく、幕末の動乱期でもあり、かつ孝明天皇の崩御直後のことで、質素な儀式となった。

檳榔毛の牛車を中心とした総数一五〇名ほどの一行は、予定より遅れて日暮れ近くに一条家の四脚《よつあし》門を出て、御所築地に沿って参集した人びとの間を通り、「六つ花」（雪）が降る中を、御所朔平門《さくひらもん》に入り飛香舎《ひぎょうしゃ》（内裏の五舎の一つで中宮や女御の在所）に着いた。美子は、緋濃色の袴と単《ひとえ》、袿《うちかけ》、五衣《いつつぎぬ》などの十二単《じゅうにひとえ》。髪は大すべらかしであった。

京都御所朔平門（京都御苑内）

牛車を降りた美子は、飛香舎の御簾に入り、常御殿の南廊下に座した。しばらく後、御引直衣《おひきのうし》（天皇が用いる下半身の丈の長い直衣）、単、紅袴の明治天皇が上壇に出御した。美子は中壇に進み、杯事《さかずきごと》をなした。三宝（天皇への献上品の台）には、三つ肴（黒豆・数の子・たたき牛蒡）、素焼きの盃、長柄の銚子が用意されており、女官である大典侍が配膳と酌を、勾《こう》当内侍《とうのないし》が手長《てなが》（膳を運ぶ）をつとめた。

「三日夜の餅」

杯事の後、天皇、美子、大典侍は、清涼殿に向かい、「夜の御殿《おとど》」の式に臨む。御殿の四隅に釣灯籠があり、美子が持参した火を点ずるのである。式を終えると、その火を飛香舎の灯籠に移し、三日間消さずにおく。また、「三日夜の餅」と称して、この三日間、夜の御殿には「小さい餅」を高坏に盛って飾っておく。餅は夫婦揃った三臣下から献上されたものを用いるのが慣例であった。「三日夜の餅」を終えると、天皇と美子は常御殿へ戻る。天皇は直衣を、美子は五衣をそれぞれ解き、一の間で祝宴をなした。

入内の日、明治天皇は美子に記念の檜扇を与えた。赤紫の紐付きで、黒塗りの箱に収められていた。箱の蓋には金色の菊花紋章があり、箱の表に「富士」と銘記されていた。美子は、この檜扇を天長節と地久節に用いたという。

美子は入内して、すぐに皇后となった。こうして近代最初の皇后が誕生した。

2　東上

京都発輿

美子入内前の明治元年（一八六八）九月二〇日に明治天皇は、江戸から改称されたばかりの東京に行幸した。天皇は同年一二月二二日に京都に還幸して孝明天皇三年祭を行い、その後に美子を皇后としたのである。美子は入内後、しばし明治天皇と京都御所で生活を営む。しかし明治二年二月二四日、明治天皇は太政官を東京に遷し（東京奠都《てんと》）、三月七日に再び東京に向かった。戊辰戦争の終結段階であり、五月一八日には函館の五稜郭が開城した。六月一七日には版籍奉還がなされ、公卿と諸侯を合わせた華族という新しい身分階級が設置された。美子の実家の一条家は公卿から華族（のち公爵）になった。

この間、「新婚」の美子は京都御所にとどまり、戊辰戦争の成り行きを懸念し、明治天皇の安否を気遣った。そのためもあってか、三月から五月まで二カ月ほど体調を崩した。そして同年一〇月五日、東京に上った（東京奠都以後は「下り」から「上り」となる）。

すでに、美子は前月三〇日に大宮御所に行啓して英照皇太后（皇太后夙子《あさこ》）に別れを告げていた。出発の日は午前八時ごろに、板輿に乗り、宜秋門《ぎしゅうもん》を出発。在京の皇族、華族、諸官庁総代らが奉送する中、美子と野宮定功《ののみやさだいさ》皇后宮大夫、女官たちは、熊本・姫路・淀などの藩兵に警護されて東上した。

京の人びとの動揺

もっとも、天皇に加えて皇后までも東京に移ることに動揺する京の人びとも少なくなく、出発に先立つ九月二四日には、京都御所北東にある石薬師御門に一〇〇〇名ほどが発輿に反対して集まった（高木博志『近代天皇制と古都』）。また、「千度参り」と称して神社に集合したり、御所に愁訴したり、徒党を結んで強訴哀願する者もあり、一時は皇后の東上を中止することも考えられた。こうしたこともあり、天皇の東上一年後の明治三年三月には、京都産業基立金として計一〇万両を下賜して、生計の道を失った人びとの活性化につとめた。そして、天皇皇后の東上は戊辰戦争鎮撫のための一時的のものであって、いずれは京に還ってくるという期待を与え続けた（『明治天皇紀』）。

美子にとっても京都は生まれた地であり、一条家代々の墓所がある場でもあった。しかし、新時代の建設という大義の下、かつての一族や家臣を置いて、旧江戸城本丸におかれた皇城（皇居）を目指したのであった。途中、金谷《かなや》で富士山を眺め、大井川の仮橋を渡り、静岡でかつての将軍家の当主である藩知事の徳川家達《いえさと》の饗応を受けた。東京に着いたのは一〇月二四日。戊辰戦争の勝者となった明治天皇と皇城で再会した。

皇城の日々

上田景二『昭憲皇太后史』によれば、入内した美子は毎朝七時前後に起床。化粧をして服をあらため、八時ごろ朝の食事をとるという。午前中は謁見をし、外国人であれば桐の間、皇族であれば内謁見所を使った。謁見がない日は、内廷で雑務を処理した。昼食後は、内苑で運動をし、その後に歌などを詠んだ。夕食後は、読書や詠歌で過ごし、午後一一時ごろに就寝した。

入浴は都合で午前であったり午後であったりしたという。寒い時は、就寝前に塩湯（塩分をふくむ温泉）に入ることもあった。浴槽は丸形の檜製、真鍮の桁で、中に腰掛けが設けてあり、湯は別に沸かしていた。

娯楽は歌留多で、女官たちと夜更けまでするという。園芸も好み、内苑の畑で草花や蔬菜果実などを育てた。春には紅葉山で摘み草もした。乗馬もし、梢《こずえ》の命婦《みょうぶ》（生源寺伊佐雄子《しょうげんじいさおこ》）が相手をした。秋には源氏物語や古今和歌集を愛読した。玉突きをし、蓄音機なども聞いた。謡曲、長唄、古雅楽が好みであり、筑摩川、勧進帳、大薩摩などに耳を傾けた。

美子の好物

皇后宮大膳《だいぜん》職であった山口長胤《ながたね》は、美子は和食だったと語る。すなわち、美子は二汁三菜で、朝夕は塩鯛、昼は生鯛、漬物は奈良漬、午後に一度、鯛と蕪大根の煮込み、あるいは鮨などを食したという。

毎月の父一条忠香の命日には、朝だけは精進物の麩、高野豆腐、湯葉、椎茸などですました。祝祭日には二汁五菜か七菜で、山や川のものを用い、鴨や雉を食した。しかし獣肉は口にしなかった。好物は鰻の蒲焼き、鯉の飴煮、玉子の厚焼き、蜜柑、柿、梨などであった。他方、万里小路《までのこうじ》正秀大膳頭は、「さつぱりした酢の物、野菜物、乾物」などを好んだと語っている。

また、「ゆかりの月」（鰐）や「松の月」（鰊）は宮中では忌む魚であったが、美子は「下層民の食物状態」を知ろうとして食したという。大膳職は命令なので仕方なく用意したようだ。なお、美子は天皇とともに食事をする時は、自らは酒は飲まず、天皇の給仕につとめたとある（上田景二『昭憲皇太后史』）。

高倉寿子
（『昭憲皇太后史』より）

高倉寿子

美子が入内するにあたり、一条家より供奉《ぐぶ》（お供）してきたのは総数一四名。於千枝《おちえ》（一の上臈・高倉寿子《かずこ》）、於《お》さち（二の上臈）、於八千《おやち》（三の上臈）、老女瀧岡（一条家医師の守屋義隆三女）、小姓（小間使）いな、ふじ、まち、表使とへ、御物仕《おものし》（裁縫）やを、あさ、御膳衆《ごぜんしゅう》八重、御三の間（清掃）すま、五百《いお》、乳人やす、であった。

一の上臈の高倉寿子は、天保一一年（一八四〇）九月一一日に公家の高倉家に生まれた。高倉家は堂上公家でも羽林家や名家に次ぐ最下位の半家《はんけ》であったが、代々衣紋、装束を家業としてきた。維新後は子爵家となっている。寿子は美子の補導役として宮中に入り、源氏名を新樹《しんじゅ》と称した。明治天皇の夜伽相手の女官を管理したといわれる。美子が皇太后となって崩御するまで典侍として仕え、以後は京都に隠棲した。大正天皇の不例の際には、数え八七歳の老齢ながら雪の中で端座して平癒祈願をしたという。昭和五年（一九三〇）一月二八日、京都南禅寺の自宅で九一歳にて他界した。

3 「奥」の掌握

後宮の振粛

後宮も京都から東京に移った。後宮は大宝元年（七〇一）の大宝令施行以前から存在し、大宝令以後は制度として整備された。延暦一三年（七九四）の平安遷都以来、京都御所（内裏）におかれ、一〇〇〇年以上もの間、世俗から隔離されて上流女子を中心とした独自の空間を形成してきた。

孝明天皇崩御を受け、慶応三年（一八六七）一月九日、明治天皇が践祚する。『明治天皇紀』によれば、この時、前大納言で明治天皇の外戚である中山忠能《ただやす》（生母中山慶子《よしこ》の実父）は、宮中諸事慣行の退廃を嘆き、翌一〇日、後宮振粛のための書翰を内大臣近衛忠房に呈した。中山は宮中の諸事が昔と異なり、明治天皇は若年で、皇太子になる儀式をしないまま天皇になった、今の機会をとらえなければ、宮中の伝統を再興することはできないと訴えたのである。そして、孝明天皇に仕えた老齢の大典侍《おおすけ》中山績子《いさこ》を辞めさせ、帥典侍《そちのすけ》広橋静子をその後任とした（典侍には、大典侍・新典侍・帥典侍・按察使典《あぜち》侍・新中納言典侍・宰相典侍《さいしょう》・督典侍・権典侍・新典侍・今参《いままいり》などの階層があった）。また、孝明天皇の典侍、掌侍らに勤続年数に応じて金一〇〇〇両以上を支給して退職させ、相応の家に嫁がせた。ただし、二四、五歳以上の者は願により留任や剃髪などを許した。さらに和宮《かずのみや》（静寛院《せいかんいん》）付きとして江戸にあった宰相典侍庭田嗣子《にわたつぐこ》を呼び戻して重用することとした。維新に先立ち、後宮の再建をはかったのである。美子は、この振粛されたばかりの後宮に入内した。

頑迷固陋なる女官たち

さて、明治天皇は、美子が東京に到着する前の明治二年（一八六九）八月、神祇伯中山忠能、宮内卿万里小路博房《までのこうじひろふさ》、刑部卿正親町三条実愛《おおぎまちさんじょうさねなる》らに命じて、後宮女房の階級や呼称の改革を議論させている。同年一〇月一二日、美子東上中に女官の名称・人員・官位相当が改められた。人員は、最上級の尚侍は定員なく、適任者があれば任命することとなり、以下、典侍、掌侍、命婦はそれぞれ四人を定員とした。そして、それぞれ四階級とし、たとえば、典侍は大典侍・二典侍・三典侍・新典侍として、大典侍広橋静子、二典侍四辻清子、三典侍葉室光子、新典侍橋本夏子などを配置した。

ところで、新政府の中枢を担った大久保利通は、「禁中の内官等、太政官の役人を見ること仇讐の如き勢有之、実に不可言の次第も有之候」（明治元年閏四月二三日付、簑田伝兵衛宛書簡）と嘆いた。宮内官や女官たちは新政府の介入を毛嫌ったというのである。宮内官や女官たちは、維新前までは武家に支配され窮乏を余儀なくされていたとはいえ、幕末維新期に相応の活躍もして栄誉を回復していた上層公卿家の子女たちである。身分差を意識すれば、大久保ら下層士族の指図を受ける気にはなれなかったろう。まして、女子だけで閉鎖社会を構成してきた後宮は、頑迷固陋な世界でもあった。旧公卿の三条実美や岩倉具視でさえ、「手も足も出ぬ」と閉口していたのである（渡辺幾治郎『昭憲皇太后の御坤徳』）。

内廷を移転

ちなみに、明治四年五月七日、京都御所の内廷を東京に移す準備のため、京都の大宮御所に典侍らが差遣された。当時、天皇の東上は、京の人びとに遷都の不安を与えていたが、この日、京都下向の延期を述べ、かつ内廷の什器整理のために典侍広橋静子、元掌侍高野房子らを京都に向かわせた。そして、広橋と高野は、内廷の留守をあずかる女官たちのみならず、皇太后夙子《あさこ》（英照皇太后）、桂宮《かつらのみや》淑子《すみこ》、親子《ちかこ》内親王（静寛院・和宮）とその上臈から雑仕《ぞうし》まですべての女官たちに、天皇からの金品を下賜したのであった。また、同日、有栖川宮熾仁《たかひと》は、東京移住を命ぜられた。こうして、京の人びとの不安をよそに、天皇皇后のみならず、皇族や後宮の女官たちまでもが京都を離れ、東京に移りはじめたのであった。なお、同月三〇日、神仏分離を受けて御所に安置されていた仏像と歴代天皇の位牌を祀るための恭明宮《きょうめいぐう》が造営され、この時、六〇歳以下の隠居女房、剃髪女官らはその宮域内に移住した（『明治天皇紀』）。

明治四年の改革

維新後の後宮改革は明治四年（一八九一）八月一日と、翌年四月二四日の二度にわたりなされた。まず、明治四年の改革では、当時、宮中は「先例・故格を墨守するもの多くして、君側の臣は堂上華族に限られ、先朝以来の女官権勢を張り、動《やや》もすれば聖明を覆ひたてまつる等の事無きにあらず」とされていた。女官らが天皇の威光をも遮っていたというのである。

このため、西郷隆盛は「華奢・柔弱の風ある旧公卿」を宮中より排斥し、代わりに「剛健・清廉の士」をもって天皇を輔導しようとした。そして、木戸孝允、大久保利通、三条実美、岩倉具視らの同意を得て、七月四日、旧薩摩藩士で西郷や大久保とともに維新の原動力となった吉井友実を宮内大丞として、宮中改革にあたらせた。

吉井は、手はじめに従来華族から選ばれていた内廷事務担当を華士族の別なく選出し、士族一二名を侍従とした。そして、皇后や女官は、「和漢洋古今の大勢に通ずるの要」があるので、平素から読書に励み、天皇の講読の際には陪聴することとした。宮中女子に時勢にかなった教養を求めたのである。

八月一日には、女官をすべて罷免し、改めて広橋静子、高野房子を典侍とし、四辻清子、葉室光子、橋本夏子を権典侍とした。また、掌侍以下の人事も行った。この時、皇后美子の臨席のもと、宮内大輔万里小路博房から権掌侍以上に辞令が下された。そして、「爾後皇后の命を奉じて勤仕すべきこと」「族姓に関せず女官を登庸すべきこと」などの心得を言い渡された。

英照皇太后の東上

明治五年(一八七二)三月二二日、皇太后夙子(英照皇太后)も京都から東京に移る。天皇皇后から遅れること三年。この間、明治天皇は京都で一人住む夙子のために能や狂言で慰めたりした。明治三年に夙子は有卦《うけ》(陰陽道で七年間吉事が続く年まわり)に入り、

英照皇太后（宮内庁蔵）

天皇や美子に金品などを進呈したりもした。また、明治四年五月の京都暴風雨の際には、天皇は急便にて皇太后の安否を訊ねている。

こうして、明治五年に皇太后は、宮内大輔万里小路博房と典侍万里小路幸子らを従えて大宮御所を発し、沿道を陸軍省が警衛する中、東海道を東上した。京都の人びとは、明治天皇の下向延期と、皇后および皇太后の東上に「悲憤措く能はざるの状」があり、京都府はこの取締に深く注意した。四月一一日、美子は大森まで出迎え、明治天皇も騎馬で品川に向かい皇太后を待った。皇太后は品川の旧本陣（鳥山金右衛門の家）に泊まり、翌一二日、赤坂離宮（旧紀州徳川邸）に入った。

明治五年の改革

皇太后が着して数日後の四月二四日、再び後宮が刷新された。一典侍広橋静子、二典侍高野房子はじめ、権典侍、権掌侍、命婦ら二三名が罷免された。当時、女官は総数一二八名おり、広橋静子と高野房子を筆頭として、後宮の権力を握り、皇后の意見も通らないことがあった。「女官の習、先例、旧格をのみ墨守して敢へて移らず、固陋の甚しき、動もすれば聖徳を妨ぐること無きにあらず」と『明治天皇紀』にはある。

このため、明治四年の改革に続き、宮内卿徳大寺実則《とくだいじさねつね》や宮内大輔万里小路博房、宮内少輔吉井友実らは、皇后や皇太后と相談のもと粛正にのりだした。この結果、「後宮の権力始めて皇后の掌中に帰する」こととなった。また、従来は天皇に奉仕する内女房と皇后に奉仕する皇后宮女房との別があり、そのため相互の葛藤が絶えなかったが、その区別も撤廃して、女官はすべて皇后の下に統括した。こうして美子は夙子とともに後宮の頂点に立ち、高等女官以下を従えた一大勢力を築くこととなった。

ところで、大日本実修女学会編『昭憲皇太后御一代記』には、内廷の東京移転にあたり実家に身を引いた某女官が、東遷を推進した西郷隆盛を刺して自害しようと思い詰めていたところを、親に諭されたとある。同書は、その女官の忠誠心を評価しつつ、男子禁制の内儀にいた「女性特有の偏執」「ヒステリカルの吾儘」とし、「一方に炎の如き忠誠の熱情を有する代りに、一方には君側に侍る身の光栄を楯として、他の官人を蔑にするが如き傾向ある」と厳しく批判している。当時の雰囲気が伝わる逸話である。

4 九条夙子

実子なき正室

二度にわたる後宮改革で「奥」の実権を握った皇后美子であるが、天皇の子をなせなかった。天皇と美子との間には血のつながった子孫がおらず、天皇の子はすべて側室の子女であった。

美子の義母にあたる皇太后夙子もまた二人の女児をもうけてはいたが、いずれも夭逝した。はじめの子は、夙子が一八歳で産んだ第一皇女順子内親王。二番目の子は、二六歳で産んだ富貴宮であった（この富貴宮誕生により、かつて美子は富貴から寿栄に改名したのである）。しかし、ともに二、三歳で他界した。このため、万延元年（一八六〇）七月一〇日、九歳の祐宮（のちの明治天皇）を儲君（皇太子）とし、准后夙子の実子としたのである。祐宮は、孝明天皇と典侍中山慶子との間にできた皇子であった。つまり、近代の皇室の中核を構成した天皇、皇后、皇太后の三者の間には、血縁関係がまったくなかった。しかし、三者は近代皇室の形成のために相互に交流を深めあった。そして、三者のみならず、孝明天皇の妹にあたる淑子内親王、親子内親王とも密接に交流し、東京に上流公家社会の慣行などを持ち込んだのであった。

英照皇太后と昭憲皇太后

ところで、孝明天皇の正室であった九条夙子も五摂家の出身であった。夙子は孝明天皇の崩御後は皇太后となり、亡くなって後に英照皇太后と諡号《しごう》される。英照皇太后は天保五年（一八三四）一二月一三日生まれだが、孝明天皇との年齢差が「中四つ」で不縁というので天保四年生まれと改める。既述したように、昭憲皇太后も嘉永二年（一八四九）生まれながら、入内にあたり嘉永三年に改められている。このため英照皇太后と昭憲皇太后の実際の年齢差は一五歳であるが、形式上は一七歳となった。

孝明天皇亡き後の皇室では、英照皇太后が最長老となったわけである。維新後も、能楽鑑賞、観菊会、行幸啓などで、明治天皇や昭憲皇太后と行動をともにすることも少なくなかった。京都から東京に移住した三者は、異郷での心のさびしさを紛らわすかのように、しばしば行動をともにした。とりわけ英照皇太后と昭憲皇太后が一緒に行啓したことは、『明治天皇紀』にも数多く記されているし、当時の新聞でも頻繁に報道された。

たとえば、明治一二年（一八七九）の『読売新聞』によれば、四月二八日には、英照皇太后と昭憲皇太后とで横浜で軍艦「扶桑」などを見学したとある。また五月九日には、青山御所に完成した養蚕場を二人で視察した。一二月一七日には、明治天皇をまじえた三者で賢所《かしこどころ》の神楽を見た。行動をともにしない場合も、どちらかが行啓する際には、残る側が駅まで送り迎えをした。

英照皇太后崩御

英照皇太后は、明治三〇年（一八九七）一月一一日、数え六四歳で崩御。危篤の時、明治天皇と皇后美子は風邪を引いて床に臥していた。しかし、天皇と美子は病を押して青山御所に向かった。天皇は膝行して英照皇太后の元に進み、「悲痛に堪へず、声を発して涕泣」した。美子もまた涙を流して、天皇を慰めたのである。同年四月一九日、天皇と美子は京都の後月輪東北陵《のちのつきのわのとうほくのみささぎ》（英照皇太后陵）を参拝。美子は「月の輪のみささぎまうでする道にさきだつものは涙なりけり」と英照皇太后を追慕した。幕末維新から近代国家の建設にともに尽力してきた共通の思いがあった。

英照皇太后が亡くなった後、明治三三年に皇太子嘉仁親王（大正天皇）の正室に九条節子（貞明皇后）が決まり、近代皇室と九条家との縁戚関係は再び続いた。

第四章　新時代の皇后

1　顔の見える皇后

明治五年（一八七二）、皇后美子の数え二四歳の写真が、写真師の内田九一《うちだくいち》によって撮影された。条約改正の準備交渉などのため欧米視察に出ていた特命全権大使の岩倉具視が、米国にてグラント大統領と元首写真の交換の必要が生じたからである。急遽、天皇の写真を求め、この時に皇后も写したのであった。

皇后の写真

皇后は、大円形文様のカーペットの上に立ち、十二単《じゅうにひとえ》の略装である小袿《こうちぎ》、足を包みやや引きずる形の長袴《ながばかま》という和装である。女房装束用の両脚形簪《かんざし》である釵子《さいし》を髪につけている。大きな檜扇を持つが、その手は袖に隠れて見えない。顔以外の膚はすべて隠れており、女子の露出度の多さを避けていた当時の倫理を思わせる。この写真が米国の岩倉ら使節団に送られ、元首写真交換に使われたの

昭憲皇太后（内田九一撮影）（宮内庁蔵）

である。なお、皇后の写真は英照皇太后にも献呈され、その後、英照皇太后も写真を撮っている。

翌明治六年、和装のままであるが檜扇が半開きとなっている皇后の写真が、洋装軍服の天皇の写真と対になって内外に流布する。こうして皇后の写実的な容貌が広く知れわたるようになっていった。この写真以前にも、皇后は錦絵などに描かれたことはあった。しかし、その容貌は抽象的であり、供の女官たちとの違いは、その位置と衣装の華やかさで区別するようなものばかりであった。

写真の販売禁止

当時、欧米諸国では元首の写真や肖像画は一般市民と共有され、貨幣や切手の図案ともなり、敬愛の対象となっていた。日本でも神武天皇や明治天皇の肖像を貨幣に描く案があった。しかし、却下された。多くの人びとの手に触れ、汚穢や塵芥にまみれるからである。貨幣価値が下がれば皇室の尊厳を損ねるとの指摘もされた。『明治天皇紀』には、「御写真の売買禁止」「描写錦絵等の売買禁止」「御肖像取扱につき諭告」などの記事がある。

他方、天皇皇后の写真は市中に出回った。内田自身、写真販売のため、原板の下げ渡しを求めて許可されている。ところが、内田の撮った写真と同じ絵柄のものが、役者や吉原の芸者らの写真と一緒に絵双紙屋の店先などでも売られるなどしており（『近代庶民生活誌　天皇・皇族』）、政府は「猥りに販売する者」の監視を命じた。

『読売新聞』は、「俳優または芸者娼妓などの写真の様に市中にひさぎもて遊び」（明治八年三月一五日）、「吉原の或る上等娼妓の部屋には勿体なくも天主《てんしゅさま》と皇后宮のお写真立派にかけて有る」（明治一一年四月一六日）と、その実態を伝えている。売買した者はともに罰金七五銭をとられた（明治八年一一月八日）との記事もある。

洋装の皇后

明治五年の段階で、伊藤博文は宮中の洋装化を決めていた。明治六年に天皇の洋装写真を撮り直したのはそのためである。しかし、皇后はしばらくは和装のままであった。『明治天皇紀』によれば、皇后がはじめて洋装で行啓したのは明治一九年七月三〇日、華族女学校卒業式の時であった。そして同年八月三日、皇后は洋装で青山御所の英照皇太后を行啓した。これに従い女官も洋装になっていった。

皇后が和装の写真を撮ってから一七年後の明治二二年六月、鈴木真一と丸木利陽《まるきりよう》が、それぞれ皇后の洋装を撮影した。この写真は実写か、あるいは部分補筆があったか不明であるが、数え四一歳にしては若く見える。丸木の撮影をもとにしたキヨソネのコンテ画も存在しており、皇后自身、実写は好まなかったのではなかろうか。

皇后の洋装写真は、西欧の王室の写実的な肖像画が意識されており、その装飾や構図はイタリア王妃マルゲリータと類似している（若桑みどり『皇后の肖像』）。皇后は、胸元と腕を露出したドレスの立ち姿で、王冠に首飾り、長い白手袋と腕輪などで飾り、胸には勲章がつけられた。その顔立ちは、凛々しく、細い線で描かれたような顔、眉、目、鼻筋、口元は、明治天皇がつけた愛称「天狗さん」を彷彿とさせる。

皇后のこの写真は、キヨソネが明治二一年に制作した明治天皇の軍服の写真とともに、御真影として官庁や学校に下賜されたのであった。

2　増える行啓

天皇皇后の行幸啓

明治になって天皇と皇后は積極的に行幸啓をした。明治天皇は慶応四年（一八六八）の大坂行幸をはじめとして、明治四五年（一九一二）の千葉行幸まで一道三府三三県を行幸した。地方行幸と大演習行幸の総数は一〇六回に及んだ。政始《まつりごとはじめ》、陸軍始、観桜会などをふくめるとその回数はさらに増える。とりわけ、明治五年から明治一八年にかけて全国を回った六大巡幸は、旧藩主に代わる統治者としての威儀を正した行幸として重視される。

皇后も天皇とともに造船所や瓦斯《ガス》器械所などを行啓した。『明治天皇紀』には、明治六年一二月一七日に、天皇と皇后が横須賀造船所に行幸啓したことが、次のようにある。「皇后と供に横須賀造船所に幸す、午前七時二十分御出門、新橋停車場より汽車に乗御、九時横浜に着御し、横浜港中波戸場より端艇を以て内海乗御用船蒼龍丸に乗御、東・日進・雲揚・鳳翔の諸艦を従へて発したまふ、同港碇泊の各艦祝砲を発すること式の如し、是の日快晴、午後一時十五分横須賀港に入り、造船所裏門通波戸場より御上陸」。

また、明治七年三月一九日には横浜瓦斯器械所を視察した。次のようにある。「午前九時三十分横浜行在所を発し、皇后と供に同地高島嘉右衛門邸なる瓦斯器械所に幸し、瓦斯点灯火及び諸機械を天覧の後、十一時横浜停車場を発し、午後零時三十分還幸あらせらる、横浜に瓦斯灯を建設せしは嘉右衛門も計画に係り、明治五年九月より点火せり、是れ我が国にありて人造瓦斯を灯火に用ゐるの権輿《けんよ》〔発端〕なりとす、是の日嘉右衛門は光栄を考妣《こうひ》〔他界した父母〕に分たんがため、其の霊牌を衣裡に負ひて天顔を拝したりと云ふ」。

六大巡幸と昭憲皇太后

しかし、六大巡幸は明治天皇とその従者による行幸であり、皇后は同伴しなかった。六大巡幸の最初である明治五年五月二三日から七月一二日の近畿・中国・九州巡幸中、昭憲皇太后は六月一八日から七月一五日まで箱根宮ノ下温泉で静養しており、天皇が帰京した七月一二日に宮城にいなかった。

明治九年六月二日から七月一二日の北陸・奥羽巡幸の際は、皇后は天皇一行を千住まで見送った。皇后と皇太后は、巡幸中の天皇へ使いを送り「砂糖漬西洋菓子」などを献上している。「砂糖漬西洋菓子」は七月二日、宮城県北部の築館《つきだて》に着いた天皇のもとに届いた。天皇は、イギリスで建造した灯台視察船の「明治丸」にて、函館から横浜へ戻り、新橋停車場改札口で皇后の出迎えを受けた。

明治一一年八月三〇日から一一月九日の北陸・東海道巡幸では、皇后は皇太后とともに板橋まで見送った。天皇の留守中に、皇太后と工部大学校に行啓したり、浜離宮に行啓して歌を詠んだり、皇居にて三条実美太政大臣らに巡幸留守慰労の酒肴を下賜したりした。また留守の天皇に代わって、イギリスに帰国するパークス夫妻やロシアより帰国した榎本武揚らと対面したりした。一一月三日の天長節には、内廷に玉座を設けて参賀の皇族や宮内省勅任官、奏任官らに酒饌を供した。この日、天皇は静岡県藤枝を発して丸子《まりこ》を通り、安倍川の橋梁を肩輿で渡り、正午に静岡にて誕生日の祝賀を受けた。九日に新橋停車場に着き、皇后らが出迎えた。

明治一三年六月一六日から七月二三日の山梨・三重・京都巡幸では、皇太后とともに新宿植物御苑まで見送った。天皇は八王子に着くと、皇后に蛍を贈った。甲府からは菓子を贈った。天皇は京都から神戸に出て、供奉艦「金剛」にて横浜に戻った。皇后は新橋停車場で迎えた。

明治一四年七月三〇日から一〇月一一日の北海道・秋田・山形巡幸では、皇后は皇太后と千住まで見送った。皇后は、巡幸中の天皇に手紙を送ったり、もらったりした。そして、天皇の還幸を千住で出迎えた。

明治一八年七月二六日から八月一二日の山口・広島・岡山巡幸では、皇后は皇太后とともに新橋停車場まで見送った。天皇は横浜より「横浜丸」にて神戸に向かい、山口で上陸した。山口では炎暑の中、乗馬で鯖山《さばやま》峠を越えている。この間、皇后は江ノ島、鎌倉行啓を楽しんだりしていた。天皇は神戸から横浜に帰港、皇后は新橋停車場に出迎えた。

皇后は、六大巡幸に同行することはなかった。天皇を見送り、留守を預かり、時に留守の無聊を慰め、巡幸先の天皇と菓子や文のやりとりをし、還幸を出迎えたのであった。

女学校行啓など

六大巡幸には同行しなかったが、昭憲皇太后も各地を回っている。明治神宮外苑の聖徳記念絵画館には、「女子師範学校行啓」「華族女学校行啓」「東京慈恵医院行啓」「赤十字社総会行啓」「広島予備病院行啓」「富岡製糸場行啓」「内国勧業博覧会行幸啓」など、昭憲皇太后の行啓の図がある。これらの図は、女子教育、医療福祉、軍事慰問、蚕業振興、殖産興業などに尽力した昭憲皇太后の活動を象徴していた（米田雄介「一条美子」『歴史読本』平成二一年一二月号）。

これらの図が示すように、昭憲皇太后は全国各地を回る代わりに近代的な諸施設を行啓して、その育成や発展を推進していたといえる。とりわけ、女学校や赤十字社などへは定期的かつ恒常的に行啓し、賜金などを下したりしていた。また、これらの行啓には英照皇太后が同行することも多かった。

一日遅れ

天皇が皇族や華族の邸を行幸することもあった。この時は、一日あるいは数日遅れで、皇后も同所を行啓した。明治二五年七月九日、明治天皇は永田町にあった旧佐賀藩主の鍋島直大侯爵邸を訪問して相撲、柔《やわら》、剣術、手品などを楽しんだ。そして帰り際に、翌日訪問予定の昭憲皇太后と英照皇太后にも見せるように命じている。翌一〇日、英照皇太后は風邪のため不参、昭憲皇太后だけが鍋島邸に訪問して、ほぼ同じものを楽しんで帰った。この時、数え一一歳だった鍋島家次女の伊都子《いつこ》は琴を弾いて昭憲皇太后を接待し、人形などをもらっている（『梨本宮伊都子妃の日記』）。

明治四三年七月八日には、明治天皇は本郷区本富士町の旧金沢藩主である前田利為《としなり》侯爵邸を訪問した。書画などを見て、能や狂言を観賞し、夕食を伴にした。二日後には昭憲皇太后が行啓、さらに一三日には皇太子夫妻（のち大正天皇と貞明皇后）が行啓したのであった（『明治天皇紀』）。

明治天皇と昭憲皇太后とが途中から合流して、行動を共有したこともあった。明治二三年四月四日、昭憲皇太后は東京を発し、愛知県で大演習中の天皇と合流して、京都に向かった。京都ではともに後《のち》月輪東山陵《つきのわのひがしのみささぎ》（孝明天皇陵）を参拝した。その後、再び別行動となり、昭憲皇太后は泉涌寺《せんにゅうじ》、東福寺、京都市立盲唖院を行啓した。そして滋賀県庁を行幸していた天皇と大津閘門《こうもん》にて合流し、琵琶湖疏水工事竣工式に臨んだ（『明治天皇紀』）。それぞれに行動を分担していたことがうかがえる。

3　開国と外交

外遊しない天皇と皇后

明治になって行幸啓の増えた天皇皇后であるが、外国訪問は一度もなかった。皇太子嘉仁（のち大正天皇）が明治四〇年（一九〇七）に大韓帝国（当時は保護国であった）を行啓し、皇位継承者としてはじめての海外訪問をした。欧州訪問の意欲もあったといわれるが、実現はしなかった。皇位継承者ではじめて欧州を訪問するのは、大正一〇年（一九二一）の皇太子裕仁《ひろひと》

（のち昭和天皇）である。この時でさえ、国内は賛否両論で紛糾し、皇后であった貞明皇后すら当初は外遊に好意的ではなかった。

もちろん、皇位継承者ではない皇族たちの外国訪問は、明治三年に華頂宮博経《かちょうのみやひろつね》がアメリカに軍事留学したことをはじめとして、以後、多くの皇族や皇族妃が欧米の地を踏んだ。東久邇宮稔彦のように大正九年から一六年まで八年近くもフランスに滞在した例もあった。とはいえ、皇位継承者やその后妃の外国訪問は容易には実現せず、明治天皇と昭憲皇太后は、欧州はおろか、当時、領有国とした台湾や朝鮮に足を運ぶこともなかった。

来日要人との対面

外国訪問はなかったが、昭憲皇太后の来日要人との対面の頻度は高かった。来日した元首やその親族、新任あるいは離任の外国大公使らと対面することは、皇后の役目の一つでもあった。対面は、天皇とともに謁することもあるし、皇后単独で会うこともある。大公使の妻子には、天皇の対面後に、皇后が会うことが多い。これらの対面は、鎖国から開国に転じた国家の元首としての重大な職務であった。

昭憲皇太后の主な外国要人対面者は『明治天皇紀』から知ることができる。その一例として明治初期の対面者を羅列すれば、表3のようになる。このほかにも来日した艦隊提督や帰国する御雇《おやとい》外国人とも対面しており、こうした傾向は明治末年まで継続された。御雇外国人との対面では、たとえば、明治八年一〇月一五日に、大蔵省雇のアメリカ人ジョージ・ビー・ウィリアムスが任期満了で帰国するに際して参内し、その妻は持参した裁縫器機一式を昭憲皇太后に献上した。「皇后常に女子教育を

表3　明治初期の昭憲皇太后の主な外国要人対面者一覧

明治	月	日	国名	地位など	氏名	対面理由	対面場所
5	10	21	ロシア	皇子	アレキシス・アレキサンドロウイッチ親王	来日	御学問所代
6	3	5	ドイツ	弁理公使	エム・フォン・ブラント	再帰任	内謁見所
	4	19	イギリス	特命全権公使	ハーリー・エス・パークス	再帰任	御学問所代
7	11	13	ペルー	代理公使	ジュアン・フレデリコー・エルモール	新任	内謁見所
	12	10	イタリア	特命全権公使	コント・アレサンドロ・フェ・ドスチャニ	挨拶	内謁見所
		10	ロシア	代理公使	シャール・ド・スツルヴェ	挨拶	内謁見所
		25	オーストリア・ハンガリー	弁理公使	ル・シェバリエー・イ・ド・シェッフル	新任	
8	2	14	ドイツ	弁理公使	エム・フォン・ブラント	転任	内謁見所
	3	28	フランス	特命全権公使	ジェル・フランソワ・ギュスターブ・ベルテミー	帰国	内謁見所
		28	フランス	代理公使	ド・サン・カンタン	挨拶	内謁見所
	7	13	デンマーク	使節	ワルドマル・リュドルフ・ド・ラースロフ	答礼	御苑

（出典）『明治天皇紀』より作成。

奨励し、女学校生徒に賞品を賜ふこと」を聞いたので、この裁縫器機を賞品の一つにしてほしいとの願いからであった。昭憲皇太后はウィリアムス夫人に花瓶一対を下賜した。同年一一月一八日には、宮内省雇であったドイツ人医師のレオポール・ミシュレルとテオドール・ホフマンが帰任するため夫妻で参内し、御座所にて陪食した。ミシュレルとホフマンは二二日にも帰任挨拶のため参内、昭憲皇太后とも対面した。

グラント来日

明治一二年七月四日、前アメリカ大統領のグラント一家が来日した時には、昭憲皇太后は天皇とともに盛大に歓迎した。グラントは南北戦争で活躍した陸軍軍人であり、岩倉具視ら使節団が条約改正を試みた時の大統領であった。元首写真交換の外交儀礼で、明治天皇と昭憲皇太后の最初の写真を渡した相手でもあった。

グラントは大統領辞任後、家族と世界一周の旅に出て、イギリス、欧州諸国、シャム（タイ）、清国を経て、日本に来ることとなった。岩倉使節団への好意の返礼の意味も込めて、「各国皇族の来朝に準じて国賓の礼」を尽くすこととなった。グラント一家は米国軍艦「リッチモンド号」にて長崎に着き、さらに横浜に向かった。横浜には右大臣の岩倉ほか参議の西郷従道、伊藤博文、井上馨らが出迎え、汽車で新橋駅に出て、外国人接待所である延遼館に入った。

午後二時、グラント一家は御料馬車にて延遼館から宮城に向かい、グラント夫妻、子息のほか、米国公使ジョン・エー・ビンガム、米国東洋艦隊指揮長官、リッチモンド号艦長らが、近衛騎兵に護衛されて参内した。式部頭が一行を御座所へ導き、途中、小御所代で有栖川宮熾仁ら皇族の出迎えを受けた。御座所では、天皇皇后が待ち、一行が到着すると、歩みよった。挨拶などが交わされ、昭憲皇太后はグラント夫人に「遠路の恙《つつが》なき」を祝した。そして「炎暑の候、殊に風俗異にして万事不自由ならんも、逗留の久しからんこと」を望む旨を述べた。

この時の一行の一人が書いた紀行文には、昭憲皇太后についてこうある。「帝の傍なる皇后は和装したるが、其顔は甚だ白く、其姿も細小にして殆ど児童の如く、髪は美はしくくしけづられ、貴金の笄《こうがい》を挿めり」。

天皇がグラントと握手した場面も観察しており、「不器用なりき、恰《あたか》も初めて握手するものの如く、又出来るだけ能く之をなさんと欲するものに似たり」とある。伝統を維持しながらも、欧米諸国の先進文明に融け込もうと努力する、当時の天皇皇后の姿勢の一端が見える。

ハワイ皇帝カラカワ

明治一四年三月四日、ハワイ皇帝カラカワが「微服間行《びふくかんこう》」（密行）で来日した。移民問題と外交改善のためにサンフランシスコを経て、日本、中国、インドなどを回って欧州を歴訪する途中であった。アリー・カルカウアの匿名だったが、天皇は国賓の礼をもって迎えた。五日、昭憲皇太后は参内するカラカワを出迎えた。一一日、カラカワと天皇との間で、欧州各国に対抗する東洋諸国団結の密談がなされた。カラカワは明治天皇が盟主となって連盟を起こし、明治一六年開催予定の米国博覧会を機としてニューヨークに会合して、各国君主に治外法権撤廃を説くことを提唱したが、天皇は清国との関係の難しさなどをあげて辞退した。天皇が同意すれば、天皇のはじめての外遊となったわけだ。

会談後、カラカワはハワイ皇后の写真を昭憲皇太后に贈呈して辞去した。一四日、カラカワは告別のため参内。明治天皇は風邪をおして接待した。昭憲皇太后は白縮緬《ちりめん》二匹（一匹は布帛《ふはく》二反で成人二人分の衣料に相当）をハワイ皇后に贈った。昭憲皇太后は会談内容には関わらず、ハワイ皇后との親交に撤したのであった。

ニコライ遭難

明治二四年四月二七日、ロシア皇太子ニコライが来日した。ニコライは当時二四歳で、東洋諸国巡遊の旅に出て、オーストリアから軍艦「アゾヴァ号」にて海路でインド、シャム、清国を経て日本に着いた。天皇は国賓の礼をもって、有栖川宮威仁《たけひと》を接待役にしてニコライを迎えた。ニコライは長崎、鹿児島から神戸に至り、京都を見物した。五月一一日、滋賀県大津から再び京都に戻ろうとした途中、滋賀県巡査津田三蔵にて襲われて頭部に傷を負った。この時、同行していたギリシャ皇子ジョージの機転もあって、一命はとりとめた。明治天皇はニコライに侍医を派遣し、ロシア皇帝にも親電を発した。昭憲皇太后もロシア皇后マリアに親電を送り、「悲嘆の意」を表した。こうした迅速な対応に対し、ロシア皇帝と皇后から「厚意を感謝」する返電があった。皇帝は「陛下予が男に対し特に懇情を表彰せられし段、予に於て深謝の至りに堪へず」との意を伝えてきた。

事件が一段落した六月四日、ロシア特命全権公使のヂミトリー・シェヴィチ一家が参内。鳳凰の間にて、天皇は公使が事件に際して日露両国の親交保持に尽力したことを慰労し、金蒔絵書棚を与えた。昭憲皇太后もまた桐の間にて対面し、公使に銀製花瓶、夫人に料紙硯箱、娘に手箱を下賜した。その後、千種の間にて、有栖川宮熾仁夫妻はじめ、宮内大臣、皇后宮大夫、女官らを交えて食事がなされた。

天皇皇后は緊張をはらんだ外交関係の渦中にあり、その善後策を常に求められていた。とりわけ昭憲皇太后は、直接的な政治問題からは離れていたが、君主国の皇后や共和国の元首夫人などとの親睦を深めることで、外交の円滑化を図る役割を担っていた。

4　儀式の整備

宮中三殿の移設

天皇皇后が京都から東京に移っただけではなく、宮中に関わる建造物や組織の整備も進められた。東京に宮中三殿を移設したのもその一つである。神鏡を安置する賢所《かしこどころ》、歴代の天皇や皇族を祀る皇霊殿《こうれいでん》、天神地祇などを鎮座する神殿《しんでん》が、旧江戸城跡に置かれた宮城内に設置されたのである。前述したように、昭憲皇太后の日常生活の場である後宮も、皇后を統率者とした形に改編された。そのほか、宮内省組織、陵墓、儀式なども新たに整備され、昭憲皇太后もそうした動きに応じた。

改暦の式

明治五年一一月九日、賢所便殿で改暦の式がなされた。太陰暦から太陽暦に代えたのである。太陰暦では閏《うるう》月ができて一年が一三カ月になることがあり、国家財政に負担をかけるため廃止したといわれる。翌明治六年は閏月となるので、太陽暦に改め、明治五年一二月三日を明治六年一月一日としたのである。天皇は賢所便殿から神宮を遙拝し、暦法改正を親告し、さらに賢所、皇霊殿に奉告。その後、正院にて改暦の詔書を三条実美太政大臣に下した。そして一二月二日、新暦を神宮に奉納した（『明治天皇紀』）。こうして新しい近代的な太陽暦による時間がはじまり、先進欧米諸国とも月日計算の一致を得ることとなった。

はじめての年始拝賀

新暦となった明治六年一月一日、明治天皇は午前四時に学問所代前庭にて四方拝を行い、宮中三殿を拝して、晴御膳、朝拝の儀などをなした。昭憲皇太后は午前九時に大臣、参議以下勅任官の、同一一時に親王、麝香間祗候《じゃこうのましこう》の年賀を受けた。昭憲皇太后が年始拝賀を受けたのは、この時が最初であった。なお、午後二時に、天皇は大広間にてアレキサンドル・シーボルト（幕末に来日したドイツ人医師で博物学者であったフランツ・フォン・シーボルトの長男）はじめ各庁御雇外国人の朝拝を受けた。御雇外国人の朝拝の最初であった。

三日には元始祭（天皇自ら皇位の元始を祝う）が行われ、午前九時の天皇の儀式に続き、同一一時に昭憲皇太后が天皇と同様に宮中三殿を拝した。英照皇太后は翌四日に拝した。また同四日に昭憲皇太后が英照皇太后の赤坂離宮を行啓して（天皇は三日に行幸）、以後、互いに存問を重ねた。

七日には講書始があった。昭憲皇太后は天皇とともに、福羽美静《ふくばびせい》、加藤弘之、元田永孚《もとだながさね》、本居豊穎《もとおりとよかい》らの進講を受けた。この年一〇日には、はじめての外国婦人拝謁があり、午後二時より小御所代にて天皇とともにアメリカ特命全権公使シー・イー・デ・ロング夫妻、ロシア代理公使ビゥツオフ夫妻と対面した。昭憲皇太后はしばし歓談し、控所にて茶菓を出した。この間、天皇は四日の政治始、八日の陸軍始、九日の海軍始などに臨幸したが、昭憲皇太后は同行していてない。

歌会始　明治六年の歌会始は一月一八日に開かれた。題は「新年祝道」。昭憲皇太后は「あらたまるとしのひかりに万民いよ〳〵みがけ天地のみち」と詠んだ。いかにも昭憲皇太后らしい模範道徳家的な歌である。数え二五歳であった。当時、宮中では毎月三の日をもって歌会を催し、練習をしていたという。歌道御用掛の三条西季知《さんじょうにしすえとも》や宮内省三等出仕の福羽美静らが参加していた。昭憲皇太后は歌道に優れた皇后であり、その生涯に三万六千首を超える歌を詠んだといわれる。その一部は『昭憲皇太后御歌集』に残る。しかし、多くは教訓的であり、叙情性は弱いというのが特徴であろう。上田景二『昭憲皇太后史』にも「陛下の御歌は道徳上教育上のことが多い」「教育上又は修養の上に、極めて有益なものが多い」とある。

神武天皇即位日　明治六年一月二九日、はじめての神武天皇即位の祝典がなされた。午前八時、一〇時、午後六時に皇霊殿を開扉し祭儀を執行した。英照皇太后や昭憲皇太后も拝礼した。正午には賜宴の儀があり、親王や麝香間祇候らが大広間に参列。この時、陸海軍は祝砲を撃った。『明治天皇紀』には「客歳十一月、神武天皇即位の日を推歩して本日と定めしが、後更に推歩して二月十一日と定む」とあり、天体の運行を推測して新暦の神武天皇即位日を一月二九日に決めたが、後、さらに推測しなおして二月一一日にしたことがわかる。この神武天皇即位日は同年三月七日に紀元節と改称され、現在の建国記念日の根拠とされる日となる。

恭明宮の廃止

京都御所清涼殿の黒戸《くろど》に安置されていた仏像や歴代天皇の位牌などは、神仏分離後、明治三年に設置された恭明宮《きょうめいぐう》に納められた。隠居した京都在住の女官らがこれを拝礼していたが、恭明宮は明治六年三月一四日に廃止され、仏像や位牌は泉涌寺に移された。「宮中の祭祀総て神式なるに、別に仏事を営むこと統一を欠けるを以て之を廃することとし、仏像・霊牌を悉く泉涌寺に併祀せしめらる」と『明治天皇紀』にある。泉涌寺は古来、皇室の菩提寺として知られ、江戸時代の後陽成天皇から孝明天皇にいたる歴代天皇皇后の葬儀が行われた寺院でもある。英照皇太后の葬儀も明治三〇年二月七日に泉涌寺で執行された。

昭憲皇太后は、明治二〇年一月三〇日、同二三年四月八日、同二八年五月二四日、同三〇年四月一九日、同三六年五月五日、大正二年一〇月二日の六度、孝明天皇や英照皇太后の陵墓参拝などのため泉涌寺を行啓した。後、明治天皇や昭憲皇太后の遺品も納められ、法要が営まれている（『泉涌寺史』）。

誕辰日の変更

明治六年五月一三日、新暦になってはじめての皇后誕生日が催された。正午に天皇、英照皇太后とともに祝膳に着き、午後は親王、太政大臣、麝香間祇候、宮内卿輔、侍従長らに酒饌を下し、また女官らも陪膳した。皇后誕生日についても「皇后御誕辰は陰暦四月十七日なりしを新暦日に改め、仮に本日と定めしが、後更に推歩して五月二十八日と定む」と『明治天皇紀』にあり、天体の運行を推測して後に新暦の誕生日を再決定したことがわかる。昭憲皇太后は入内して誕生年を一つ遅らし、改暦によって二度月日を調整するなど、誕生日がいろいろ動いたが、ようやく陽暦の嘉永三年（一八五〇）五月二八日に落ち着いたのであった。

第五章　和魂と洋才と

1　欧風化

西洋式馬具

昭憲皇太后がはじめて乗馬をしたのは、明治六年二月八日であった。女官三人が相手をした。乗馬を得意とする権命婦の生源寺伊佐雄子らである。その後、吹上御苑などで何度か乗馬を楽しんだ。侍従長の東久世通禧《ひがしくぜみちとみ》が前年一二月に欧州土産として持ち帰った洋服と西洋式馬具を用いた。上田景二『昭憲皇太后史』は、「前後二回御落馬あらせられたが尚ほ御稽古を廃し給はず」などと記す。明治一一年一二月六日付の『読売新聞』には、皇后の馬場が完成したので、従来の廻り馬場を天皇のために長馬場にするという記事も載った。しかし、いつしか昭憲皇太后は馬に乗らなくなった。昭憲皇太后は読み書きに優れながらも体力があまりなく、天皇が好んだ乗馬の十分な相手とはなれなかった。とはいえ、平常はまだ和装であった当時に洋服で西洋式馬具を用いたことは新鮮な試みであった。

眉墨・お歯黒の廃止

昭憲皇太后の化粧が大きく変わったのは、明治六年三月三日である。英照皇太后とともに眉墨《まゆずみ》とお歯黒を廃したのである。眉墨は眉の化粧法の一つであり、眉毛を抜きとり眉墨で改めて眉を描いて整えた。「まよひき」と称され『日本書紀』や『万葉集』の時代からの風習であった。女子のみならず男子も行っていたが、江戸時代には既婚女性特有のものとなった。眉を描く墨は、油煙にごま油などを加えて練ったものが基本であり、なかには金箔などを混ぜたものもあった。

お歯黒も古来の化粧法であり、『源氏物語』などにも言及がある。お歯黒は、酢酸に鉄を溶かした茶褐色で悪臭のある溶液に、五倍子《ふしこ》粉と呼ばれるタンニンを多く含む粉を混ぜてつくる。鉄漿（てっしょう・かね）とも称された。男女ともに用いたが、主には既婚女性の風習となっていた。

明治三年二月五日、太政官は「元堂上華族元服の輩の涅歯《でっし》・掃眉を禁ず」（『明治天皇紀』）との命を発した。当時、公家社会の慣行として残っていたが、文明開化の流れの中で廃止したのであった。そして、明治六年に英照皇太后と昭憲皇太后も、眉墨とお歯黒をやめた。さらに八月二三日には、昭憲皇太后は白粉《おしろい》を止め、女官にもこれを命じた。

天皇断髪

明治天皇が断髪したのは明治六年三月二〇日といわれる。この日午前、天皇は平常通り女官に髻《もとどり》（頭の頂点に束ねた髪）を結ばせ、淡く白粉を塗って学問所代に出た。しかし後宮に戻って来た時には髪が切られており、女官たちを驚かせた。天皇の命により、有地品之允《ありちしなのじょう》侍従が髷を切り、米田虎雄侍従番長と片岡利和侍従らが理髪をした（『明治天皇紀』）。この後、一〇月八日、天皇は宮城内写真場にて新制の洋装軍服にて写真を撮影したのであった。しかし、昭憲皇太后はまだ和装のままであった。

洋食化

古来の化粧法が変わるころ、食事も洋食化していった。『明治天皇紀』によれば、明治四年一二月四日、昭憲皇太后は滋養のために侍医から牛乳を出された。また一七日には獣肉使用の禁を解いて、内膳司では牛羊の肉を平常利用し、豚、鹿、猪、兎などを時々少量出すようになった。昭憲皇太后の食事にはじめて西洋料理が出たのが明治六年七月二日の昼食である。その後、八月一八日、昭憲皇太后とともに箱根宮ノ下温泉に静養中の明治天皇は、猟師の獲った鹿一頭を買上げ、料理させている。鹿肉は供奉官や地方官に配った。あるいは昭憲皇太后も一口食したかもしれない。九月中旬には、昭憲皇太后は天皇や女官とともに、築地精養軒主北村重威に作法を習った西五辻文仲《にしいつつじあやなか》九等出仕の指導を受け、内廷の三層楼上で洋食をとった。一〇月一二日にも、夕刻に内廷三層楼上にて、天皇、昭憲皇太后、英照皇太后は西洋料理を食した。女官三人が陪食した。

一一月三日の天長節では、午後七時に延遼館にて各国公使に酒饌を供した。参議の伊藤博文や宮内官吏が接待した。「其の酒饌は、勅任官と同一の日本料理なりしを、是の歳より西洋料理に改む、又其の価額、規定の酒饌料七十五銭に拘らざることとし、且雅楽を奏せしを止め、海軍楽隊をして奏楽せしむ」（『明治天皇紀』）とある。式典での食事や音楽も西洋化していった。

洋食化は進むが、明治天皇自身はあまり洋風化を好んでいなかった。また、当時、御雇式部官であったオットマール・フォン・モールも古式ゆかしい宮廷衣装を「日本の民族衣装」として賞賛していた。そのため昭憲皇太后の洋装化が遅れた。しかし、伊藤博文は宮内卿として後宮衣服の洋装化を求め、明治一九年六月二三日、昭憲皇太后の洋装がようやく天皇に許可された。そして、昭憲皇太后は洋装で華族女学校卒業式や青山御所に行啓した。女官たちも洋装化していった。また同月一〇日には、オーストリア皇室付属音楽師レメンジーが同国特命全権公使コント・ザルスキーと参内、天皇と昭憲皇太后はレメンジーらのヴァイオリン演奏を楽しんだ。有栖川宮熾仁《たるひと》や伊藤博文宮内大臣、鍋島直大式部長官、香川敬三皇后宮大夫らも列席した。演奏後、食事をし、レメンジーに賜物があった。皇后が洋装ではじめて外国人接見をした日であった。そして、明治二二年六月に洋装の「御真影」が撮影されたのであった。

大礼服を注文

なお、昭憲皇太后の大礼服がドイツに注文されるが、その総額は約一三万円であった。当時の総理大臣年俸一万円、鹿鳴館の総工費一八万円というから、一戸の大建造物をつくるにふさわしい英断だったわけだ（若桑みどり『皇后の肖像』）。

2　宮廷のドイツ化

明治期の外交の重要課題は、安政五年（一八五八）の日米修好通商条約とその後に締結した諸条約の不平等条項の改正であった。具体的には、治外法権の撤廃と関税自主権の獲得である。治外法権は明治二七年七月一六日の日英通商航海条約調印で撤廃され、関税自主権は明治四四年二月二一日の日米新通商航海条約調印で獲得したが、その間の外交努力は多大なものがあった。皇室もまた、これらの外交上の課題解決のために尽力したといえる。化粧や衣服や食生活などの欧風化も、広い意味ではそうした活動の一環であった。

欧州王室との交流

より具体的には前述した外国大公使との交流がある。幕末動乱以後、大日本帝国憲法制定まで、天皇の国家における地位の明文化はされないでいたが、実質的には元首として国家の主権を行使する存在となっていた。そうした元首が諸国の大公使と交流することで、外交関係の円滑化を図り、不平等であった治外法権や関税自主権の問題を解決する一助を担ったのである。そして、これら大公使たちは、自国の要人が来日した際に天皇皇后との会見の案内役として参内し、両国関係の進展に尽力したのであった。とりわけ不平等条約改正の相手国である欧米との交流は重視された。

同様に、欧州王室との交流も頻繁だった。明治一六年から明治二一年の大日本帝国憲法発布直前の時期においての、昭憲皇太后と欧州王室との主な交流を整理すると表4となる。明治二〇年以後、ド

表4　大日本帝国憲法発布直前の欧州王室との交流一覧

明治	月	日	国名	地位	氏名	交流内容
17	8	30	スウェーデン	第二皇子	オスカー・カール・アウグスト	世界周航の途次参内
19	5	19	イタリア	皇親	ルイ・ナポレオン	世界周航の途次参内
20	3	21	ドイツ	皇族	フリードリッヒ・レオポールド	アジア周遊の途次参内
	5	13	ドイツ	親王	フリードリッヒ・ウィルヘルム	来日参内
	12	9	ドイツ	皇后	アウグスタ	花瓶を贈られる
		13	ロシア	皇后	マリア・フィヨードルヴナ	勲章を贈られる
21	3	9	ドイツ	皇帝	ウィルヘルム一世	危篤の報
	4	26	ドイツ	皇后	ヴィクトリヤ	縫箔を贈る
	5	30	ドイツ	公族	ベルナード	来遊途次参内
	6	14	フランス	旧王族	アンリー・ド・アルレアン	来日参内
		17	ドイツ	皇帝	フリードリッヒ三世	崩御につき弔電
	7	10	オーストリア	皇族	レオポルド・フェルジナンド	海軍演習途次参内
	8	2	ドイツ	皇太后	アウグスタ	慰問に西陣織を贈る

（出典）『明治天皇紀』より作成。

イツ王室との交流が深まったことが特徴的であるが、それはドイツ型の憲法発布に向けての動きと連動していた面もあったろう。憲法発布も条約改正への模索の一つであった。

ドイツ宮廷を学ぶ

明治一六年五月二二日、ドイツ特命全権公使グラーフ・フォン・デンホフ夫妻が参内して昭憲皇太后に対面した。デンホフ夫人はドイツの貴族の出身であり、父は陸軍将校で、幼いころにドイツ皇帝ヴィルヘルム一世の実弟であるカール・フォン・プロイセンに仕え、宮廷の典例に詳しかった。当時、ドイツで憲法調査をしていた伊藤博文は、デンホフ夫妻の来日を岩倉具視右大臣、徳大寺実則宮内卿に伝え、昭憲皇太后と会うように勧めた。『明治天皇紀』には、「皇后の時々之れ〔デンホフ夫人〕を宮中に召されて、独逸帝室内廷の事を問はせたまはば、我が宮中の典例を釐革《りかく》〔改革〕するに必ず資する所多からんこと」とある。将来の宮中制度制定に備えて、昭憲皇太后の見識を高めておこうとする意図がふくまれていたのであった。

さらに明治二〇年五月二日、ドイツ人のオットマール・フォン・モール夫妻を宮中に招いた。そして四日、夫妻を宮内省顧問とした。モールはドイツで宮中の侍従職を経験し宮中儀式に精通していたからである。『明治天皇紀』には「是れより謁見・饗宴・御会食等に於ける諸儀更革せらるるもの多し」とある。モールは勅任官二等、年俸は三万六千マルク、夫人にも一万四千マルクを給した。その貨幣価値は容易に換算しがたいが、御雇外国人への破格の待遇や現地通貨支給であったことを思えば、日本で生活するには相当な額であったろうと推定できる。

伊藤博文との対立

在日中のモールの活動については、モールの『ドイツ貴族の明治宮廷記』に詳しい。モールはドイツ皇后アウグスタの秘書を経験し、夫人はプロイセン王室の女官経験者であった。伊藤博文はモール夫妻にドイツ型の王室を形成してもらおうと意図したのであった。モールの日常業務は、宮内省にプロイセン宮廷と国家の制度を説明し、宮廷ハンドブックを英訳することにあった。その他、伊藤らの質問に答えたりもした。モールは、宮中勤務者の権限、女官、召使などの仕事の内容、親王、内親王の教育、皇族の年金はじめ、枢密院や貴族院の組織構成にまで言及した。

しかしながら、モール夫妻は京都御所を愛し、日本画や和装を好んだ。そのため、むしろ伊藤の急進的改革の復旧を試み、しばしば対立した。モールは女官の洋装を和装にもどすべきだとまで主張した。そうした中で、憲法発布の式典を帝国議会仮議事堂ではなく、宮殿内で行うべきだというモールの提唱は採用された。

ちなみに、同じドイツ人の御雇外国人の医師であったエルヴィン・フォン・ベルツも、洋装化に反対していた。明治三七年一月一日、新年の挨拶に皇居に出たベルツは「全然洋式である」と落胆する。「服装の点でもまた、このような西洋心酔に自分は幾度、口を極めて反対したかしれなかったが、徒労だった」。ベルツも伊藤の西洋化推進に反対したが、押し切られたのであった。「洋服は、日本人の体格を考えて作られたものではないし、衛生上からも婦人には有害である」とベルツは、この日の『日記』に記している。

さて、モールは昭憲皇太后に好意的であった。昭憲皇太后もまたモール一家を愛しんだ。モール一家が離日する際には、夫人や子供たちに格別の餞別を与え、涙して悲しんだという。モールは『ドイツ貴族の明治宮廷記』に昭憲皇太后の容姿や生活態度についてこう書いている。「小柄で華奢ながら皇后としての威厳に欠けるところは全くない。純粋に和風の皇后のご教養のほどはおそらくすばらしいものがあろう。おひまなとき皇后は、詩歌、芸術、それに植物のご研究にはげんでおられる」。

アウグスタを意識した昭憲皇太后

さらに、昭憲皇太后は洋風に自信がなかったと指摘する。「もともとヨーロッパ人を拘束している宮中の環境は、実は皇后をも拘束している。皇后にはある程度の自由すらなく、式部官や宮中女官の意のままになられていることが見逃されることはない。このことはおそらく皇后が西洋式の立居振舞に自信がおありにならないことによっても説明できるであろう」。

モールは、ドイツ皇后のアウグスタが昭憲皇太后の模範となったと語る。「古い日本の王妃たちは、そもそも婦人一般がそうであったように、おおやけの場所には現れなかった。明治維新以来、王妃たちも洋風に交際をする義務を負うようになった。したがって、洋風に王侯の職務を果たすことを感受性の強いいまの皇后は熱心に望まれた。ドイツ帝国皇后兼プロイセン王国王妃アウグスタの実例が、日本の皇后にとって模範となった」。

そして、昭憲皇太后の社会的な諸活動はアウグスタを意識したと、モールは指摘した。「国民教育制度への関与、病人の看護、日本赤十字社の座につくこと、外交団ならびにしきりに東京の宮中を来訪するようになった外国の王侯たちの応援、それに時代の精神的なすべての動きに関心をよせることなどが日常のご生活の中で皇后が最も心にかけられたことがらであった。皇后がぜひ知りたいと願われたのはこうした王妃としてのお仕事であった。そのご〔後〕皇后はドイツ第二帝国初の皇后〔アウグスタ〕の実例に従われ、多くの実績をあげられた」。

3　伝統回帰

鹿鳴館時代の天皇と皇后

条約改正のための行きすぎた欧風化とされるのが鹿鳴館政策であった。井上馨外務卿が推進したこの政策は、内外ともにかんばしい評価は下されなかった。鹿鳴館は舞踏会などを行う社交場として明治一六年に開館し、一〇年ほど関心を集めたが、踊れない日本側政府高官夫妻や動員された品のない芸者たちの印象を強く残して幕を閉じた。とりわけ、当時の日本の風紀を逸脱した伊藤博文の乱交騒ぎは、国粋的な人びとのみならず、多くの良心的な識者や庶民の眉をひそめさせた。そもそも、夫でもない男性に身をまかせる風習がなかった日本では、夜ごとに不特定多数の男女が抱き合って踊る姿は異様であった。若き日の牧野伸顕《まきののぶあき》なども踊った一人であったが、後に「これも御国の為」と照れくさそうに回想するほどであった（『朝日新聞』昭和九年三月一一日）。

明治天皇や昭憲皇太后も西洋式のダンスは好まなかったし、西洋式の握手などの挨拶も得意ではなかった。天皇は、側近の勧めにもかかわらず、外国人の見ている前で昭憲皇太后と並んで歩くこともしなかったのである（『ドイツ貴族の明治宮廷記』）。

そもそも天皇皇后が鹿鳴館の舞踏会に出席した記録を見ない。明治一七年一一月三日、天長節祝賀会がはじめて鹿鳴館で開かれた時も、天皇皇后は出席していない。天皇と皇后の「御真影」が掲げてあるだけであった。

小松宮邸のダンスパーティ

明治二一年一月一九日、昭憲皇太后は駿河台の小松宮彰仁《こまつのみやあきひと》邸に行啓した。すでに天皇がおり、小松宮ほか伏見宮貞愛ら皇族および皇族妃、三条実美内大臣夫妻、伊藤博文総理大臣夫妻らと晩餐をとった。その後、舞踏場に出て、天皇皇后は、小松宮夫妻はじめ参会した人びとの「洋風舞踏」を見た。ところが、天皇は土方久元《ひじかたひさもと》宮内大臣を促して退出してしまった。『明治天皇紀』には、「戯未だ終らず、久元を促して座を起ちたまふ、蓋《けだ》し之を好みたまはざるなり」とある。モールの『ドイツ貴族の明治宮廷記』にも、ダンスパーティを見て「サーカスのようだね」と側近にもらしたとあり、天皇がダンスを好んでいなかったことがわかる。当然、昭憲皇太后が踊ることはなかった。

自然散策を好む

昭憲皇太后が好んだのは、ダンスではなく、自然散策であった。自然散策は、身近なところでは吹上御苑を歩いた。天皇や英照皇太后と一緒のこともあった。また浜離宮や芝離宮へも足を伸ばし、漁をしたり、摘草をしたりした。また、春になると毎年のように隅田川の桜を楽しんだ。明治六年四月九日には、両国から汽船「春風丸」に乗って隅田川を上り、向島の桜を観賞した。明治八年四月五日には、細川護久《もりひさ》別邸で隅田川の春色を味わった。さらに、明治九年四月二九日には、英照皇太后と亀戸天神の藤や臥龍梅を見に出かけている。また秋になると菊花を愛でた。昭憲皇太后の自然散策は生涯を通じてのものであり、歌の題材集めもかねていた。

こうした昭憲皇太后の動きは、当時の『読売新聞』にも、「皇后が浜離宮で魚漁を楽しまれる」（明治一一年一〇月二二日）、「皇后、皇太后が近く、青山御所で観梅の宴」（明治一五年二月一六日）などの記事となって掲載された。

観桜会・観菊会

昭憲皇太后の個人的な散策は、しだいに観桜会や観菊会へとつながった。はじめての観菊会は明治一三年一一月一八日。天皇は軍服に菊花章などを下げて昭憲皇太后と大広間にて参内した皇族や諸官、各国公使らと対面した。来航中のアメリカ軍艦艦長一家も参列した。天皇と昭憲皇太后はアメリカ、ロシア、イタリアの特命全権公使夫妻、およびドイツ特命全権公使と握手の礼をとった。その後、御苑に出て、菊花を観賞し、それぞれ三卓の立食場に着いて歓談した。この間、陸海軍軍楽隊の演奏が続いた。文官はシルクハット、フロックコート、夫人は掛《うちぎ》緋袴か白襟紋付か洋服であった。

はじめての観桜会は、翌明治一四年四月二六日に吹上御苑で催された。皇族、諸官や各国公使ほか在横浜の各国軍艦艦長らも招かれた。立食所前において、天皇と昭憲皇太后は各国公使夫妻に握手の礼をとり、その後、酒饌となった。この日も陸海軍軍楽隊の奏楽が流れ続けた。

観菊会と観桜会は、皇室外交の盛大化のために、秋と春に園遊会を開こうという意図から設定されたものである。その中心にあったのは、当時、条約改正問題に尽力していた井上馨外務卿であった

（『明治天皇紀』）。

能楽鑑賞

昭憲皇太后は英照皇太后とともに頻繁に能楽鑑賞もした。幕末維新の騒乱の中、能楽師たちはかつての庇護者であった将軍家の援助を失い、新たに旧公家や大名家を支援者としていった。シテ方観世流の初代梅若実《うめわかみのる》の『日記』によれば、明治元年三月一五日、「この両三日江戸中大々動揺いたし皆々近在へ逃る」とあり、江戸の混乱ぶりがわかる。人びとは能どころではなかった。明治二年になって、梅若は「外国官御能御用」を命ぜられ、四谷の紀州屋敷にてイギリス王饗応の能を舞った。維新後は、上層華族のみならず、明治天皇や英照皇太后の賜金なども得て、能の再興が進んだ。

『明治天皇紀』の明治一一年七月五日には、「能楽再興の始にして、全く皇室の庇護に因る」とある。明治天皇が青山御所能楽台竣工に行幸したのである。青山御所には当時は英照皇太后が住んでいた。英照皇太后は能楽を好み、梅若を贔屓にした。この日、昭憲皇太后は病気のため同行しなかった。どちらかといえば昭憲皇太后より英照皇太后のほうが能観賞を好んでいた。とはいえ、昭憲皇太后も天皇や英照皇太后とともに能楽鑑賞に足を運んでいる。能楽観賞は青山御所のみならず芝能楽堂、九条道孝邸などでもなされ、その都度、金員を下賜した。一条、鷹司などの五摂家も観賞に参加することもあった。

文化の継承

明治七年七月七日に、天皇や英照皇太后と幻灯を見るなど、昭憲皇太后は欧米の新しい文化にも興味を示した。しかし、むしろ和歌など古来の伝統文化への関心が強かった。明治一二年一一月二七日、天皇や英照皇太后とともに、昭憲皇太后は吹上御苑で犬追物《いぬおうもの》を見た。「応仁の乱後殆ど絶えたりしが、旧鹿児島藩主島津家に伝はれるを聞召《きこしめ》して之を演ぜしめたまへるなり」と『明治天皇紀』にある。当主の島津忠義《ただよし》は一族と旧藩士の射手ら二五〇名を率いて、古式に則り犬追物を演じた。天皇と昭憲皇太后は、この後、歌を色紙に書いて島津忠義に渡している。「みそなはす弓矢のわざにおほかたのたけきこころも引きおこすらむ」と、昭憲皇太后は詠んだ。

昭憲皇太后は、毬馬《きゅうば》も見た。明治一三年一月二七日付の『読売新聞』には、旧土佐藩主の山内豊範《やまうちとよのり》が、天皇や昭憲皇太后、英照皇太后に毬馬を見せようとしていると伝えた。こうある。「華族山内豊範君（旧土州侯）には、此ごろ高知県より旧藩士を数人呼び寄せ、近日吹上禁苑にて毬馬（是は馬上にて組打をする事にて土州では専ら行なはれる事だといふ）を催し、主上両皇后宮へ御覧に供へんとて昨日支度最中といふ」。

公家の伝統芸である蹴鞠も見ている。蹴鞠は明治二〇年二月一七日、学問所の前庭にて行われた。飛鳥井雅望《あすかいまさもち》ら華族一四名が、天皇と昭憲皇太后の前で披露した（『明治天皇紀』）。

美術工芸の奨励

内国産業の発展の一環として、昭憲皇太后は美術工芸の向上も奨励した。明治天皇は、昭憲皇太后や英照皇太后とともに、上野公園にて開かれる内国絵画共進会にしばしば足を運んだ。内国絵画共進会について、『明治天皇紀』は、こう記す。「維新以来、我が固有文化の衰頽に伴ひ、在来の美術・工芸の類は棄てて顧みられず、古来著名なる殿堂・彫刻・図書・典籍の類にして、摧毀《さいき》〔破壊〕せられ、灰燼に帰したるもの挙げて数ふべからず、而して日本画の廃頽最も甚し、今にして匡救するなくんば、我が特殊芸術の精華遂に見るべからざるに至らんとす」。

内国絵画共進会は、西郷従道《つぐみち》農商務卿が考案し、西洋画をのぞく諸家の作品を陳列し、上野博物館で開会したものであった。陳列品は五千点に及んだ。明治一五年一〇月一四日には天皇が巡覧し、出品絵画二〇数点を購入した。さらに一八日には昭憲皇太后と英照皇太后が行啓した。その後も、昭憲皇太后らは内国絵画共進会での鑑賞と購入を重ねた。

4　殖産興業

蚕の飼育はじめ

近代の皇后として昭憲皇太后が果たした大きな役割の一つは養蚕の奨励であった。昭憲皇太后が蚕の飼育をはじめたのは明治四年とされる。群馬県の養蚕家であった田島弥平に依頼したところ、田島武平を飼育主任とし、数名の蚕婦が新調した蚕具を持って宮中に出仕したとされる（上田景二『昭憲皇太后史』）。

『明治天皇紀』の明治四年二月の記事には、こうある。「是の月、皇后養蚕を試みたまはんとし、蚕室を吹上御苑に営ましめ、且岩鼻《いわはな》県に命じて蚕業に習熟せる婦女及び取締人を選出せしめたまふ、三月上旬、上野国佐位《さい》郡島村等の婦女四人至りて蚕室に伺候し、皇后亦親から桑を摘み蚕を養ひたまふ、尋いで五月上旬に至り蚕児の上蔟畢るや、東京深川授産場に命じて機織・繰絲《くりいと》に堪能なる工女数人を選出せしめ、召して綸子《りんず》・羽二重を織らしめらる」。

「岩鼻県」も「上野国」も現在の群馬県である。佐位郡は明治二九年に合併して佐波郡となる。昭憲皇太后は宮中内に蚕室を設置し、自ら桑を摘み、蚕を触って育てた。そして、この生糸から絹織物を作らせたのであった。

『宮中養蚕日記』

田島弥平の娘である田島民《たみ》が記した『宮中養蚕日記』（高良留美子編）によれば、昭憲皇太后が「宮中において養蚕をはじめたいが、どのようにしたらよいか。その道の知識経験のある者に聞くように」との要請をし、渋沢栄一大蔵大丞がこれに答えて、島村村長であった縁戚の田島武平に命じたという。

明治四年春に、武平は四名の練達な蚕婦を選び、吹上御苑内の養蚕室に出仕させた。養蚕室は茶室があてられ、蚕種は「新白」と「小青」の二品種三枚を用い、四七日の飼育日数を費やした。昭憲皇太后は大奥の部屋近くでも蚕を飼育し、四人の蚕婦が交代で作業をしたという。このはじめての繭は伊勢神宮に献納されている。

翌明治五年には、田島弥平が指南役の栗原茂平とともに、民をふくむ蚕婦一二名を率いて出仕した。茂平は小石川、本所、駒込あたりの桑を調査して、最終的に代々木村の桑を仕入れた。

民の『日記』には、「明日大皇后宮様、皇后宮様御ふた方、御蚕室に御行慶の御沙汰有りて、蚕室をそうじ致す」（明治五年四月二二日）などとある。いうまでもなく、「大皇后様」は英照皇太后、「皇后様」は昭憲皇太后である。明治天皇生母の中山慶子大典侍（従二位）も同行したようで、「二位様」「天子様御腹なり」などと記されている。

民は雨で蚕室に入った英照皇太后と昭憲皇太后を見ており、「大宮様御切髪にて黒の御衣服、皇后様は紫と白との総もようにて（紫の地に白く龍田川を染めぬきたる御服を召させられ）誠に御見事なり」と感動している。

青山御所の養蚕

明治六年、紅葉山女官房室の出火で皇居（東京奠都後の旧江戸城西の丸で、当時は東京城あるいは皇城と称された）が焼け、養蚕は一時停止となった。その後、明治一二年に、英照皇太后の住居であった青山御所に蚕室を設けて再開した。同年五月九日付の『読売新聞』は、「此ほど青山御所の養蚕所が出来したにつき両皇后宮には昨日午后三時ごろより同所へ行啓在らせられ職工の男女へ夫々折詰を賜はりました」と伝えている。

英照皇太后もしばしば養蚕所に行啓し、明治一三年一〇月二〇日には、養蚕所で製作した羽二重二反と紬一反を、明治天皇と昭憲皇太后に贈進した。大臣、参議、宮内卿輔らには羽二重、紬、袱紗《ふくさ》などを下賜した。

新宿御苑内養蚕所

他方、明治五年に新宿御苑の旧信州高遠《たかとお》藩主の内藤邸周辺に内藤新宿試験場が開かれ、牧畜、西洋野菜、果樹、養蚕などの試験研究が行われていた。明治一三年五月一日には昭憲皇太后が新宿植物御苑（明治一二年開設）に行啓し、同苑内在勤の判任官以下の者、製糸養蚕に従事する者、農夫らに酒肴などを下賜した。明治一四年一一月二日にも同苑を行啓し、苑内の華族養蚕社製糸場就業を見聞した。この日、英照皇太后も同行の予定であったが病気のため欠席した（『明治天皇紀』）。

華族養蚕社は旧肥前大村藩主の大村純凞《すみひろ》らの出資で、旧公家（半家）の五辻安仲《いつつじやすなか》を社長として設立された養蚕会社であった。明治一四年六月一〇日に英照皇太后は出資者らに羽二重あるいは酒肴料を下賜している。『明治天皇紀』には、明治一五年六月七日までに、英照皇太后は四度、昭憲皇太后は二度（このうち一度は両者が同道）の記載がある。

こうした養蚕業は順調で、明治一六年九月二六日付の『読売新聞』には、以下のようにある。「本年青山御所内及び内藤新宿の植物御苑内の養蚕所にて製せられたる生糸を、此ほど同御用掛伊地知〔正治〕君より両皇后宮へ御覧に供へしが、右の製糸は例年に比するに一層良品の生糸なれば直ちに御召絹に織せらるゝ旨御沙汰になり、養蚕掛の方々へは酒肴を賜はりたり」。

なお、大正三年には紅葉山に養蚕所が建てられ、以後の歴代皇后が関わった。

富岡製糸場行啓

明治六年六月一九日、昭憲皇太后は英照皇太后と富岡製糸場を行啓した。『明治天皇紀』によれば、午前八時に皇居を出て、大宮、熊谷を経て、二三日に七日市町に着いた。明くる二四日午前九時に宿を出て富岡製糸場に入る。同行したのは万里小路博房宮内大輔、杉孫七郎同大丞、福羽美静宮内省三等出仕、万里小路幸子典侍らであった。

製糸場ではフランス人雇のポール・ブリューナ夫妻らに出迎えられ、製糸作業、機械室などを巡覧した。西洋料理やブリューナ夫人の洋琴などの接待があり、午後二時に七日市町に戻った。この日、昭憲皇太后は「いと車とくもめぐりて大御代の富をたすくる道ひらけつゝ」と詠んだ。

富岡製糸場は、政府が生糸精製のために、前年秋に開業した官営模範工場であった。当時、五〇〇余名の男女工員や伝習生徒一二名がいた。職工首長はブリューナであった。ブリューナはフランスから繰糸機や蒸気機関をなどを輸入して、もともと養蚕の盛んであった群馬県富岡市に日本で最初の機械製糸工場を設置し、運営したのであった。

茶栽培

養蚕と並んで当時の日本の内国産業で重視されたのが茶栽培であった。昭憲皇太后は明治七年六月一八日、皇居の田植えと茶製所を見学し、農夫五〇名に檜葉焼《ひばやき》饅頭五個づつを下賜した。明治一二年五月一一日付の『読売新聞』には、「宮内省御園中の茶摘みは、一昨日より初まり近々のうちに両皇后宮にも御覧あらせられるといふ」とあり、昭憲皇太后と英照皇太后が皇居の茶摘みを見学したことが広く伝えられた。

ちなみに明治一一年一一月四日、北陸・東海道行啓中の明治天皇は、静岡県静岡市にて、岩倉具視右大臣を介して、旧幕臣の中条景昭と大草多起次郎《おおくさたきじろう》に褒辞を与えた。「景昭等同志に金千円を賜ふ、景昭・多起次郎は、明治二年以降遠江国榛原郡牧ノ原開墾に従事し、拓地既に二百余町に及ぶ」と『明治天皇紀』にある。旧幕臣の授産と、かつての大井川人足たちの転業をも兼ねた茶畑開墾を賞賛したのであった。この茶栽培もまた養蚕同様、当時の国内産業の中核となったのである。

内国勧業博覧会

明治一〇年八月二一日、政府主催による第一回の内国勧業博覧会が東京の上野公園内で開かれた。産業や技芸の発展を広く知らしめるための催しであり、当時の殖産興業政策と密接に関わっていた。開会当日、明治天皇は侍従や女官らを引き連れて入場し、開式の勅語を述べた。昭憲皇太后も同行した。「実に本邦未曾有の盛挙にして勧業の基礎始めて成れり」

と『明治天皇紀』は記す。

同年一〇月二六日にも、昭憲皇太后は、天皇や英照皇太后とともに博覧会を行啓した。一行は午前九時過ぎ、大久保利通内務卿の先導で、陳列品の説明を受けながら、動物館、西本館、機械館、園芸館、美術館などを回った。昼食後も東本館、植物園、農業館を見た。関係者に酒肴料を下賜して、午後五時半に戻った。熱心に一日を費やしたのである。

明治一四年の第二回博覧会も上野公園にて開催され、四月一八日と二五日に昭憲皇太后が行啓。美術館、職業学校出品場、農業館、園芸館、機械館などを巡覧した。英照皇太后も同行予定であったが感冒で二二日と五月三日に延期した。

政府主催の内国勧業博覧会は、この後、明治三六年の第五回まで続いた。第三回までは東京、第四回が京都、第五回が大阪であった。天皇、昭憲皇太后、英照皇太后はこれら五回にすべて行幸啓した。第五回の大阪で、天皇や昭憲皇太后らは、台湾館、臨時日本体育会出品場、日本赤十字社陳列場、通運館、大阪汽車製造合資会社出品館などを、それぞれに見学、水族館や蓄音機なども楽しんだ。入場者は八〇万人を超えたといわれ、盛況であった。

第六章　近代女子の模範

1　女子教育への関与

女子留学生

明治四年一一月九日、昭憲皇太后は五名の少女を宮中に呼び寄せた。五名の最少年齢は数え八歳の津田梅子《つだうめこ》であった。ほかに一一歳の永井繁子《ながいしげこ》、一二歳の山川捨松《やまかわすてまつ》、一五歳の吉益亮子《よしますりょうこ》と上田悌子がいた。東久世通禧開拓長官らが開拓事業の基礎は人材育成とみなし、その方針のもと女子留学の必要を認め、岩倉具視遣欧米使節団一行と同船させて、開拓使費でアメリカに渡航させようとしたのであった。昭憲皇太后は留学前の五名に「業成りて帰朝せば婦女の亀鑑たらんことを期し、以て日夜勉励すべし」との詞と緋紋縮緬一匹を与えた。

五名のうち、永井、吉益、上田らは健康上の理由で早々に帰国するが、それぞれに社会的な活躍をする。永井は海軍軍人の瓜生外吉夫人となり、東京女子高等師範学校兼東京音楽学校の教授として女子教育に尽くした。吉益は三〇歳で早世するが、女学校の英語教師として働き、女子英学教授所を設立した。上田は蘭学医の桂川甫純夫人となった。ちなみに上田の甥が「山のあなたの空遠く」など外国詩の名訳で知られる上田敏《びん》である。

津田と山川

津田は、帰国後、英語教師となり、昭憲皇太后の信任篤い下田歌子の運営する桃夭女《とうようじょ》塾《じゅく》、伊藤博文家の家庭教師、華族女学校教師などをつとめた。そして、数度の留学を重ね、女子英学塾（津田塾大学の前身）を設立した。

山川は会津出身ではあったが、薩摩出身の陸軍軍人である大山巌《おおやまいわお》と結婚し、伊藤博文夫人梅子、大隈重信夫人綾子らと外国人接待などに奔走した。鹿鳴館時代には踊れない夫人たちにダンスを教えたこともあるなど、欧化夫人の典型と称された。アメリカで看護婦免状を得ており、帰国後も日本赤十字社篤志看護婦人会、愛国婦人会などの活動に尽力し、最も昭憲皇太后の意に適った生涯を送った女子留学生の一人といえる。なお、捨松の姉である山川操は、明治一七年に宮内省御用掛となり昭憲皇太后に仕える。「仏語を善くするを以て、外賓接伴の用に充てらるゝなり」（『明治天皇紀』）とある。

御談会

明治六年末から明治七年初めごろ、明治天皇の君徳涵養のために定期的に御談会が催された。『明治天皇紀』の明治七年五月一七日には、「君臣談論を交ふるの御会」とある。さらに「皇后並女官御談会之節侍坐之事」ともあり、昭憲皇太后や女官も参加が求められていた。昭憲皇太后の勉学の場ともなっていたわけである。

明治一一年二月一三日にも御座所楼上で御談会があった。当時は毎月三の日（土日の時は延引）午後二時から開催され、福羽美静元老院議官、伊地知正治修史館総裁、西村茂樹文部大書記官、西周《にしあまね》陸軍省四等出仕らが宮内省御用掛として講師となった。この年より皇族も参席するようになったが、四月より毎月一三日一回のみとなり（一三日が土日の時は二三日）、七月から一一月までは開催がなかった。その後も、明治一四年までは不定期ながら継続された。もっとも、昭憲皇太后や女官たちが実際に同会に参列していたのかどうかは不明である（『明治天皇紀』）。

内廷夜話

明治一〇年九月一一日夜より、侍補二人が天皇の起居する内廷にて談論する内廷夜話がはじまった。天皇は午前中は御座所にいるが、午後は内廷に引きこもってしまい、宮中の内と外とが阻隔状態になることを懸念したための方策であった。三条実美太政大臣らの賛意を以て、天皇の勅許を得て、毎夜七時から九時まで、当番侍補が内廷を訪れ、親和を目的として隔意なく談論することとなったのである。そして、昭憲皇太后も同席することが求められた。内廷夜話では、時として「古今の政体、政事の得失に言及」することもあった。また「天皇・皇后共に笑はせたまふ」という和やかさもあった。天皇と侍補の意見が異なり、ともに屈せず論争したために昭憲皇太后が調停役になったこともしばしばあった。

前述したが、明治一二年六月六日夜には、昭憲皇太后が幼時のころ一条家の実家が焼失して岡崎の別邸に仮住まいをした話をしている。昭憲皇太后は、当時見知った農夫の生活状態など民間の疾苦を、天皇や侍講らに種々語ったのである。この後、同年一〇月一三日、侍補が廃止されて、内廷夜話も停止となった（『明治天皇紀』）。

昭憲皇太后は自らも学んだが、女子の教育へも強い関心を持った。とりわけ、女子教育を担う教員の養成に力を注いだ。明治五年に学制が制定されて、国民皆学を目指す体制が整備されはじめた。その後、明治一二年の教育令、明治一九年の学校令と試行錯誤を重ねながら、新時代の近代市民育成の道を歩み続けた。

こうした流れの中で、明治七年三月、因襲にしばられて軽視されてきた女子教育の発展のために東京女子師範学校が設立されることとなった。昭憲皇太后はこれを聞き、「幼童を教育するの基礎にして、方今欠くべからざるの要務なり」と喜び、田中不二麿《ふじまろ》文部大輔に五〇〇〇円を与えて、学校経費に充てさせた。

この五〇〇〇円の設立賜金については、明治八年二月五日付の『読売新聞』が「実に有りがたい事では有りませんか」と報道した。そして同月一三日付の同紙は、以下の投書があったと伝えた。「〔前略〕女の子を持た親たちの身にとりては何とも申せぬほどなるに、中には一向何ともおもはず常盤津〔常磐津〕やら清本〔清元〕やら踊やらとかいつて浮た事に気をもみ金をつかひ、学文〔学問〕などは二の次とおもふ人も有るといふが、夫《それ》では実に済みませんから、どふか此思召をよく心にとめて、一字でも覚えさせて、子供の為に成るやうにいたしたいと心配するものは、日本ばし元大工町に住某」。

昭憲皇太后の賜金とその報道は、女子を持つ親たちに一定の教育効果を与えたともいえる。この後、明治八年一一月二九日、昭憲皇太后は、万里小路博房宮内大輔や高倉寿子典侍、税所敦子権掌侍らを従えて学校開校式に行啓し、祝詞を述べた。式後、授業や校内を見学した。そして、「みがかずば玉

も鏡も何かせむ　まなびの道もかくこそありけれ」の歌を下賜した。

昭憲皇太后は、その後もしばしば東京女子師範学校を行啓し、卒業式に臨席したりした。明治一〇年一一月二七日には、英照皇太后とともに前年に開業したばかりの東京女子師範学校付属幼稚園を訪れ、園児の遊戯などを見ている。そして、「此園の育方を普《あまね》く敷きなば人々をして皆洪福あらしめんこと誰れか疑ふべき」と、その発展に夢を託した（『明治天皇紀』）。

華族女学校

昭憲皇太后と同じ出自身分の女子が学ぶ華族女学校への関与は、最も深かった。華族女学校は、もともとは明治一〇年に開校した学習院の女子部であった。学習院は男女同学ではあったが、教室は別々であった。また、男子が小学科八年、中学科八年であるに対して、女子は小学科八年だけで卒業した。教科も女子には音楽や女紅（手芸。にょこう・じょこう）があるなど、一定の男女差をもうけていた。

明治一八年になると、男女共学禁止や華族女子のための学校設立が望まれる中、学習院の女子部は廃止されて、華族女学校が設置された。しかし、華族女学校は皇族や華族の女子が結婚するまでの「仮の学舎」であり、男子と対等の学問をする場ではなかった。実際、開校当時の皇族女子たちは卒業せず、結婚が決まると退学していった。

しかし、昭憲皇太后は熱意をもって華族女学校を行啓した。明治一八年一一月一三日の開校式では、以下のように述べた。「女子は巽順の徳を体して善く父母舅姑に事え、またその良人を助けて善く一家の事を理め、その父母たるに至りてはその子を家庭の内に教育する義務ある〔後略〕」。

すなわち「良妻賢母」教育を重視したのである。そして入学資格では「体質健全」が問われ、生徒心得の第一条には「常に皇后宮の盛旨を服膺」とあった。皇后を敬い、柔順であれと説いたのである。これらは、将来の皇太子妃を見いだすための基準でもあった。

明治二五年三月一五日、昭憲皇太后は華族女学校に行啓し、授業などを参観し、その際に、生徒に扇子各一本と『みくるまのあと』各一冊を下賜した。『みくるまのあと』は前年二月に刊行された御歌所勤務宮内属の小出粲《こいでつばら》が記した昭憲皇太后の明治二三年四月の京都方面への行啓記録である。序文は初代の御歌所長であり宮中顧問官であった高崎正風《たかさきまさかぜ》が書いた。なお、この時の行啓記録は、ほかに皇后宮大夫の香川敬三が記した明治二六年一一月二二日刊行の『繋暉日記』がある。昭憲皇太后はこの行啓出発の明治二三年四月四日、華族女学校生徒らに見送られている。

明治三九年に、華族女学校は学習院女学部となり、大正七年に女子学習院となる。その組織は変わるが、昭憲皇太后の「金剛石」にならって貞明皇后も自作の「花すみれ」を女子学習院に下賜するなど、昭憲皇太后の「精神」は受け継がれた。

2　「婦徳」

『女四書』　『女四書』は昭憲皇太后の愛読書の一つであった。上田景二『昭憲皇太后史』には、こうある。「陛下〔昭憲皇太后〕は常に「女四書」と申す書籍を御覧遊ばされたものと見え、お傍の人々に向はせられて、時折『女四書に斯く〳〵の事あり』などと仰せらるゝ事が度々あつた」。これを聞いた福羽美静侍講は、『女四書』がどのような書籍かわからず、探しまわった。ようやく某氏に借りて読んだところ、そこに「内訓」という一巻があり、后妃たるものの訓誡があった。それで昭憲皇太后が愛読する理由がわかったという。

『女四書』は、もともとは清の王晋升《おうしんしょう》が編纂したもので、「女誡」「女論語」「内訓」「女範」（「女範」の代わりに「女孝経」を加えることもある）の四書からなる。そのうちの「内訓」は明の永楽帝（成祖）の后妃である徐氏（仁孝文皇后）が著したものであった。

昭憲皇太后の愛読書である『女四書』は、後に華族女学校でも推奨され、校長の細川潤次郎などは、しばしば婦徳養成のため『女四書』の講話をした。また、当時の良家の女子の嫁入り道具の一つにもなっていた。昭憲皇太后の心の指標が、皇族や華族をはじめとする上流女子の言動の規範として広められたのである。

フランクリンの一二徳

ところで、昭憲皇太后の道徳規範はたんなる伝統的な女子の修養論ではなかった。近代的な要素が加味されたのである。なかでも「アメリカの父」とされるベンジャミン・フランクリンの一二徳に、昭憲皇太后は最も心を傾けた。

フランクリンはアメリカ独立宣言の起草委員の一人として知られる。凧により雷が電気であることを発見した科学者でもあった。フランクリンは、貧しい移民の蠟燭製造職人の一五番目の子として生まれ、印刷業で成功した後、勤勉と節約の教訓を諺風に説いた「貧しきリチャードの暦」で有名となった。道路清掃や街灯改善など地域や社会に貢献する活動を続け、植民地郵政長官などもつとめた。勤勉、探求心、合理主義、社会活動など、フランクリンは一八世紀における近代的人間を象徴する人物であった。

昭憲皇太后は元田永孚の進講でフランクリンを知った。とりわけフランクリンが座右の銘とした「節制」「誠実」「謙譲」などの一二徳目に感動し、それぞれの徳目の歌を詠んだ。これら一二徳目の歌は、後に女学校の教科書に載せられた。

昭憲皇太后は、フランクリンの徳目の一つの「勤労」を、「みがかずば玉の光はいでざらむ人のこころもかくこそあるらし」と詠んだ。この歌は、昭憲皇太后が明治二〇年三月一八日に華族女学校に下賜した「金剛石」の歌の原型となった。

「金剛石」と「水は器」

昭憲皇太后の華族女学校に対して下賜した道徳教育の代表的な歌としては、「金剛石」と「水は器」の二つの歌がある。「金剛石」は「金剛石もみがかずば　珠のひかりはそはざらむ　人も学びてのちにこそ　まことの徳はあらはるれ　時計のはりのたえまなく　めぐるがごとく　時のまの　日かげおしみて　はげみなば　いかなるわざか　ならざらむ」と、女子の不断の修養を求めた。

「金剛石」と同じ日に下賜された「水は器」は、「水はうつはにしたがひて　そのさまざまになりぬなり　人はまじはる友により　よきにあしきにうつるなり　おのれにまさるよき友を　えらびもとめてもろともに　こゝろの駒にむちうちて　まなびの道にすゝめかし」と交友関係の大切さを説いた。

華族女学校では、これらの歌に旋律をつけて校歌とし、「常に唱咏して徳性の涵養」につとめた

（『明治天皇紀』）。また、華族女学校のみならず、全国各地の女学校でも詠唱され、良家の子女の精神的指標とされた。

『明治孝節録』

明治一〇年六月に毛筆和綴で全四巻からなる『明治孝節録』が編纂されるなど、昭憲皇太后の修養主義は一般女性へも及んでいた。もともとは昭憲皇太后が新聞などに掲載された話題を集め、女官に清書させていたものであったが、明治六年の皇居の火災でその稿本は焼失した。そのため福羽美静侍講が再収集に尽力し、近藤芳樹文学御用掛の執筆で完成した。

福羽美静は序言で、「天賦の良心」と記した。近藤芳樹は例言で、「農工商」身分の者の「孝悌忠信の操行ある者」を選んで、「訓戒となさむ」ために編纂したと書いた。書を読まない「農工商」にも「孝悌忠信」の善行はあるというのである。

すなわち、『明治孝節録』には維新前後の時期の、民衆の善行が集められた。そのはじめは、越後（新潟県）の笠原長四郎夫妻の主家思いの苦労談であり、以下、無名の地方民の善行が続く。「はる女」「いく女」など女子も多く、その道徳臭さを除けば、近代女性民衆史のさきがけ的要素をもっていた。第三巻には遠江国の岡田佐平次の報徳会の救貧事業が紹介されるが、維新期の尊徳仕法の記録としても興味深い。『明治孝節録』がこうした無名民衆の世界を拾ったのは、近代の皇室が民衆を視野にいれなければ存立しえないことを意識した結果ともいえる。

『明治孝節録』は皇族や諸官に下賜され、また、明治一一年一二月二九日には、掲載した高知県の土佐と阿波のそれぞれの「孝節者」の遺族に同書一六部が贈られた（『明治天皇紀』）。

『婦女鑑』

明治二〇年六月には『婦女鑑』全六巻が編纂された。昭憲皇太后が華族女学校に行啓し、女子教育は「女児の徳性を涵養」することにありと感じ、古今東西の婦女の模範的言動を蒐集編纂させたものである。西村茂樹宮内省三等出仕が中心となり「和漢洋の諸書」から「亀鑑となるべきものを採録」し、杉孫七郎皇太后宮大夫が序文を書いた。

『婦女鑑』は、天皇、英照皇太后、皇太子嘉仁ほか、皇族や大臣、宮内省諸官らに配られ、さらに華族女学校をはじめとする各地の女学校へ配布された。『明治孝節録』の国際版ともいえるような内容であり、やや道徳に偏りすぎるきらいがあった。

『明治天皇紀』には『婦女鑑』は「幼学綱要と並び行はる」とある。『幼学綱要』は仁義忠孝と天皇への忠誠を説いた図画入りの道徳書であり、明治天皇の意向に基づき元田永孚侍講が編纂した七巻本である。『婦女鑑』は『幼学綱要』の女性版であった。『婦女鑑』巻頭の凡例には、こうある。「本省曩に幼学綱要の編撰あり。編中往々婦人事蹟の模訓と為すべき者を載す。今此書を撰するに臨み、既に綱要中掲ぐる所の者は、其重複を避て之を収載せず。橘逸勢女、源渡妻、山内一豊室の如き是なり。他亦類推すべし」。

紫式部の教え

『婦女鑑』に収録された女性の多くは、今日ではあまり知られない。第一巻の衣縫《きぬぬいの》金継女《かなつぐのむすめ》から第六巻の加馬馬児《カママル》まで和漢洋かつ古今東西の一二〇の逸話が、数頁ずつ、時に絵入りで掲載されている。現在でもわかる人名は、かろうじて第四巻の楠正行《まさつら》母、華聖頓《ワシントン》の母、第五巻の徳川秀忠乳人、徳川吉宗母巨勢氏、第六巻の細川忠興夫人らぐらいで、誰もがわかるのは、唯一、第五巻の紫式部だけであろう。その紫式部にしても、時の帝が源氏物語を読んで驚き、「日本紀をよみえたるものなり」と賞賛し、人々も「日本紀の局」と称したが、紫式部は「かくのごとく才学ともに世に絶れ、身をつゝしみて人にほこらず、よく婦女たるの徳を修めしにより、後の世までも人これを賞賛せり」というのが趣旨であった。才女といえども謙虚になれというのである。

紫式部に限らず、一二〇の逸話のすべては近代日本が求めた理想の女性像の断片であった。つまりは、歴史上の女性の名を利用して、都合のよい道徳的美談を並べていたわけだが、こうした美談が良家の子女の心の指標となっていたのも否めない。

3　昭憲皇太后の「分身」

和歌の歌子

行動範囲が限定されていた昭憲皇太后の「分身」として働いたのが、下田歌子《しもだうたこ》であった。下田は、和歌を得意とし、教育技法も優れた。これらの特技により、昭憲皇太后の深い信頼を得た。

下田は明治五年一〇月一九日に宮内省一五等出仕として宮中にはじめて入った。数え一九歳であった。同年一二月、差し出した歌が昭憲皇太后の心をひき、歌子の名を賜った。下田は嘉永七年（一八五四）八月八日、美濃国（岐阜県）恵那郡岩村の旧松平藩士平尾家に生まれた。父は鍒蔵、母は房子、幼名を鉐《せき》と称した。

下田歌子
（実践女子大学図書館蔵）

歌子は、平尾歌子と称した。その後、明治八年一一月二九日、昭憲皇太后がはじめて東京女子師範学校に行啓した際に同行し、以後、明治一二年に宮中を辞するまで、昭憲皇太后の学校や学事に関する行啓の供奉をつとめた。

明治一二年一月一八日の新年宮中歌会始に、平尾歌子権命婦として歌が入選。しかし同年一一月二〇日に病気を理由に宮中を去り、一二月に東京府士族の下田猛雄と結婚した。これにより、下田歌子の名となった（『下田歌子先生伝』）。

桃夭女塾を設立

宮中女官の職を下りて後の明治一四年、下田は麹町区元園町に私立桃夭女塾を設立して、華族の子女教育にあたった。夫の下田猛雄が病気となり家計を支える必要が生じたからという。宮中生活中に昭憲皇太后の側近として働いた縁から、伊藤博文や山県有朋、井上馨、佐佐木高行、土方久元ら顕官たちの知遇を得ており、下田の才能を惜しんで私塾運営を勧められたのであった。「人を惹きつける端麗な風姿」もその要素の一つだったとある（『下田歌子先生伝』）。

桃夭女塾は華族子女の花嫁学校であった。桃夭の名は「詩経」の周南桃夭篇の「桃之夭夭」からとり、「婚期」を意味した。塾には後援者の伊藤博文や井上馨の子女が通うようになり、その評判から上流子女が集まってきた。のみならず、伊藤梅子ら顕官の夫人たちも数多く入学したという。伊藤らは上流出身ではない夫人の教育も下田に任せたのである。しかも、しばしば参観に来る伊藤や土方らと、時に学事や詩歌や政治を談論したりしたという。下田が数え二八歳のころであった。

華族女学校教授となる

明治一六年、桃夭女塾の塾長であった下田は、昭憲皇太后の命により、華族女学校設立の計画に関わる。翌明治一七年七月一〇日、宮内省御用掛を仰せつけられ、奏任官に準じた主事取扱として華族女学校創設の任務を任された。数え三〇歳、年俸は一〇〇〇円であった。総理大臣の年俸が九六〇〇円、小学校教員の初任給五円（年俸六〇円）のころである。

下田は明治一八年九月一六日に、華族女学校幹事兼教授となった。この間、桃夭女塾は廃校となる。同年一一月一三日、昭憲皇太后が華族女学校を行啓、下田は教師総代として祝詞を述べた。

華族女学校には、学習院の女子部より三八名、桃夭女塾から六〇名、これに新規入学者を合わせた一四三名が入学したというから、下田の影響の強さが想像される。また教職員中に教授補の津田梅子がいた。津田は伊藤博文の勧めもあり桃夭女塾で英語を教えていたのである。

津田梅子
（津田塾大学津田梅子資料室提供）

なお、華族女学校のいわゆる「海老茶袴」は、下田の発案といわれる。下田は裳姿が女子としての礼容を欠き、「高貴な御方々の御前では何としても恐れ多い」（『下田歌子先生伝』）と考えたのである。しばしば同校を行啓する昭憲皇太后に対しての配慮でもあった。

皇女教育を任される

下田は皇女教育も任された。明治天皇の六女と七女の常宮昌子と周宮房子である。ともに園祥子権典侍の子であった。佐佐木高行夫妻が養育全般の任にあたったが、内親王への学校教育は、下田が任された。

明治二六年一月一二日の『明治天皇紀』には、「昌子内親王常宮の習字御相手を従一位正親町実徳に、尋いで読書御相手を華族女学校学監下田歌子に命ぜらる」とある。下田は、従来の皇女教育のみならず、欧州皇室の女子教育や欧米徳育の基礎なども意識した建白書をまとめ、内親王教育の方針を示した。

下田は、明治二六年一月三〇日、小田原に避寒中の常宮（数え六歳）にはじめての進講をつとめた。三〇日当日は、造花などを作り互いに親しんだ。二月五日、下田は常宮に石版刷歴史画を贈った。こうした進講前の配慮に下田の教育者としての技能が光る。翌六日、神武天皇東征、橿原宮即位、建国の大義など皇室の由来に関わる初進講がなされた。また、この日の後醍醐天皇第九宮の恒良親王の孝行心の話に、常宮は涙を流したという。その後も、歴代天皇や内親王たちの「美談」や、「蟻にも礼儀ある話」などの訓話を語ったりした。三月六日には「橘逸勢の息女孝心のお話」などをして、一連の進講を終えた。常宮は、同月一七日に小田原から東京に帰った後、今度は高輪御殿の学問所において、引き続き下田の進講を受けた（『下田歌子先生伝』）。

ヴィクトリア女王と対面

下田は常宮へ進講をした明治二六年九月一〇日、華族女学校学監を依願免官となり、教授身分のまま欧米各国へ留学する。さらなる研鑽の必要を実感したからである。下田は、イギリス王室の皇女教育事情ほか、フランス、ベルギー、オーストリア、ドイツなど諸国の女子教育を視察した。イギリスではロンドンの女学校で学び、明治二八年にはバッキンガム宮殿でヴィクトリア女王と対面した。この時、下田は袿袴を着用した。その後もウインザー離宮でヴィクトリア女王の昼食に陪食したりした。下田は、イギリスでは皇女たちが日常身辺のこと、つまり食事や裁縫は他人任せにしないことなどを強く感じた。同年八月二〇日に帰国し、再び華族女学校学監に復職。そして翌明治二九年、常宮と周宮の御用掛となり、高輪御殿学問所にて進講を再開した。

学んできたのは皇女教育だけではなかった。帰国後に帝国婦人協会を設立し、「新時代に処する日本婦人の教養と自覚」を高めるため、上流婦人のみならず、すべての婦人を網羅しようとしたのである。華族女学校のような上流子女に限定された教育から、より「下層婦人の徳を高め智を進め」ることを目指した（『実践女子学園八十年史』）。

帝国婦人協会

明治三二年、帝国婦人協会は実践女学校（実践女子大学の前身）、女子工芸学校、実践女学校付属慈善女学校などを開設した。女子工芸学校の付属下婢《かひ》養成所は、「下婢たらんと欲するもの、若くは現に他人の下婢たる者の為に、必要なる教育を施す」ことを目的とした。また、実践女学校付属慈善女学校は、「孤独貧困なる女子を教育して之に自活の道を授くる」ことをとした。下田は欧米視察により、上流のみならず、中下層の女子の存在の重要性に気づいたのである。実践女学校設立について、下田は後にこう語る。「下層社会の婦人に、わが御国体、即ち皇室中心主義を浸み込ませ、そして婦人にも何等か職業を覚えさせて、家計の助けの一端ともせしめ度いと考えました」（『なよ竹』第一五号　大正一五年一二月）。

欧米視察で、将来の市民階層の社会的政治的台頭に不安を覚えたというのである。鋭い感覚といえる。若き日に生活の苦労をしてきた下田の実感も伝わる。実践女学校は、明治三五年に旧常盤松御料地に校舎を新築するほどに拡大した。

清国留学生の教育

下田は、明治三二年、清国女子留学生を迎えて「清国女子速成科」を設置し、「東洋の連帯」を図った。留学生に対して、下田は男女の学問の平等、世界情勢などを論じ、忠孝に基本を置いた「婦道」を説いた。留学生の指導には、華族女学校以来の下田の教え子である坂寄美都子や松元晴子らがあたった。昭憲皇太后の意思に則した下田の女子教育は「再生産段階」に入っていた。もっとも留学生の中には反封建意識に目覚め革命運動に身を投ずる者も現れ、下田は「激越な民権論者」「乱臣賊子」につながると取り締まった。辛亥革命前に武装蜂起を計画して刑死した「革命烈士」の秋瑾《しゅうきん》も、受け入れた清国留学生の一人で、下田は舎監であった坂寄に、「よく見抜いて大きく扱えよ」との注意を与えていたという。

さらに、下田は、清朝王族で川島芳子の実父である粛《しゅく》親王（愛新覚羅善耆《ぜんき》）から、北京にある親王府の夫人や王女たちの教育も依頼され、明治三八年に教え子の木村芳子を清国に派遣している。木村は親王府で日本語などを教え、明治四三年に亡くなった。

4　異なる志

中島俊子

ところで、明治二五年一一月一八日、特命全権公使の中島信行がイタリアに赴任するために宮中の鳳凰の間に参内した。中島は天皇に会った後、妻の俊子と一緒に、内儀にて昭憲皇太后と対面した。中島信行は幕末には土佐勤王党や坂本龍馬の海援隊などに関わり、維新後には自由党結成に参加して副総理となった民権家であった。初代の衆議院議長もつとめた。第二次伊藤博文内閣で、海援隊の同志で義兄の陸奥宗光が外相となり、公使としてイタリアに駐在することとなったのである。中島はその後、貴族院勅選議員となり男爵を授かる。最初の妻は陸奥の妹の初穂で、二人の間の子が中島久万吉（実業家・斎藤実内閣商工相）である。

昭憲皇太后と対面したのは後妻の中島（岸田）俊子であるが、俊子はかつて昭憲皇太后と会ったことがある。山岡鉄舟皇后宮亮や槇村正直京都府知事の推挙により、明治一二年九月、数え一七歳で文事御用掛として平民最初の女官となり、昭憲皇太后に『孟子』などを進講したのである。平民のため地位は低く、一五等出仕で、月給一五円。

俊子の実家は呉服商で生活は安定していた。明治九年、一四歳の時に京都府庁主催による「文選」講義試験で最優等となり、翌年には有栖川宮熾仁の修徳校代覧で御前揮毫を命ぜられた才媛であった。ところが、宮中に入って二年後、病気を理由に宮中を辞し、結婚するも破婚となる。失意の中、母タカとともに東海道、中国、九州と各地を回り、自由民権運動盛んな土佐に遊んで、民権家への道を進むようになった。

明治一五年、二〇歳の俊子は大阪道頓堀の朝日座で開かれた立憲党主催の政談会で「婦女の道」なる演説をして喝采を浴びる。初演説だった。以後、女権を主張する女流民権家として活躍し、明治一八年に自由党副総理の中島信行の後妻となったのであった。

ミッション系女学校

ところで、当時の女学校がすべて昭憲皇太后の影響を受けていたわけではなかった。ミッション系の女学校も増え、たとえば生糸商や貿易商の令嬢が通い横浜の華族女学校といわれたフェリス和英女学校（フェリス女学院の前身）は、華族女学校とは教育思想を異にしていた。フェリス女学校は、すでに明治三年に創建されており、日本女子教育の嚆矢とされる。

創建者は女子宣教師のミス・キダーであり、自らが日本語を学ぶかたわら、子女を集めて毎日三時間の英語を教授したのであった。しかし、こうしたミッション系の教育は、「女学校上りは実用に適しない」「日本本来の教育精神を無視」「何も彼も西洋化させる」との批判攻撃を受けるようになった。こうした声への緩和策として、フェリス女学校では、元老院議官でのちに初代衆議院議長になる中島信行夫妻を迎え入れた。この中島夫人がかって宮中女官であり、その因循姑息な世界に嫌気がさして女子民権家となった俊子であった。

フェリス女学校教師

旧女官の女子教育家という共通性はあるが、下田歌子と中島俊子とでは、その目的とする道はまったく違っていた。中島俊子は明治二一年にフェリス女学校教師となった。中島夫妻は明治一九年にすでに洗礼を受けてキリスト教系の活動に関わっており、就任はその一環でもあった。キリスト教は、中島夫妻の人道主義、男女平等主義にふさわしい信仰だった。

俊子はフェリス在任中に、大日本帝国憲法発布祝賀会で女性の政治的奮起を促している。また、植木枝盛、巌本善治らとともに「一夫一婦確立の建白書」に署名したりもした。俊子は女性の自立と自己実現を求めたのであった。

俊子は巌本善治の発行する『女学雑誌』の熱心な寄稿者でもあった。『女学雑誌』は明治一八年から三七年二月の第五二六号まで続くが、俊子は明治三四年に肺結核で死去するまで「女子教育策の一端」「男子の注意を望む」などを書き、明治三六年には遺稿となった小説「花のなげき」が連載された。

『宮中女官論』

『女学雑誌』の中で、俊子は女官制度を批判したことがある。「別乾坤《けんこん》（天地）を作るの利何の点にある」（明治二四年二月二一日　第二五三号）と「宮中女官論」（同年三月七日　第二五五号）である。

前著では、女官の人生観に言及し、女官の終生の希望が衣食の充足であれば、その願いは叶っているとする。もし衣食でなければ官職の昇級となるが、それは権女孺が女孺になり、権命婦が命婦になるという程度であって、それすら一〇年から一五年かかると述べる。つまりは何が目的かわからないというのだ。俊子は、深夜の後宮では、二〇歳に達しない女官たちが宿泊の火鉢を囲んで隠居の日を指折り数えていると伝える。そして、隠居のころには六〇歳になって、歯がおち、目がかすみ、故郷には親類も友人もすでに亡くなり、山々も変貌しているだろうと憐れんだ。女官が独身で終生仕えることに疑問を持ったのであり、それは自らの体験に根ざした見解でもあった。

後著では、新参の女官だった体験談を語る。言葉遣い、髪の結い方、袴のはき方、礼儀作法などで恥ずかしい思いをしたことを告白する。朧夜に道なき原野を歩く思いだったという。俊子は女官世界の閉鎖性、時代錯誤性を諫める。四民平等の時代になっても、宮中の女官は天皇を見ると目が潰れると思っていると批判する。そして、「下々」を汚らわしく思っており、それは遺憾なことだと論難した。さらに、新時代の女官は縁故からではなく、才能で選ぶべきと語った。在野にも「淑徳の乙女聡明の夫人」は多いと論じた。総じて、宮中の奥ゆかしさは保存したいが、閉鎖性は改革すべきだというのが、俊子の論旨であった。平民出身で宮中に上がった俊子の実際に味わった苦労の数々から来る言葉なのだろう。

こうした女官批判の言説を昭憲皇太后も耳にはしていたろう。十数年ぶりに相対した俊子に対する気持ちはどのようなものであったろうか。

第七章　大元帥の伴侶

1　軍人の妻

皇族の軍人化と皇妃たち

明治六年一二月九日、「皇族自今海陸軍に従事すべく」の太政官達が宮内省に発せられた。以後、皇族は原則として陸海軍軍人となった。欧州諸国の皇族が幼時から陸海軍に服したことに倣ったのである。

皇族の軍人化にともない皇族妃も軍人の妻としての役割を担うこととなった。このため皇族が地方勤務をする時には同行したり、あるいは別居したりした。陸海軍特別大演習に参列もした。皇族出征中は無事を祈ったのみならず、日本赤十字社、愛国婦人会、将校婦人会などの活動にも関わり、傷病兵慰問も重ねた。昭憲皇太后もまた、大元帥である明治天皇の正室として、軍人の妻の役割を果たした。

前述したが、明治一二年四月二八日、昭憲皇太后が英照皇太后と軍艦「扶桑」の見学に出た。両宮は午前七時三〇分に皇居を出て、新橋から汽車で横浜に向かい、万里小路皇后宮大夫や女官たちと新艦の「扶桑」艦内で水夫の操練などを見学し、「蒼龍丸」に乗って湾内を回り、午後五時三〇分横浜発の汽車で戻ったのであった。艦内の案内は、川村純義《かわむらすみよし》海軍卿と扶桑艦長の伊東祐亨《いとうすけゆき》海軍中将がつとめた。両宮は横浜から汽車で還啓。「同日は日本の各軍艦は勿論、外国の軍艦も国旗を揚げました」と、翌二九日付の『読売新聞』にある。

明治一九年四月一三日には、明治天皇とともに東京府下豊島郡赤羽村で行われた近衛諸兵の演習を見学した。昭憲皇太后は室町清子典侍ほかの女官を従えて、午前八時に天皇とともに皇居を出た。赤羽村では、総指揮官で近衛都督の伏見宮彰仁（のち小松宮）陸軍中将が火薬庫前で出迎えた。この日は有栖川宮熾仁のほか、彰仁妃の頼子、伏見宮貞愛妃の利子、有栖川宮威仁妃の慰子らも臨席して、南北軍の戦闘を見学した。南軍が火薬庫を爆破するなど演習は臨場感があった。「聖上は御馬、皇后宮は御馬車に召させられ、漸く進んで荒川南岸に御して、水雷破橋の技を御覧在せれられ」と一五日付の『読売新聞』は伝えた。

日清戦争

明治二七年九月一三日、日清戦争により広島に移した大本営に向かうため、天皇は皇居を出発。昭憲皇太后は新橋停車場まで見送った。皇居に残った昭憲皇太后は女官と繃帯《ほうたい》巻《まき》などをし、一〇月八日には五〇〇〇個を陸海軍戦傷者に、一一月一三日には六〇〇〇個を日本赤十字社に贈った。また、一〇月二五日には出征陸軍軍人防寒用として真綿二八貫目を贈っている。この真綿は結婚二五年にあたり地方から献上されたものという。「第二軍司令官伯爵大山巌上書して其の恩を謝し、将卒挙つて感激し」と『明治天皇紀』にある。

昭憲皇太后は、天皇不在中の外交官との対面も担った。同じ明治二七年一〇月二五日、午前にはハワイ国弁理公使ロベルト・ウォルカー・アーウィン夫妻と、午後にはドイツ特命全権公使フォン・グートシュミッドと、それぞれ桐の間にて対面している。また、一一月五日には朝鮮報聘《ほうへい》大使の李堈、明治二八年一月一一日にはスペイン特命全権公使ルイス・デル・カスチロ・イ・トリゲロスが帰任の参内をした。

広島大本営行啓

留守をあずかるばかりではなく、明治二八年三月には、傷病兵慰問のために自ら広島大本営に向かった。『明治天皇紀』には、「皇后戦傷病者御慰問のため将に広島に行啓したまはんとするを以て、大本営階上の供奉各部局を階下に移す」（三月三日）とある。皇太子嘉仁の風邪のため出発は遅れて一七日となった。皇后宮大夫の香川敬三ほか、室町清子典侍、千種任子権典侍、園祥子権典侍ら女官一一名も同行した。千種と園は明治天皇の寵愛を受けた側室でもあった。広島には一九日に着いた。このころ戦局は定まり日清間の講和談判に入っていた。

二二日、昭憲皇太后は広島陸軍予備病院本院を行啓し、戦傷病者を慰問して菓子料などを下した。この日以後も、隔日に広島陸軍予備病院第一分院、第三分院、第二分院と行啓した。二四日には狙撃された李鴻章のために自製の繃帯を下関に贈っている。そして五月八日には、戦傷失明者に義眼を下賜した。

同月二五日、征清大総督である小松宮彰仁陸軍大将が凱旋し、明治天皇は勅語を下し、随員の川上操六陸軍中将ら二六名と対面し、立食をなした。昭憲皇太后もまた、この時に小松宮以下と対面した。

2　来航する連合艦隊

北清事変

昭憲皇太后は女官を派遣して、北清事変（義和団事件）で傷病者となった連合国兵士たちを慰問した。『明治天皇紀』の明治三三年六月二一日には、「大沽《ターク－》の戦闘に従事せし我が傷病将卒を後送し来れるを以て、侍従武官井上良智を佐世保海軍病院に遣はして慰問せしめたまふ」などとある。

大沽は渤海に面し、北京や天津の海の玄関にあたる地域であった。明の時代に大沽砲台が築かれ外敵の防御にあたった。アヘン戦争やアロー戦争などの戦乱のたびに増強されたが、列強の攻撃により砲台は占領された。大沽は明治三三年の北清事変においても攻防の地となった。砲台は北清事変の和平協定である北京議定書により撤去された。

北清事変は日本の単独行動ではなく、イギリスやアメリカ、イタリアなど八カ国の共同出兵であった。このため、諸国の戦傷病者も日本に運ばれた。「英・米・露・独・澳・仏等の諸軍亦各々其の傷病者を我が国に送り、各々自国病院又は我が海陸軍病院に収容せる」と、『明治天皇紀』の記述は続く。

そして、七月一〇日以降、明治天皇は侍従武官に命じて、横浜のイギリス、アメリカ、ドイツの海軍病院、長崎のロシア病院、佐世保の海軍病院、広島の陸軍予備病院、呉海軍病院を慰問させた。昭憲皇太后も北島いと子と山川操の両権掌侍を派遣し、物を与えた。

当時、日本赤十字社篤志看護婦人会代表の鍋島栄子も慰問活動に尽力し、同年七月一日に大沽に向かう日本赤十字社の看護婦たちを見送っている。現地で治療を行うためである。また、昭憲皇太后の女官である北島いと子は、かつては鍋島栄子の侍女であり、昭憲皇太后の命で連合軍の負傷兵を迎えに行くことを栄子に告げにいってもいる（『梨本宮伊都子妃の日記』）。

日本赤十字社への寄付

ところで、日本赤十字社は明治一〇年の西南戦争における救護組織である博愛社を母体とした。明治二〇年に日本赤十字社と改称し、篤志看護婦人会を設け、看護婦養成などにつとめた。日清戦争においては救護班を派遣して、傷病者の援助をした。

日本赤十字社と皇室との関係は深く、初代総裁には有栖川宮熾仁が就任した。昭憲皇太后も博愛社時代から賜金を下し、赤十字社となっても毎年本社で行われる総会に必ず出席した。明治一七年二月二六日付の『読売新聞』には「今度皇后宮より博愛社へ思召を以て金三百円下賜せられたるよし」の記事がある。また、明治二〇年三月二四日付の『読売新聞』は、「活人画」に行啓した昭憲皇太后の下賜金を赤十字社に寄付することを伝えている。活人画とは適当な背景の前で古今東西の歴史上の有名人などに粉飾したまま動かないでいるもので、当時の遊びとして流行った。皇族や華族なども誕生日などに使用人を交えて家中で行った。この時は、興業として行われた「活人画」であった。「皇后陛下より多分の賜金ありて行啓仰せ出されたる由なれば、当日は他の来観人は許さずとの議もありしが、先日一見せざりしを遺憾に思はれし人もあれば、切手百枚限り今二十四日より銀座の大倉組、山下門、鹿鳴館にて売捌くといふ」と、記事にある。

各国艦隊司令官との対面

明治三三年の北清事変当時から明治三六年の日露戦争開戦前までの時期、アメリカなど七カ国の連合国の艦隊が日本に来航し、天皇皇后と対面している（表5「各国艦隊司令官との対面一覧」）。中国東北部や朝鮮半島の利権をめぐる国際的緊張が高まり、日清戦争後の三国干渉や北清事変を経て、明治三五年の日英同盟締結、三七年の日露開戦へと続いた時期であった。

（明治33～36年）

明治	月	日	国名	地位	階級	氏名	備考
33	4	14	アメリカ	東洋艦隊司令長官	海軍中将	ジェー・シー・ワトソン	
	12	17	オーストリア・ハンガリー	極東艦隊司令官	海軍少将	モンテキュコリー	皇后は風邪で会わず
34	6	11	ドイツ	清国事変連合軍総指揮官	元帥	フォン・ワルデルゼー	天皇より勅語
	9	16	イタリア	東洋艦隊司令長官	海軍中将	カンヂアニ	
		28	フランス	東洋艦隊司令長官	海軍中将	ポチエー	

表5　各国艦隊司令官との対面一覧

	11	3	ドイツ	東洋艦隊司令官	海軍少将	キルヒホッフ	
		3	フランス	極東艦隊司令官	海軍少将	バイル	
		4	イギリス	東洋艦隊司令長官	海軍中将	シープリアン・ブリッヂ	
	12	19	イギリス	東洋艦隊司令官	海軍少将	ハリー・グレンフェル	
35	2	4	ロシア	太平洋艦隊司令長官	海軍中将	スクリドロッフ	
		28	アメリカ	アジア艦隊司令官	海軍少将	ルイ・ケンプ	
	5	3	アメリカ	アジア艦隊	海軍少将	アール・デ・エバンス	旗艦ケンタッキー号搭乗
		5	アメリカ	アジア艦隊司令長官	海軍少将	フレデリック・ロジャース	
		16	イギリス	東洋艦隊司令長官	海軍中将	シープリアン・ブリッヂ	
	7	10	ドイツ	巡洋艦隊司令長官	海軍中将	ガイスレル	
	9	13	フランス	東洋艦隊司令長官	海軍中将	マレシャル	
36	2	6	ロシア	太平洋艦隊司令長官	海軍中将	スタルク	
	9	28	フランス	東洋艦隊司令長官	海軍中将	ベール	皇后は喪中で会わず
	10	20	アメリカ	東洋巡洋艦隊司令官	海軍少将	ピー・エッチ・クーパー	皇后は微恙で11月11日に
	11	12	イギリス	東洋艦隊付	海軍少将	アッシトン・ジー・カーゾン・ハウ	天皇は西幸中で会わず
	12	14	ドイツ	巡洋艦隊司令官事務取扱		フォン・ホルツェンドルフ	皇后は微恙で19日に

（出典）『明治天皇紀』より作成。

天皇皇后との対面は、多くは明治天皇が鳳凰の間で、昭憲皇太后が桐の間で謁した。艦隊司令長官たちは数名の将兵を従え、大公使とともに参内した。時に昼餐などをとることもあった。昭憲皇太后は風邪や微恙《びよう》などで対面しないこともあったが、天皇が行幸で不在中は昭憲皇太后が単独で会ったりもした。

明治三四年の清国事変（北清事変）連合軍総指揮官でドイツ伯爵のフォン・ワルデルゼー元帥の参内は、事変の任務を終えて本国に戻る途次の来航であった。『明治天皇紀』によれば、ワルデルゼーは芝離宮に宿泊し、六月一一日に海軍大佐デルッェヴスキーら陸海軍将校五名を従え、駐日ドイツ特命全権公使フォン・アルコー・ワルレイ伯爵とともに参内した。天皇は一行と鳳凰の間にて対面し、「卿去年清国に出征以来、能く其の任務を尽し、我が派遣軍隊が名誉を全うするを得たるもの、一に卿が指揮宜しきに因る」と感謝の意を表した。この後、一行は豊明殿にて天皇皇后と午餐をとった。小松宮彰仁夫妻、伏見宮貞愛、閑院宮載仁夫妻らも列席した。この席で、天皇は北京の兵舎火災で死亡した参謀長を悼み、またワルデルゼーの災厄を慰労した。

一三日、天皇は芝離宮滞在中のワルデルゼーに富士全景刺繡屛風と七宝花瓶一対を贈った。一四日にはドイツ公使を介してデルッェヴスキー以下に勲章を授けた。また、同日、一行は帰国のため再び参内し、鳳凰の間で天皇と、桐の間で昭憲皇太后と会った。一六日、一行は東京を離れ、日光で遊び、一九日に神戸港を発した。

3 日露開戦

ローゼンの帰国

明治三七年二月一〇日、日露両国で宣戦布告が発された。この日、昭憲皇太后は、北島いと子権掌侍を遣わして、帰国する駐日ロシア特命全権公使ローマン・ローゼンの妻に蒔絵料紙硯箱一組と銀製鉢一個を、その娘に蒔絵手文庫一合を贈った。翌一一日には、皇后宮亮の山内勝明を派遣して、横浜からフランス郵船「ヤーラ号」にて帰国するローゼンをはじめとする公使館員一行を、新橋停車場に見送った。昭憲皇太后は国交断絶後の公使らに敬意を表したのである。

日露断交にいたるまでの過程は単純ではなかった。北清事変後も中国東北部に駐留するロシア軍に対する国際的な危機感はあったが、日本の政界では山県有朋や小村寿太郎が主戦派であるに対し、伊藤博文や井上馨らは戦争回避を望んでいた。ロシア側でも、和田春樹氏がロシア国立歴史文書館で発見したロシアの主戦派政治家のベゾブラーゾフの日露同盟案に見られるように、「ロシアと日本はそれぞれ満州と朝鮮に国策開発会社をつくり、ロシアは満州、日本は朝鮮の天然資源を開発する」との意向があった。

ロシア高官との交流

開戦一年前の明治三六年二月六日、ロシアの太平洋艦隊司令長官スタルク海軍中将が来航し（表5参照）、エベルハルト海軍大佐はじめ将校一〇名を率いて表敬の参内をした。ロシア特命全権公使アレキサンドル・イスヴォルスキーとともに、鳳凰の間で天皇と、桐の間で昭憲皇太后と対面した。また、同日、ロシア公使館付武官のルシーヌ海軍中佐も参内し、天皇、昭憲皇太后、スタルクと会っている。

四月四日にはロシア公使のイスヴォルスキーが夫妻で帰任の挨拶に参内した。桐の間にて昭憲皇太后と対面し、昭憲皇太后は夫人に婦人服地一巻と象牙製扇子を贈っている。この時、イスヴォルスキーは天皇とは会わず、新任公使来着後にすることを請願していた。

同月一八日、イスヴォルスキーは、新任公使のローマン・ローゼンとともに、京都御所の小御所にて行幸中の天皇と対面した。ローゼンは信任状を、イスヴォルスキーは解任状を受け取った。翌日、新旧公使夫妻は大宮御所の午餐に招かれた。昭憲皇太后は、東京に戻って後の五月三〇日にローゼン夫妻と桐の間にて会った。その八カ月後、昭憲皇太后は国交断絶によるローゼン夫妻との別れに意を尽くしたのであった。

クロパトキン参内

ロシア公使がローゼンに代わって後の明治三六年六月一三日、ロシア陸軍大臣のアレクセイ・ニコラエヴィッチ・クロパトキン陸軍大将が来日して参内した。クロパトキンは、ソルログブ陸軍中将ら一〇名を従えて、ウラジオストック、旅順口方面を検閲し、六月一二日に東京に着いた。日本政府は準国賓として遇し、芝離宮を宿泊施設にあて、寺内正毅陸軍大臣を接待役にあてた。クロパトキン一行は表敬のためロシア公使のローゼンとともに参内し、天皇と鳳凰の間で、昭憲皇太后と桐の間で対面した。午後は千種の間にて午餐をともにした。伏見宮貞愛、博恭ら皇族軍人、山県有朋、大山巌、桂太郎首相、小村寿太郎外相ら政府高官ほか、宮内大臣、侍従武官長ら宮内官も列席した。

天皇はクロパトキンに勲一等旭日桐花大綬章を、随員にも勲章をそれぞれ授けた。クロパトキン来日の目的は、ロシア皇帝の命により、日本の形勢を視察し、日本の意向を知ることにあった。クロパトキンは、桂首相、小村外相、寺内陸相と対面し、談笑した。『明治天皇紀』には、こうある。「固より機事を語るを避くと雖《いえど》も、談笑の裡、両国絶えず極東問題に関して相反目し、動《やや》もすれば釁端《きんたん》〔争いのはじめ〕を啓かんとするの形勢あるを遺憾とするの意を陳ぶ、クロパトキン亦開戦を避け、和平の間に時局を解決せんと欲するの意を告ぐ」。

一六日、クロパトキンは東京を去るに際して、ロシア皇帝より天皇への伝言を徳大寺実則侍従長に託す。伝言には、「貴国は他邦と異なり、隣国たるの故を以て、両国の交際最も親密ならんことを希望す、又西比利亜《シベリア》鉄道既に全通せるを以て、自今両国の交際益々親密ならんことを望む」（『明治天皇紀』）とあった。

クロパトキンは日本の軍事力を高く評価しており、日露の軍事衝突には反対の立場をとった。クロパトキンも、明治天皇も昭憲皇太后も日露開戦には複雑な思いがあったのだ。その後、クロパトキンは開戦直前にロシアの満州軍総司令官となり、奉天会戦の敗退で罷免された。当時、「クロパトキンの首をとり」と歌われたが、第一次大戦にも従軍し、大正一四年まで生存した。

4　精神的疲労

金子堅太郎への菓子

明治三七年二月四日、御前会議にて対露交渉の断絶と軍事行動の開始が決定すると、明治天皇も戦闘の意を固めた。「議遂に決するや、夕刻内廷に入りたまひて後、左右を顧みて宣はく、今回の戦は朕が志にあらず、然れども事既に茲《ここ》に至る、之を如何ともすべからざるなりと」と『明治天皇紀』にある。さらに天皇は「独り私語」するかのように、「事万一蹉跌《さてつ》〔失敗〕を生ぜば、朕何を以てか祖宗に謝し、臣民に対するを得ん」と涙したという。敗戦の場合の責任を感じたのである。天皇は悩み、夜も眠れず、朝夕の食事の味も感じず、「日を経て頗る健康を害ひたまふ」ともある。

世界の強国といわれたロシアとの戦争には決意がいった。皇族妃であった梨本宮伊都子も、その日記に「万一戦争となれば、国をこぞって、たゝかふかくごをしなければならず」「何といふても露国は大国」と、緊張する心を綴った。戦時中は出征した夫の梨本宮守正《なしもとのみやもりまさ》が赤痢に感染し、宮家廃絶の心配までするほどであった。

昭憲皇太后の体調もまた崩れていた。日露開戦前後の明治三七年一月一六日から四月四日までの三カ月、昭憲皇太后は葉山に避寒していた。開戦決定にあたり、英米世論の支持を得るために米国通の金子堅太郎がアメリカに派遣されるが、金子は出発前の二月一三日に葉山別荘の妻子のもとに赴いた。

その時、避寒中の昭憲皇太后が隣接する金子邸を訪れ、「国家のために努力せよ」「十分健康に留意せよ」と励まし、菓子などを与えた。そして「園内を逍遙し、暫く憩息」して帰邸した。金子は東京の本邸に宿泊する近衛師団の将兵たちに、下賜された菓子を配ったところ、将兵たちは昭憲皇太后の配慮に感激して、食べ残した小片を背嚢に納め、「戦地に於いて進軍の命令下らば復た其の小片を喫し、聖恩の加護を恃みて突進すべし」と誓ったという（『明治天皇紀』）。菓子小片で将兵は高揚したが、昭憲皇太后は開戦決定当時、寒さを理由に東京にいなかった。新年の講書始も歌会始も臨席せず、宣戦翌日の二月一一日の紀元節も葉山にいた。

感冒に悩む

明治三八年五月一〇日と一一日の『読売新聞』には、「両陛下容体快方に向かう」「風邪の仮床中の両陛下、平熱に復す」の記事が載る。三月の奉天会戦勝利を受け、日本海海戦に向かおうという時期であった。最後の決戦の大事な時期に、天皇皇后は風邪をひいていたのだ。実は、昭憲皇太后は戦争開始以後、しばしば感冒に悩まされた。『明治天皇紀』の記載だけでも、表6のようになる。明治三七年一月一六日から明治三九年一月二八日までの二年間、およそ七四〇日のうち一三二日を感冒で仮床に臥していたのである。しかも、そのうち六カ月は葉山と沼津で避寒しており、東京滞在中の感冒の割合はかなり高くなる。

明治三八年四月二二日には天皇も感冒から気管支カタルになり六月一日まで仮床に臥した。そのため二四日の浜離宮の観桜会は昭憲皇太后のみが参列した。しかし、三〇日に昭憲皇太后も感冒となり、五月三日の靖国神社での日露戦没者合祀には、天皇も昭憲皇太后も代理の皇族を派遣する事態となっ

表6　日露戦争当時の昭憲皇太后の風邪

明治	月	日	状態	仮床日数
37	1	16	4月4日まで葉山避寒	
	4	7	15日まで感冒にて仮床	9
	8	4	13日まで感冒にて仮床	10
	11	2	8日まで感冒にて仮床	7
	12	24	30日まで感冒にて仮床	7
38	1	10	18日まで感冒にて仮床	9
	2	11	19日まで感冒にて仮床	9
	4	30	6月7日まで感冒にて仮床	39
	10	1	7日まで感冒にて仮床	7
	11	10	15日まで感冒にて仮床	6
		17	28日まで感冒にて仮床	12
	12	17	26日まで感冒にて仮床	10
39	1	8	4月18日まで沼津避寒	
		21	28日まで感冒にて仮床	7
			仮床総日数	132

（出典）『明治天皇紀』より作成。

た。皇太子夫妻も葉山避寒中で、翌四日に帰京するありさまであった。

同年五月二八日の地久節には、前日の日本海海戦の勝報が入るが、天皇は仮床にあり、海軍軍令部次長の伊集院五郎が病床にて報告した。昭憲皇太后も病が癒えず、豊明殿で催された誕生祝を欠席している。一一月一四日には平和克復奉告のため、明治天皇は伊勢神宮に向かうが、昭憲皇太后は微恙のため皇后宮大夫の香川敬三を新橋停車場まで見送りに出している。昭憲皇太后は感冒のため、重要な儀式の多くを欠席していたのである。

龍馬の夢

日露戦争当時の昭憲皇太后の感冒の多さは、重なる心身の疲労によるものとも想像される。日露開戦決定直後の明治三七年二月六日、葉山に避寒中の昭憲皇太后は坂本龍馬の夢を見た。『明治天皇紀』には、「夜奇夢を見たまふ、即ち一壮士あり、彷彿として皇后の夢に入り、祇《つつ》しみて告げて曰く、臣は是れ坂本龍馬なり、我が海軍を守護せん、冀《ねがわ》くは御心を安じたまへと」とある。昭憲皇太后は坂本龍馬の事績を知ってはいたが、風貌は知らないので、この夢の不思議さを天皇に語った。

これを伝え聞いた逓信大臣の大浦兼武は関西出張の折に伏見の大黒寺に寄り、寺田屋にて死亡した薩摩藩士らの墓参をした。さらに、すでに廃業した寺田屋跡を訪ねた。大阪に越していた寺田屋の旧主人は、大浦の訪問を知り、所蔵する龍馬の遺品を東京の大浦邸に持参した。大浦はこれを昭憲皇太后に見せたのである。「皇后、曾て御夢の事あり、今此の遺墨を覧たまふ」（『明治天皇紀』）とある。昭憲皇太后は、志半ばで倒れた龍馬を悼み、八月二五日、大浦に賜金一〇〇円を与えて龍馬を弔祭させたのであった。偶然の結果とはいえ、昭憲皇太后は信仰にも似た気持ちになったというのだ。時代状況をふまえれば、多分に政治的意図をもって流布された逸話である。しかし、さほどに、日露戦争中の昭憲皇太后の精神的負担が大きかったともいえる。

明治三八年四月一五日、京都旅行中のベルツは、龍馬の墓を見つけた妻のハナから昭憲皇太后の夢の話を聞く。ベルツは知らなかったので、ハナはいきさつを説明し、「それ以来、坂本は日本中で有名です。そしてこのお話は、国民を元気づけることにもなりました」と語った（『ベルツの日記』）。龍馬の夢は、日露戦争へ国民を鼓舞する逸話となっていたのだ。

武市富子らへの配慮

その後、明治四三年五月一〇日に、昭憲皇太后は龍馬と同じ土佐藩郷士であった武市《たけち》半平太《はんぺいた》の寡婦富子《とみこ》と内廷謁見所で対面し、肴料一〇〇円と緋縮緬を贈った（『明治天皇紀』）。また『昭憲皇太后御一代記』によれば、明治四四年に江藤新平の寡婦ちよ子と武市富子が「世に便なく過し居るよし」を聞いて、三〇〇〇円づつ下賜したとある。「両者はいづれも勤皇の志士にして維新の功臣なり」というのが理由であった。志を遂げられなかった勤皇志士とその遺族への配慮といえた。昭憲皇太后は、江藤について「逆賊の汚名を得たれども、ものこれ赤誠憂国の士なり」と評し、女官らに「彼《か》の孤忠のいたましきよしなど」を語ったという。

話はさかのぼるが、明治一〇年九月二四日、明治天皇は西南戦争を終熄させて後、「西郷隆盛」の題を昭憲皇太后に与え、「隆盛今次の過罪を論じて既往の勲功を棄つることなかれ」と述べた。昭憲皇太后は、「薩摩潟しづみし波の浅からぬはじめの違ひ末のあはれさ」と詠んだ。西郷の入水した過去をふまえながら、皇室への「浅からぬ」思いが、はじめと違って哀れな末路となったというのである。昭憲皇太后は幕末維新以来親愛してきた西郷の死を天皇とともに哀しんだ。天皇は、自分の心の襞をうまく歌った昭憲皇太后の才能にあらためて敬意を表したであろう。

ちなみに片野真佐子は『皇后の近代』で、この歌について入水自殺をしようとするような「大きな過ちを犯す者だから、その果てに、今回（西南戦争）のような末路をたどることになった」と解釈し、「賊臣となった西郷を追慕して歌会をする天皇に対して、皇后はその心得違いをたしなめた」と指摘する。しかし、昭憲皇太后が天皇への題詠にそのような悪意をこめることは考えられない。西郷に対する哀悼の念は天皇同様に深かったのである。

また、昭憲皇太后の勤皇志士への配慮には、土佐勤皇党出身であり明治三一年から一一年間にわたり宮内大臣をつとめた田中光顕の影響力も大きい。昭憲皇太后が「龍馬の夢」を見た時に、龍馬の写真を見せたのは田中であり、かつ後に高知県桂浜に龍馬銅像を建てたのも田中であった。田中は、武市半平太遺族の庇護をはじめとする維新烈士の顕彰に尽力し、多摩聖蹟記念館や茨城県の常陽明治記念館（現在は「幕末と明治の博物館」）などに、自らが収集した志士の遺墨のみならず昭憲皇太后ら皇族の遺品も寄贈したのである。

5　銃後の昭憲皇太后

双眼鏡　日露戦時中の昭憲皇太后は多忙で肉体的にも疲労を重ねた。風邪で仮床に臥しながらも、出征軍人らに慰問品を贈り、参内する各国武官らに対面し、戦勝報告をする将軍たちに令旨を下し、さらには戦傷病者の慰問までしたのである（『明治天皇紀』）。

日露戦争では皇族も多く出征した。陸軍では伏見宮貞愛、閑院宮載仁、久邇宮邦彦、梨本宮守正、北白川宮（のち竹田宮）恒久、海軍では有栖川宮威仁、東伏見宮依仁、山階宮菊麿《やましなのみやきくまろ》、伏見宮博恭らが、それぞれ遼東作戦や日本海海戦などに参戦した。昭憲皇太后は出征するこれらの皇族軍人たち、なかでも伏見宮貞愛ら陸軍軍人に望遠鏡や双眼鏡、金時計、紙巻煙草などを下賜したのであった。

出征陸海軍将校との対面

皇族軍人のみならず、出征陸海将校たちとの対面や下賜も続いた。明治三七年五月二五日、乃木希典ら第三軍司令官は出征につき参内し、昭憲皇太后は内廷で対面した。同年一〇月二四日、遼東守備軍司令官の西寛二郎《にしかんじろう》陸軍大将が帰国し、第二軍兵站監の竹中安太郎らが出征した時も、昭憲皇太后は対面し、西には銀製巻煙草入と酒肴料を、竹中には酒肴料を与えた。

同月三〇日には、参謀本部次長の長岡外史《ながおかがいし》が旅順口方面の戦況報告に参内、昭憲皇太后とは内廷で対面した。一二月三〇日には、旅順口のロシア艦隊を全滅させた連合艦隊司令長官の東郷平八郎海軍大将らが参内、昭憲皇太后と内廷で対面した。昭憲皇太后は東郷と第二艦隊司令長官の上村彦之丞海軍中将に、それぞれ三ッ重銀盃一組、銀製巻煙草入一個および酒肴料を下賜した。また天皇とともに東郷に交魚一台と酒一樽を与えた。

翌明治三八年一月二二日、第二艦隊司令長官の上村と連合艦隊参謀長の加藤友三郎らが再び出征するため参内、昭憲皇太后は内廷謁見所で対面した。同月二七日には鴨緑江司令官の川村景明が帰還のため参内した。さらには二月二〇日に第三艦隊司令長官の片岡七郎が帰還し、紋付銀盃と銀製巻煙草入を授かった。三月二八日には満州軍総参謀長の児玉源太郎が戦況を報告し、酒肴料七〇〇円と紋付銀製巻煙草入を下賜されている。これら軍人の参内は、主に明治三八年前半期に集中していた（表7参照）。

表7　明治38年に参内した主な軍人

月	日	肩書	氏名	理由
1	22	第二艦隊司令長官	上村彦之丞	出征
	27	鴨緑江軍司令官	川村景明	帰還
	31	鴨緑江軍司令官	川村景明	出征
2	4	連合艦隊司令長官	東郷平八郎	出征
	20	第三艦隊司令長官	片岡七郎	帰還
	28	参謀本部次長	長岡外史	戦況報告
3	4	参謀本部次長	長岡外史	戦況報告
	10	第三艦隊司令長官	片岡七郎	出征
	28	満州軍総参謀長	児玉源太郎	戦況報告
5	29	海軍軍令部次長	伊集院五郎	戦況報告
	31	海軍軍令部次長	伊集院五郎	戦況報告

（出典）『明治天皇紀』より作成。

外国軍人の参内

外国軍人の参内も多かった。その大半は、日露戦争において日本軍に従軍したり、公使館付武官として着任したりした者であったので、主に明治三七年四月と五月に集中した（表8参照）。その後、従軍武官の夫人らが帰国する時には、再び昭憲皇太后と対面した。明治三七年一二月二日にはドイツ公使館付武官ドロムレル夫人、二八日にはドイツ従軍武官ホフマン夫人、翌三八年一月イギリス従軍武官マックファーソン夫人らが参内して、昭憲皇太后に別れを告げた。

戦勝報告への令旨

戦勝報告に対する令旨も頻繁になされた。

表8　主な外国軍人の参内（明治37年）

月	日	国	肩書	階級	氏　名
4	6	イギリス		陸軍中将	ウィリヤム・ニコルソン
	18	スウェーデン	公使館付武官	陸軍少佐	リンドベルク
	19	イタリア	公使館付武官	海軍少佐	カヴィグリヤ
	28	フランス		陸軍中尉	ベルタン
	28	オーストリア・ハンガリー		陸軍中尉	エルウィン・フランツ
	28	イギリス		陸軍中将	イアン・ハミルトン
	29	ドイツ		陸軍中佐	フォン・フェルステル
	29	アメリカ		陸軍大佐	イー・エッチ・クラウダー
	29	スイス		陸軍中佐	ゲルッシュ
5	17	フランス		陸軍大佐	ロンバード
	17	スペイン	公使館付武官	陸軍中佐	ドン・ホセ・サンチス
	17	スペイン		陸軍大尉	ドン・アグスチン・スカンデラ
	17	イギリス	公使館付武官	海軍中佐	トーマス・ジャクソン
	17	イギリス		陸軍大佐	ジェー・シー・ホード

（出典）『明治天皇紀』より作成。

令旨とは、皇后や皇太子の命を伝える文書である。明治三八年六月一日付『読売新聞』には、「金州付近の戦闘につき皇后、皇太子の令旨に対する奥大将の奉答文」なる記事が載るが、当時は戦機秘密のため令旨は公表されなかった。しかし、『明治天皇紀』にあるだけでも表9に示した数の令旨が発されている。これらの令旨は、天皇の勅語に対する軍の奉答があり、その後に昭憲皇太后から発されたものである。皇太子の令旨もあり、両者がともに発することが多かった。昭憲皇太后の令旨に対する奉答もなされた。日露戦争中の昭憲皇太后は風邪で床に臥し、かつ参内する内外の軍人たちに対面し、さらに令旨を発するという状態であったのだ。

義眼義肢の贈与

とはいえ、日露戦争中に昭憲皇太后が最も熱意を持って活動したことは、戦傷病者の慰問であった。開戦後の明治三七年二月二九日には、愛国婦人会に明治天皇から七〇〇〇円が下賜されるが、昭憲皇太后はさらに五〇〇〇円を贈っている。愛国婦人会は、明治三三年の北清事変の際に、佐賀県の奥村五百子が東本願寺の出征軍人慰問使一行と戦地を視察した経験から、翌明治三四年に組織された。明治三六年には閑院宮載仁妃智恵子を総裁として、全国から会員を募り、戦死者遺族や廃兵救護にあたったのである。そして、愛国婦人会のみならず、天皇とともに、日本赤十字社篤志看護婦人会、帝国軍人後援会などの軍事後援組織に賜金を与えたりもした。

昭憲皇太后の独自の軍事援護活動としては、繃帯巻や義眼義肢の贈与、傷病兵病院の慰問などがある。繃帯巻については、「皇后、皇太子妃と倶に御手づから製したまふ所の巻軸繃帯四千八百巻を陸海軍両大臣に下し、以て負傷者に頒賜せしめたまふ、此の後繃帯を賜ふこと七回、三万三千四百五十

表9　日露戦争における昭憲皇太后の令旨一覧

明治	月	日	奉答内容	奉答者	
				肩書	氏名
37	5	2	鴨緑江の戦勝	第1軍司令官	黒木為楨
		2	同	第3艦隊司令官	細谷資
		27	金州・南山の占領	第2軍司令官	奥保鞏
	6	18	得利寺付近の占領	第2軍司令官	奥保鞏
		26	旅順港外の撃破	連合艦隊司令長官	東郷平八郎
		29	分水嶺の攻略	独立第10師団長	川村景明
	7	19	摩天楼の勝報	第2師団長	西寛二郎
		21	細河沿の占領	第12師団長	井上光
		25	大石橋・営口の占領	第2軍司令官	奥保鞏
	8	2	析木城付近の占領	第4軍司令官	野津道貫
		3	旅順要塞前の攻略	第3軍司令官	乃木希典
		4	楡樹林・様子嶺付近の占領	第1軍司令官	黒木為楨
		14	黄海海戦の勝報	連合艦隊司令長官	東郷平八郎
		16	蔚山沖海戦の勝報	第2艦隊司令長官	上村彦之丞
		23	巡洋艦ノーウイク撃破	第2艦隊司令長官	上村彦之丞
	9	8	遼陽の占領	満州軍総司令官	大山巌
	10	17	沙河の戦勝	満州軍総司令官	大山巌
	12	25	旅順残存艦の襲撃	連合艦隊司令長官	東郷平八郎
38	1	7	旅順攻略の功	連合艦隊司令長官	東郷平八郎
		29	黒溝台付近の戦勝	満州軍総司令官	大山巌
	3	14	奉天の占領	満州軍総司令官	大山巌
		14	撫順の占領	鴨緑江軍司令官	川村景明
	7	29	樺太軍護送の功	北遣艦隊司令官	片岡七郎
	8	12	樺太全島要地の占領	樺太軍司令官	原口兼済

（出典）『明治天皇紀』より作成。

三巻に及ぶ」（『明治天皇紀』明治三七年六月一七日）とある。繃帯巻は昭憲皇太后を筆頭として、皇太子妃節子（貞明皇后）や各皇族妃たちも参加した。昭憲皇太后は自ら繃帯を巻く一方、赤十字社などを行啓して繃帯製造所の視察や激励をしている。

義眼義手については、「皇后、今次の戦役に於て失明し、或は手足を切断せる軍人其の他に対し、義眼及び義肢を賜ふべき旨を仰出さる、尋《つ》いで翌月七日、我が軍に収容せられたる露国軍人にも同じく之れを賜ふべき旨を令せらる」（『明治天皇紀』明治三七年三月二六日）とある。こうした昭憲皇太后の意を受けた結果でもあろう、皇族の梨本宮妃伊都子は自ら杖と義手を考案して、両眼貫通銃創の患者に贈っている（『梨本宮伊都子妃の日記』）。

マッコール嬢来日

明治三七年五月九日、昭憲皇太后はイギリスのマッコール嬢と対面した。マッコールはイギリス皇后アレクサンドラの命を受けて来日し、日露戦争における傷病者の状況を調査するため戦地に向かう途中、参内したのであった。

この後、マッコール嬢が松山の捕虜収容所視察に出向くことが報道された。同年五月二八日付『愛媛新報』には、「英国皇后陛下の令旨を亨けて来朝中なるマッコール嬢は、俘虜慰問の為め、来る六月中旬来松する旨、旅団司令部へ通知ありたり」とある。

松山の捕虜収容所はロシア兵捕虜を厚遇したことで有名である。捕虜たちは自由外出の際には道後温泉にも入り、地域での国際交流も進んだと、評価が高い。こうした模範的な収容施設をマッコール嬢は視察し、イギリス本国に報告したのであろう。

ちなみに昭憲皇太后とマッコール嬢が対面する一カ月前の四月九日付の『愛媛新報』には、「皇后陛下義足を下賜せらる」と題し、「重傷患者ステバーノフ外二名に対し、皇后陛下は畏くも義足を下賜せらるゝ旨仰せ出されたるを以て、菅井支部長は昨日聖旨の程を申聞かしたるに、彼等は其有難さに感涙せりと」の記事が掲載されていた。「菅井支部長」とは愛媛県知事の菅井誠美。松山救護所支部長でもあった。

第八章　日露戦後から晩年へ

1　凱旋祝賀

沼津避寒

日露戦争が終結し、出征軍が凱旋する。明治三八年一二月九日、第一軍司令官の黒木《くろき》為楨《ためもと》らが凱旋、参内した。司令部付であった久邇宮邦彦陸軍少佐も同行した。天皇の勅語を得た後、昭憲皇太后と内廷謁見所で対面。黒木は肴料五〇〇円と紋付銀盃一組を、久邇宮は肴料三〇〇円と紋付銀製煙草入を下賜された。

翌明治三九年一月には第二軍（奥保鞏《おくやすかた》司令官）、第三軍（乃木希典司令官）、第四軍（野津道貫《のづみちつら》司令官）、鴨緑江軍（川村景明司令官）らが次々と凱旋した。そして二三日、各司令官と伏見宮貞愛、梨本宮守正ら出征皇族軍人らを宮中に招き、豊明殿にて昼餐の宴を催した。宮内大臣らも陪席し、総数一一六名であった。しかし、これら各軍の凱旋にも昼餐の宴にも昭憲皇太后は沼津に避寒中で出席しなかった。

昭憲皇太后は同年一月八日から四月一八日まで沼津で寒を避けたのである。しかも、一月二一日から二八日まで、三月一四日から二〇日までの数日間、感冒で仮床に臥していた。

ちなみに皇太子嘉仁（のち大正天皇）も避寒のため一月八日から三月二五日まで葉山におり（コンノート来日のため二月一七日から二四日まで一時帰京）、皇太子妃節子（のち貞明皇后）も二月一〇日から四月一一日まで葉山にいた。しかも皇太子妃は実父の九条道孝を同年一月三日に亡くしており、喪に服していた。次々と凱旋する将兵たちを常時宮中で迎えていたのは、明治天皇だけであった（『明治天皇紀』）。

コンノート来日

イギリス皇帝エドワード七世の名代として皇甥のアーサー・オブ・コンノートが来日したのも、昭憲皇太后の避寒中であった。コンノート来日の目的はイギリス最高のガーダー勲章を天皇に贈るためであった。二月一九日、皇太子嘉仁は葉山から帰京して、新橋停車場にてコンノートを出迎えた。一行は霞関離宮に入った。

翌二〇日、雪の中、コンノートは参内。正殿にて天皇にガーター勲章を捧呈した。天皇はコンノートに労を謝し、来航記念として大勲位菊花大綬章を贈った。日露戦争の勝利に対する日英同盟両国の交歓であった。

コンノート一行を歓迎した皇族妃の一人である梨本宮妃伊都子の日記によれば、二月二一日夜九時から一二時まで、英国大使館にて夜会があった。二四日午後九時には実業団体の歓迎会があり、一行と歌舞伎座で芝居を見た。「非常におもしろく」、翌日午前一時半に帰宅したとある。演目の一つは

「日英同盟昔物語」であった。また、二六日には、コンノートのために東京市英国皇族歓迎会が催され、伏見宮貞愛や有栖川宮威仁一家をはじめとする皇族たちが参列した。余興に、大名行列、日本橋芸者の手おどり、独楽回し、百面相、大神楽などが行われた。

コンノート一行は、この後、東京を発し、九州から京都奈良方面を回り、再び東京に戻って日光に遊び、三月一六日に横浜からアメリカに向かった。この間、昭憲皇太后は沼津におり、一行が離日する日は、感冒で臥していた（『明治天皇紀』）。

陸軍凱旋式

明治三九年四月三〇日、日露戦争の陸軍凱旋式が青山練兵場にて行われた。「是の日、天皇初めて茶褐色の陸軍軍服を着したまひ」と『明治天皇紀』にある。皇太子嘉仁も参列し、満州軍総司令官であった大山巌の指揮にて三万一二〇〇余名が天皇の閲兵を受けた。式後、天皇は皇居に戻る途中、二重橋外広場に陳列された戦利兵器を見る。日露戦争における鹵獲品《ろかくひん》であり、野戦重軽砲約二八〇、要塞火砲約一八〇、機関砲約五〇、小銃七万、各種弾薬車や車輌約二一〇〇などがあった。昭憲皇太后は当初参列の予定であったが、前夜になって取りやめている。このため五月二日に皇居の正門外に陳列された戦利品を見た。また、六月九日には、皇居内の観瀑亭、吹上茶屋、広芝などに展示された戦利品や戦利馬匹を見学している。これら戦利品の説明は、侍従武官長の岡澤精が担当した。

一方、陸軍凱旋式翌日の五月一日、新宿御料地にて凱旋式参与の将校らの宴が開かれ、天皇は新制の茶褐色の陸軍軍服と長靴にて参列した。翌二日には皇太子嘉仁が宴を催した。この間、日露戦争で戦死または戦傷後死亡した軍人や軍属二万九九七五名の合祀が、靖国神社にて行われた。前年の合祀に漏れた者や合祀後に亡くなった者たちである。五月一日に招魂祭、二日から五日の四日間に臨時大祭がなされた。

天皇と昭憲皇太后は、一日に祭資金五〇〇〇円を下賜し、二日に掌典の園池実康《そのいけさねやす》を勅使として派遣した。三日には雨の中を天皇が靖国神社に行幸、その後、昭憲皇太后も行啓した。四日には皇太子が行啓した。そして三日から七日までの五日間、靖国に合祀された軍人や軍属の遺族に浜離宮御苑拝観を許し、茶菓をふるまった。総数二万一三七三名が参加したという。

ついでながら、宮内省職員で応召された者もおり、その凱旋歓迎会も五月一三日に新宿御料地にて催された。昭憲皇太后からは二〇〇円が提供された。九月二八日には戦病死した主馬寮雇ら宮内省職員六名の遺族に菓子料一〇円を贈って弔意を表した（『明治天皇紀』）。

内廷謁見所での慰労

陸軍凱旋当時は体調不良であった昭憲皇太后は、五月二八日の誕生日前後より回復し、宮中の内廷謁見所にて戦役軍人らと対面し、戦役の慰労をする。

五月三一日には、内廷謁見所で山本権兵衛海軍大将に対面し、肴料二〇〇円と紋付銀盃一組を授けた。六月五日には関東総督の大島義昌陸軍大将に、紋付銀製巻煙草入を与えた。かつて大島は沼津避寒中の昭憲皇太后に「清国人の衣服の見本」を献上したことがあり、その返礼でもあった。その後も、昭憲皇太后は、元旅順口鎮守府司令官の柴山弥八、第七師団長の大迫尚敏《おおさこなおはる》、韓国統監の伊藤博文、元参謀長の山県有朋、陸軍大臣の寺内正毅、元帥の伊東祐亨、近衛師団長の大島直久らと、それぞれ内廷謁見所にて、日露戦争の労をねぎらうために対面したのである（『明治天皇紀』）。

2　変わる国際関係

日露戦争後、日本の外交状況も変化していった。明治三九年一月二五日、清国皇族で鎮国公《ちんこくこう》の愛新覚羅 載沢《ツァイゾォ》が政治視察のため来日する。当時、清国王室は立憲政治を導入しようとし、諸大臣に海外政治視察を命じたのである。その派遣国は日本はじめ、アメリカ、ドイツ、イギリス、フランス、ベルギー、オーストリア・ハンガリーなどであった。清国も大きく変わりつつあった。

ロシア代理公使着任

同年二月九日には、駐日アルゼンチン公使館付武官のマヌエル・ドメク・ガルシアがロンドン公使館に転任となる挨拶に参内した。天皇は鳳凰の間でガルシアと対面し、紋付銀花瓶一対と蒔絵手箱一箱を贈った。日露開戦直前にイタリア製造の軍艦である「日進」と「春日」を日本が購入する際に、ガルシアの功績があったからである。

同日、ロシア臨時代理公使のヂー・コザコフが参内。日露戦争後のはじめてのロシア外交官の着任であった。表10「日露戦後の主な外交接受」は、コザコフ着任以来、一年間における主な外国要人の参内者と昭憲皇太后の接受状況である。当初、昭憲皇太后は避寒などのために対応がなかったが、四月以後は天皇との対面日から数日遅延しても、多くの要人たちと対面していくようになる。主な対面

表10　日露戦後の主な外交接受（明治39年2月～40年1月）

明治	年	月	接受国	接受相手と目的	昭憲皇太后の対応
39	2	9	ロシア	代理公使コザコフ着任	避寒中で不在
		20	イギリス	皇帝名代コンノート参内	避寒中で不在
		28	ドイツ	公使ワルレイ帰任	沼津御用邸にて対面
	4	2	イタリア	皇族ウヂネ来日	不参
		16	オランダ	新任公使ラウドン参内	4月19日に桐の間に対面
		18	ロシア	新任公使バクメテッフ参内	4月19日に桐の間に対面
		28	フランス	艦隊司令官リシャール来日	桐の間に対面
	5	2	スイス	新任公使リッテル夫妻参内	桐の間に対面
		7	シャム(タイ)	皇族ナコンチアイシー来日	天皇とともに鳳凰の間に対面
		14	ブラジル	公使ペレイラ転任の参内	桐の間に対面
		19	イギリス	大使マクドナルド夫妻と午餐	天皇とともに千種の間に対面
		22	ドイツ	新任大使シュワルツェンスタイン参内	桐の間に対面
		26	アメリカ	新任大使ライト夫妻参内	桐の間に対面
		26	イギリス	清国駐箚公使アーネスト・サトウ帰国途次	桐の間に対面
	6	15	フランス	公使アルマン帰国	桐の間に対面

	7	9	イギリス	艦隊司令長官ムーア参内	桐の間に対面
		16	ベルギー	公使ダヌタン帰国	桐の間に対面
	10	11	イギリス	大使マクドナルド夫妻帰国	桐の間に対面
		12	ドイツ	帝国議会議員参内	桐の間に対面
	12	11	韓国	内部大臣李址鎔ら参内	桐の間に対面
		13	アメリカ	エール大学教授ラッド	桐の間に対面
		17	英領インド	王族アガ・カン参内	桐の間に対面
40	1	15	スウェーデン	新任公使ワレンベルク参内	1月19日に桐の間に対面
		15	フランス	新任大使ジェラール参内	桐の間に対面
		23	イタリア	公使ヴィンチー解任	桐の間に対面
		23	メキシコ	公使レーラ転任	桐の間に対面

（出典）『明治天皇紀』より作成。

場所は、天皇に同行した時は鳳凰の間あるいは千種の間、単独の時は桐の間であった。

対面者の多くは公大使であるが、時に艦隊司令官や議員、王公族、大臣、大学教授らもいる。清国駐箚公使のアーネスト・サトウなどは、幕末維新当時の交流などからの表敬訪問であった。ラッド教授は日露戦争中に日本を支援し、戦後は来日して徳育などの講演をした親日派であった。ラッドは帰国に際して勲二等旭日重光章を授かった。

ちなみに昭憲皇太后が対面した興味深い人々として、日露戦争前では、維新後はじめて参内した徳川慶喜（明治三二年三月二日）、電話機発明者のグラハム・ベル（同一〇月二九日）らがいる。日露戦後では、細菌学者のコッホ（明治四一年六月二五日）、開国を促したペリーの妹（明治四二年五月一三日）、セオドア・ルーズベルト元米大統領の妹（明治四三年五月五日）などがあげられる。

日本人外交官との対面

日露戦後は日本の国際交流が活発になり、外交官の役割も重要度を増した。昭憲皇太后は赴任や帰任の外交官たちに内廷謁見所にて対面し、時に贈品などをした。とくに、外国要人や外交官夫人らへの配慮は怠らず、その地位身分に応じて対処した。表11「日露戦後の日本人外交官との主な対面」は明治三九年から同四〇年までの主な対面者と贈品などである。

明治三九年三月三一日、天皇と昭憲皇太后は、駐米大使としてアメリカに赴任する青木周蔵に対面した。天皇はルーズベルト大統領へ緋縅鎧《ひおどしよろい》を、昭憲皇太后はルーズベルト夫人へ金地菊蒔絵手箱を贈り、これらを青木に託したのである。日露戦争仲介の労をとったアメリカ大統領夫妻への天皇皇后の微志を、青木に伝えさせたのであった。青木は周知のように日本の不平等条約改正に尽力した外交官の一人として知られ、明治二七年七月には日英通商航海条約に調印して領事裁判権撤廃に成功していた。

また、同年七月九日、昭憲皇太后はイギリスに赴任する小村寿太郎に対面し、イギリス皇后アレク

表11　日露戦後の日本人外交官との主な対面（明治39〜40年）

明治	年	月	赴任国	対面者	身分	目的	昭憲皇太后の対応（贈品など）
39	3	31	アメリカ	青木周蔵	大使	赴任	ルーズベルト大統領夫人への金地菊蒔絵手箱を託す
	5	14	イギリス	林董	大使	帰朝	肴料一〇〇〇円・紋付銀盃
		15	オーストリア	牧野伸顕	公使	帰朝	肴料五〇〇円・紋付銀盃、妻に婦人服地
	7	9	イギリス	小村寿太郎	大使	赴任	イギリス皇后への自署写真・蒔絵料紙硯箱を託す
		11	アメリカ	高平小五郎	公使	帰朝	肴料二〇〇円・紋付銀盃、妻に婦人服地・象牙製扇子
		11	清国	内田康哉	公使	帰朝	肴料二〇〇円・紋付銀盃、妻に婦人服地・象牙製扇子
	11	9	ベルギー	古谷重綱	外交官補	帰朝	紋付銀盃、妻に象牙製扇子
		12	アメリカ	内田定槌	総領事	帰朝	妻に婦人服地
40	1	17	ベルギー	加藤恒忠	公使	帰朝	妻に婦人服地
	4	29	オーストリア	内田康哉	大使	赴任	夫妻に紅白縮緬二匹・銀急須・蔵六形銀瓶
	6	24	スウェーデン	杉村虎一	公使	赴任	妻に象牙製扇子
	9	30	イタリア	日下部三九郎	書記官	帰朝	妻に縮緬一反
	12	13	メキシコ	荒川巳次	公使	帰朝	夫妻と内廷謁見所にて対面

（出典）『明治天皇紀』より作成。

サンドラに贈る自署写真と蒔絵料紙硯箱一組を託した。イギリス皇甥のコンノートが来日した際に、アレクサンドラから写真を贈られた返礼であった。小村には銀製花盛器一個と紅白縮緬二匹を下賜した。小村は北清事変後の外交の中枢におり、日露戦時外交を担当した。青木同様に不平等条約改正に尽力した外交官として知られ、のち明治四四年に日米通商航海条約を調印して関税自主権を獲得する。

昭憲皇太后はこれら外交官たちとの対面に際して夫人とも会い、その功労をねぎらい、夫妻に肴料や紋付銀盃などを与えた。妻にのみ婦人服地や象牙製扇子、あるいは縮緬などを下賜したりもした。天皇や昭憲皇太后は自ら外国を訪問することはなかったが、外交官夫妻がその代行をしていたのである。

韓国皇太子李垠の参内

日露戦後の日韓関係の密接化にともない、昭憲皇太后と韓国関係者との交流も深まった。表12「『明治天皇紀』に見る日露戦後の日韓王室関係」は、明治三九年から四一年にかけての韓国王室と皇室との関係の変遷を整理したものである。当時、韓国は日本に保護国化される過程にあり、韓国皇帝の高宗《コジョン》が主権回復を世界に訴えようとしたハーグ密使事件、その失敗により高宗は譲位させられて、韓国軍を解体する第三次日韓協約を締結させられるなどの苦難の歴史が続いた。

さらには、韓国内における反日運動が日本軍によって抑えられ、韓国皇太子の李垠《イウン》が日本に留学させられたのであった。数え一一歳の李垠は伊藤博文によって連れてこられ、麻布六本木の鳥居坂御用邸で勉強し、生活をするようになる。その間、明治天皇や昭憲皇太后は李垠に文具や書棚、玩具など

表12　『明治天皇紀』に見る日露戦後の日韓王室関係（明治39～41年）

明治	月	日	事項
39	4	28	韓国義親王（李堈）、陸軍凱旋観兵式のため来日、昭憲皇太后は不参。
		28	義親王、天皇・昭憲皇太后へ豹皮各二領・繡屏各二〇幅・銀神仙炉各一を贈る。
	6	16	韓国統監府伊藤博文統監帰任の昼餐会、19日に昭憲皇太后より酒肴・菓子を贈る。
	9	8	主馬頭の藤波言忠を韓国に派遣して日韓王室共同による牧場事業経営を調査させる。
	12	1	伊藤博文統監が韓国より帰国、天皇・昭憲皇太后より交肴一台・清酒一樽を贈る。
		11	韓国内部大臣の李址鎔ら参内、李夫人よりの献上物を昭憲皇太后らに贈る。
40	1	8	昭憲皇太后、田中光顕宮相に韓国皇太子（李坧）の新皇太子妃に贈る刺繡屏風一隻を託す。
	7	14	天皇、ハーグ密使事件の対応に苦慮する伊藤博文統監に酒肴料一〇〇〇円。
		18	天皇、韓国皇帝の譲位と皇太子李坧（純宗）の襲位を祝す親電を発す、李垠は皇太子に。
		24	天皇、韓国皇帝譲位に端を発する騒擾平定のための歩兵第一二旅団派遣を允可。
		25	天皇、第三次日韓協約締結の報告のため枢密院本会議を開く。
	8	18	韓国より帰国する伊藤博文統監に、天皇より葉巻五〇〇本など、昭憲皇太后より料理・清酒。
		20	天皇、帰国した伊藤博文統監を御座所に召して日韓協約の功を賞する。
	9	26	昭憲皇太后、韓国に赴任する曾禰荒助副総監に紋付銀製巻煙草入一個・肴料を贈る。
	10	9	皇太子嘉仁、10日より韓国行啓に発つため、天皇・昭憲皇太后に挨拶。
		16	皇太子嘉仁は仁川上陸、韓国皇帝（純宗）と皇太子李垠が出迎える。
			皇太子嘉仁の韓国滞在中は皇太子李垠が終始接伴する。
		24	李垠の日本留学内定、11月22日に天皇は伊藤博文の同行帰国を允可。
	11	13	李垠の居宮に当初は氷川町御用邸を考えたが、芝離宮に代える。

		15	天皇、伊藤博文の韓国皇太子の大師としての親王礼遇の拒否を聴する。
	12	15	李垠来日、昭憲皇太后に毛皮三〇帳・青磁彫刻水瓶一個・彫鏤台付酒盃一個。
		19	韓国皇帝即位の答礼に韓国特派大使来日、天皇に銀燭台・豹皮、昭憲皇太后に銀碗・繡屏。
41	1	7	李垠参内、天皇より玩具運動馬など、昭憲皇太后より流金仏国製人物置時計。
		16	李垠、鳥居坂御用邸を学舎とする。
		29	天皇、鳳凰の間にて李垠と対面、李垠の健全を喜ぶ。
	2	3	竹田宮恒久・北白川宮成久・久邇宮鳩彦・稔彦は天皇の命で李垠の国語教育を補佐。
		9	李垠は鳥井坂御用邸に転居、天皇は手袋・文房具など、昭憲皇太后は紫檀書棚を贈る。
	3	17	天皇、李垠に玩具を贈る。
		22	李垠、新浜御料地で鴨猟、竹田宮恒久が接伴。
	5	6	天皇、韓国の騒乱平定のため、歩兵第二三・第二四連隊の派遣を裁可。
		10	昭憲皇太后、内廷謁見所にて李垠と対面、紋付銀花瓶・銀香炉・果物を贈る。
	6	11	天皇、鳳凰の間にて李垠と対面、置時計・晴雨計を贈る。
	7	1	曾禰荒助副統監帰任、昭憲皇太后より銀花瓶、曾禰献上の朝鮮古陶器の答礼。
		27	李垠、昭憲皇太后に韓国皇帝よりの勲一等瑞鳳章を捧呈。
	9	1	李垠、関西巡遊から帰京、天皇・昭憲皇太后と対面、天皇より活動写真機・クリケット用具。
	10	29	李垠参内、天皇より銀製インキ台・呼鈴、昭憲皇太后より紋付蔵六形銀瓶。
	11	20	海軍大演習より還幸の天皇を、皇太子嘉仁と李垠らが新橋停車場に出迎え。

（出典）『明治天皇紀』より作成。

を贈り、皇室の一員として育てる。竹田宮恒久はじめ北白川宮成久、久邇宮鳩彦（のち朝香宮）、久邇宮稔彦（のち東久邇宮）らが、日本語学習の援助をしたり、鴨猟に同行したりしたのであった。

明治四一年五月六日、天皇は韓国の騒乱平定のための軍隊派遣を裁可する。その四日後に昭憲皇太后は李垠に紋付銀花瓶、銀香炉、果物などを贈った。さらに二カ月後の七月二七日、李垠は韓国皇帝純宗《スンジョン》の名代として、昭憲皇太后に勲一等瑞鳳章を捧呈した。李垠は関西方面の巡遊をするなど日本国内にも慣れていった。天皇から活動写真機やクリケット用具なども与えられている。そして、一一月二〇日には兵庫県での海軍大演習より還幸した天皇を、皇太子嘉仁とともに新橋停車場に出迎えたのであった。

3　近代化と救済事業

慈恵医院支援

昭憲皇太后は、日露戦争前から福田会《ふくでんかい》孤児院や渋沢栄一の東京府養育院への資金援助をするなど、社会事業に関わってきた。戦時中は銃後組織支援にあたった。そして、日露戦後、昭憲皇太后は銃後活動にあたった諸組織へ慰労の令旨を発し、関係者への贈品などをした。とりわけ、傷病兵救護にあたった日本赤十字社、同篤志看護婦人会への対応は丁重であった。表13「日露戦後の昭憲皇太后の主な組織支援」を見ると、日露戦争終結直後には日本赤十字社や愛国婦人会への行啓や令旨が続くが、三九年七月以後は、東京慈恵医院への資金援助などが目立ってくる。

表13　日露戦後の昭憲皇太后の主な組織支援（明治39～41年）

明治	月	日	事項
39	2	16	日露戦争における日本赤十字社の傷病者救護に令旨。
		21	日露戦争における日本赤十字社篤志看護婦人会の傷病者看護に令旨。
		21	日露戦争における愛国婦人会の慰安活動に令旨。
	5	20	新宿御料地の愛国婦人会総会に行啓，令旨。
	6	11	日本赤十字社総裁の閑院宮載仁の救護事業の労に紋付銀製花盛器。
		11	日本赤十字社篤志看護婦人会総長の閑院宮妃智恵子に蒔絵手提箪笥。
		12	日本赤十字社戦後臨時総会並びに第14回社員総会に行啓，令旨。
		12	篤志看護婦人会役員を慰労のため芝離宮の宴に招く。
		13	篤志看護婦人会長鍋島栄子・副会長千家俊子に肴料200円・紋付銀盃。
		14	日本赤十字社社長松方正義に肴料300円・紋付銀盃。
		14	日本赤十字社副社長小沢武雄に肴料100円・紋付銀盃。
		16	日本赤十字社副社長花房義質に肴料200円・紋付銀盃。
	7	11	日本赤十字社社長松方正義より日露戦役救護紀念章を献上される。
		17	欧米各国を視察した東京慈恵医院長高木兼寛と内廷謁見所にて対面。
40	1	19	天皇と函館慈恵院に火災再興資金として500円を下賜。
	5	20	東京慈恵院に行啓，総会に臨む，以後20年間年5000円を下賜。
		20	芝離宮にて東京慈恵院幹事らに茶菓を賜う。
	10	24	東京慈恵院に行啓，東京慈恵会発会式に臨み，令旨。
41	5	23	青山練兵場の愛国婦人会総会に行啓，令旨。
		27	日本赤十字社社長松方正義を呼び，同社に歌懐紙を贈る。
	6	1	第16回日本赤十字社総会臨席のため日比谷公園に行啓。
	7	8	東京盲唖学校に行啓，現状を視察。
	10	12	東京慈恵会医院に行啓，東京慈恵会総会に臨む。

（出典）『明治天皇紀』より作成。

また東京盲唖学校に行啓したりもしている。戦時から平時への時局変化に応じた動きといえる。とはいえ、平時でも日本赤十字社や愛国婦人会との関わりは継続された。

ちなみに、東京慈恵医院は、明治一五年に高木兼寛《かねひろ》の主唱によって貧困者への医療提供を目的として設立された有志共立東京病院を母胎とする。その後、看護婦教育などに尽力し、明治二〇年に昭憲皇太后を総裁として東京慈恵医院と改称したのであった。そして、明治四〇年に東京慈恵会が設立され、東京慈恵会医院としたのである。この慈恵会の発足と発展に、昭憲皇太后が大きな役割を果たしていたのであった。現在の東京慈恵会医科大学付属病院の前身である。

明治二〇年一一月一三日付の『読売新聞』には「皇后が東京慈恵病院を訪問、病室を見回り各患者の症状を聞く」の記事が掲載された。同記事によれば、昭憲皇太后は病室を巡覧して各患者一人一人の病症を聞き、下賜品を配ったという。そして、慈恵医院幹事長の有栖川宮妃董子《ただこ》はじめ、幹事の毛利、岩倉、松方、佐佐木、柳原、吉井、樺山、三島、長岡、花房、高崎、岩崎ら各華族夫人たちを芝離宮に招いて慰労したとある。また、翌年二月五日付には「東京府慈恵医院の看護婦卒業証書授与式皇后が出席予定」の記事がある。

慈善事業家たちへの援助

慈恵会の高木に限らず、昭憲皇太后は各種分野の慈善事業家たちと交流し、援助したりしている。明治三八年一〇月一一日に、天皇と昭憲皇太后は、東京府北豊島郡巣鴨村の家庭学校に一〇〇〇円を下賜した。同校は明治三三年に慈善事業家の留岡幸助《とめおかこうすけ》が少年の更生輔導などのために設立したものであった。留岡は教誨師《きょうかいし》をつとめた経験から犯罪の根底には少年期の家庭教育にあると考えたのである。その後、留岡は内務省嘱託となり、尊徳仕法の報徳会や地方改良運動に関わった（倉田和四生『留岡幸助と備中高梁』）。

さらに明治三九年五月一五日、昭憲皇太后は上野公園内の日本美術協会の展覧会に行啓するが、その途次、神田区旅籠町の大時計下で整列している一団を見る。東北凶作地の孤児二六八名が、岡山孤児院に向かう途中だったのだ。昭憲皇太后は、花房義質《はなぶさよしもと》宮内次官に命じて、孤児たちに菓子料一〇〇円を贈った（『明治天皇紀』）。この孤児たちが目指す岡山孤児院は、医学を志していた石井十次《じゅうじ》が偶然に孤児を養育したことから発展した日本最初といわれる孤児院である。岡山孤児院は日露戦争中に天皇と昭憲皇太后からその功績が讃えられ、二〇〇〇円が下賜された。さらに向こう一〇年間毎年一〇〇〇円が援助された。一〇〇〇円で孤児二七〇名から二八〇名の一月の食費がまかなえた。しかし岡山孤児院では年間一四万三〇〇〇円を超えた支出があり、額よりも栄誉ある実績に意味があった。皇室の支援という威光はさらなる援助や多額の寄付を集めることを可能とした。また、顧問には樺山資紀《かばやますけのり》、岡部長職《おかべながもと》、後藤新平ら閣僚級の名士が集まり、その人望もあって各方面のさらなる支援と寄付を得ていったのである（山陽新聞社『岡山孤児院物語』）。

原胤昭の出獄人保護事業も皇室とゆかりがある。明治三〇年の英照皇太后崩御に際して減刑令と大赦令が発され、全国で約六万人の囚人が減刑され、約一万三〇〇〇人が釈放されたという。この時、かつて原が北海道の集治監で教誨師をしていた時の囚人たちも釈放され、原の保護を求めたといわれる。原の事業の顕著なる成果を聞いた天皇と昭憲皇太后は、明治三八年五月一三日に一〇〇〇円を下賜した。原は宮内省にて花房義質宮内次官からこれを受け取ったのである（『読売新聞』明治三八年五月一四日）。

盲唖院行啓

昭憲皇太后は京都と東京の盲唖院へも行啓した。明治四年一一月三日に、盲人（視覚障害者）の間にあった検校、勾当、座頭などの官職を廃止して、その営業を自由にさせ、配当金収集を禁止した。その後、京都盲唖院が設立され、天皇は北白川宮能久や有栖川宮熾仁らを訪問させた。

明治二三年四月八日、昭憲皇太后は京都の東福寺行啓の帰途、京都盲唖院に立ち寄り、生徒の授業を見学し、二〇〇円を下賜した。東京盲唖院へは明治二四年一一月七日に行啓し、新築校舎開校式に参列した。生徒の祝歌朗詠、祝文朗読、箏・洋琴・ヴァイオリン演奏などを聴き、実地授業を見学、各教室の生徒作品を巡覧した。学校に三〇〇円、生徒全員に菓子を贈った。明治四一年七月八日にも、文部大臣牧野伸顕から宮内大臣田中光顕へ請願があり、行啓した（『明治天皇紀』）。

自然災害と事故

自然災害や事故などへの援助も恒常的になされた。表14「日露戦後の主な救援賜金」を見ると、天皇と昭憲皇太后は風水害や地震、火災などの自然災害への賜金をこまめに行っている。日清戦争後に領有した台湾の災害にも援助を欠かさなかった。台湾は台風や地震の頻度が割合に高く、相応の配慮が必要だった。また、保護国化を進める韓国仁川の火災にも一〇〇〇円を贈った。

救済金の額は、被害程度などによって異なったし、その額で十全な被害補塡ができたとは思われな

表14　日露戦後の主な救援賜金（明治39～41年）

明治	月	日	事項	天皇・昭憲皇太后の賜金
39	1	16	4日秋田県鉱山火災	350円
		31	宮城・福島・岩手三県凶作	宮城2万5000円・福島1万5000円・岩手1万円
	2	8	去11月3日鹿児島暴風雨	1500円
		25	宮城・福島・岩手三県凶作	福島県下御猟場人民に500円
	3	3	去月18日福島県火災	700円
		27	17日台湾地震	1万円
	4	2	去月22日岩手県火災	300円
		19	去月28日長崎県炭坑爆発	1000円
	5	26	去月7日より台湾激震	4000円
	6	26	静岡県火災	300円
	7	16	11日新潟県火災	200円
		19	11日台湾宜蘭火災	200円
		30	18日神奈川県横浜市火災	700円
	8	13	去月13日より山梨・栃木豪雨	山梨500円・栃木600円
	9	7	7月下旬より台湾暴風雨	1200円
		18	長野・群馬暴風雨	両県に各500円
	10	19	去月29日北海道火災	200円
	11	9	去月下旬，九州西岸暴風雨	長崎2000円・鹿児島150円
	12	15	9日軍艦「千歳」暴風にて転覆	400円
		25	10月下旬より沖縄県暴風雨	沖縄1500円・鹿児島500円
40	1	15	去12月27日鹿児島県火災	300円
	3	10	5日韓国仁川火災	1000円
	7	31	15日広島県下豪雨	600円

	8	2	去月上旬，東京神津島豪雨	200円
		22	福島県炭坑瓦斯爆発	200円
	9	10	去月25日北海道函館火災	1万3000円
		23	軍艦「鹿島」砲塔内事故	祭粢料·菓子料,各々差あり
		26	去月下旬,東京·京都など強風雨	東京3500円・京都2200円・山梨5000円など
	10	1	去月17日秋田県堤防決壊，火災	300円
		14	4日大阪市火薬分解場にて爆発	500円
	11	11	9月9日・10日，北海道暴風雨	400円
		30	9月上旬，徳島県暴風雨	4000円
41	2	8	去月17日夕張炭坑爆発	300円
		26	4日北海道日高火災	300円
	3	18	8日新潟市火災	1300円
	4	13	山形県の漁船暴風にて難破	200円
		17	7日宮城県火災	200円
		20	日本郵船汽船「陸奥丸」沈没	700円
		29	20日新潟県火災	1000円
	5	2	軍艦「松島」爆発	祭粢料2900円・菓子料139円を頒賜
		11	3日新潟県直江津火災	700円
	6	5	3月8日・9日，北海道暴風雪	1000円
	12	12	汽船「大進丸」暴風雨遭難	500円

（出典）『明治天皇紀』より作成。

い。しかし、天皇と昭憲皇太后からの賜金であることで、一定の精神的な支えになり、かつ地方行政組織の復旧事業への熱意を促す要因とはなったろう。天皇と昭憲皇太后の賜金はもともと国家財政から負担されたものであることを考慮すれば、金額的には国家が直接支援することで満たされる問題ではあったろうが、そうしないところに、天皇を元首としてはじまった近代国家の政治的思慮がふくまれていたといえよう。

表14には、炭坑瓦斯爆発、軍艦転覆、火薬分解場爆発、汽船沈没など、近代的要素をふくむ事故なども多くある。機械化や軍事化を進める社会が負った新たな災害ともいえる。天皇と昭憲皇太后はこうした新たな災害にも救済金を贈った。軍艦転覆などは大元帥夫妻としての当然の配慮ともいえる。炭坑や汽船などは、天皇家自身がそうした近代産業の資本家として株式を所有するようになったこととも関係していよう。

「何にてあらせらるゝやら」　明治四五年（一九一二）七月二一日の『朝日新聞』は、「聖上陛下御重態　十四日より御臥床あり　御睡眠の御状態持続す」と報道した。同記事は、「聖上陛下には去る十四日腸胃を損はせ給ひ御臥床遊ばされ専ら御加療あらせられしが、十五日より御嗜眠愈《いよいよ》加はり御食気御減少、午後より御精神恍惚の御状態を存するに至り御脳症の御模様あり」と伝えた。そして明治天皇は一九日夕刻に突然発熱し体温が四〇度五分になったという。

新聞で重態が発表されたこの日、梨本宮妃伊都子は日記にこう書いた。「陛下御容体は日々通知で拝見したり。御病床は数年前のジン臓炎よりおこりし尿毒症にて、御脳にあらせられ、御熱も四〇度、或いは九度位の時もあり、御脈不整にて、あまりおもしろからず。恐入りたる次第なり」。

梨本宮妃はじめ多くの皇族は一九日夕刻より参内して天皇の病床を見舞った。二〇日に天皇重態が発表され、元老大臣や在京の文武の官僚たちが馬車や自動車で坂下門より参内し見舞いを述べた。二〇日に予定されていた両国の川開きは無期延期となり、同日朝より準備を進めていた花火、貸し船、露天などは、取り片付けられた。

昭憲皇太后や女官は天皇の介抱につとめ、七月二二日の『朝日新聞』には「皇后陛下の御心痛一方ならず、直に柳原典侍、園、姉小路両権典侍等を御召しの上、親しく常の御座所なる日本間の御病室に入御、御手づから氷や氷嚢などを取らせ給ひ遊ばし給へる」とある。徳大寺実則侍従長、香川敬三皇后宮大夫、岡玄卿侍医頭らも徹夜で付き添い、徳大寺侍従長と掌典長の九条道実公爵や母方の従弟になる中山孝麿侯爵（元東宮大夫）らは次の間に、侍従らは詰所に、それぞれ控えた。参内した皇族たちは病床には入れず、昭憲皇太后に面会して見舞いをして帰ったのであった。他方、二〇日当日皇太子嘉仁は水痘《すいとう》（水疱瘡）に罹っており参内できず代理を遣したが、二一日に全快してようやく参内した。皇太子妃（貞明皇后）は二〇日に北車寄より参内して昭憲皇太后に対面して挨拶を述べた。

天皇は常御殿で床に臥しており、一五畳式の日本間であるため設備は古風で、電灯はなく瓦器《かわらけ》に油種灯心の蠟燭行灯《あんどん》であった。暑を避ける洋式の旋風機はなく、純日本式の御簾、岐阜提灯、団扇、風鈴などがあるばかりであったという。そしてこの部屋で、昭憲皇太后は着替えをする暇もなく、枕元を離れなかったと、二三日付の『朝日新聞』は報じた。

二八日、梨本宮妃伊都子は、渡辺千秋宮内大臣より「何時心臓マヒをおこさせらるゝやもしられざる御容体故、直に御参内のやう」との連絡を受けた。何度も参内したからであろう馬車馬が疲れているので、人力車を全力で走らせて参内した。「皆々様御揃ひ相成ゐたり。しかし又々注射にて御もて遊ばしたり」「明朝二時ごろが御大切との事故、皆々其まゝのこりて、ひかへゐたり」と、伊都子の日記にある。

翌二九日一〇時半ごろ、「奥」より迎えが来て、参内した一同を天皇の病床へ呼び寄せた。「いそぎ御前に参れば、御病床のぐるりには皇后陛下〔昭憲皇太后〕も連日連夜の御看護に御つかれも遊ばされず、しほ〳〵と御座あらせられ、其わきに皇太子同妃両殿下、各内親王殿下御付そひ遊ばし、猶、岡侍医頭はじめ三浦〔謹之助〕、青山〔胤道〕博士も御付きりにて御手あて申上つゝあり」と、伊都子は病床の様子を記す。そして、崩御の瞬間を書きとどめている。「一分ごとに御呼吸もかすかにならせられ、御のどに御たんのかゝりしやうにて、二、三御せきばらひのやうに遊ばし、次第〳〵に御呼吸もきえがちにて、十時半をチンとうつころしん〳〵となり、御呼吸もはや御たえ遊ばしたらん。一同たゞ涙のむせぶ音のみ。二、三分して俄にふとき御声にて二言斗《ばかり》オホン〳〵とよばせられたる故、皇后陛下は『何にてあらせらるゝやら』と御伺遊ばしたれども、其後は何の御音もなく只スヤ〳〵と眠るがごとくにて遂に長き眠りにつかれ給ひたり」。

4　沼津御用邸

歌枕の地を楽しむ

明治三九年の日露戦争後に昭憲皇太后が避寒地とした沼津御用邸は、もともとは病弱の皇太子嘉仁（のち大正天皇）の夏の保養のためのものであった。明治二六年七月に完成し、皇太子嘉仁は日露戦争当時の明治三八年まで毎年一カ月以上、多い年には二〇〇日も滞在していたことがある。しかし、明治三九年以後は昭憲皇太后や皇孫裕仁が滞在することが多くなった（『沼津御用邸百年史』）。

昭憲皇太后は大正二年まで、九回ほど沼津御用邸に来ている。皇后時代に毎年一回ずつ七回、皇太后となった大正二年には一月から一八九日、一二月から大正三年にかけて一二六日、計二回で三一五日滞在した。

昭憲皇太后は、御用邸に滞在中、地元の高齢者などに下賜金を贈ったりした。また、近隣各地に足を運んだ。とりわけ、沼津春日丘の宮川音蔵邸を好み、女官たちと土筆《つくし》を摘んだりした。宮川家邸内に置かれた「玉座」の床の間には義士討入の模様のある九谷焼の花瓶があり、昭憲皇太后はこれを愛でた。昭憲皇太后はこの「玉座」から沼津景勝の牛臥山、我入道《がにゅうどう》、千本松原、香貫山《かぬきやま》、狩野川、静浦を望見して楽しんだという。

さらに昭憲皇太后や女官たちは、毎年四月ごろには馬車などで千本松原づたいの田子の浦や興津《おきつ》ま

沼津御用邸（小野木重勝『明治洋風宮廷建築』より）

で出かけた。当時、東海道線の鈴川停車場（現・吉原駅）と海岸の間に砂山丘陵があり、その松林で松露《しょうろ》（茸）とりを楽しんだりした。そして、田子の浦の「倒さ富士」を見て、舟で対岸に渡った。興津では清見寺に上り、三保の松原、清見潟、薩埵《さった》峠を遠望している。海岸に出て岩場を歩き、富士山を仰いだりもした。歌を好んだ昭憲皇太后は、これら歌枕の地を歩くことをこよなく愛したのである（洞口猷壽『昭憲皇太后宮』、大日本実修女学会編『昭憲皇太后御一代記』）。

現在でも沼津の若山牧水碑のそばに記念碑と歌碑が残り、歌碑には「くれぬまに沼津のさとにつきにけりしばしみてこむ海のけしきを」とある。

大中寺の筍

沼津御用邸滞在中の昭憲皇太后が最も好んだ場所は、沼津の大中寺《だいちゅうじ》であった。明治四二年から九回というが、年に二回来ることもあった。当時は、御用邸から大中寺までは水田しかなく、真っ直ぐの上り道一本でたどりついた。大中寺は、天龍寺や西芳寺の築庭をした鎌倉末の臨済僧である夢窓疎石《むそうそせき》が開山である。そのためもあり、京都郊外の瀟洒な古寺を思わせる風情がある。こじんまりした山門をくぐると、さらにこじんまりした竹藪がある。

昭憲皇太后はまず二月に探梅に来た。そして四月上旬には桜狩をし、さらに筍掘りをした。筍掘りでは自ら藪に入った。大正二年、同行した御用掛の柳原愛子が筍を掘った。柳原は昭憲皇太后より実年で一〇歳若いがすでに数え五五歳であり、肉体労働にも慣れておらず、息をはずませた。これを見た昭憲皇太后は珍しく声高く笑った（洞口猷壽『昭憲皇太后宮』）。柳原は明治天皇の側室であり大正天皇の生母でもあった。ともに京都から東京に移り住み、日本の近代化の中を生きてきたともいえる。晩年になって古刹の竹藪で遊ぶ二人の胸中には、幼きころの京の日々がよみがえったのだろうか。大中寺では、この時の昭憲皇太后の笑い声から、竹藪を「鳳鳴林《ほうめいりん》」と名づけた。

大中寺の鳳鳴林（静岡県沼津市中沢田）

昭憲皇太后は、この翌年三月二六日、御用邸滞在中に狭心症にて重態となり、四月一〇日に東京に移送され一一日午前二時五〇分に崩御した。六六歳であった。

現在、大中寺の庭奥にある竹藪の前には、「鳳鳴林」と記された石碑があり、「昭憲皇太后、明治四十二年より大正二年に亘り九回行啓、筍狩御遊の処なり」と記されている。京都にいるような錯覚を起こす竹藪の土は、今でも軟らかく、

昭憲皇太后伏見桃山東陵
（京都市伏見区桃山町古城山）

踏むのに躊躇するほどである。そして、禅宗を信仰した鎌倉後期の花園天皇とゆかりが深い大中寺仏間の仏壇には、明治天皇と昭憲皇太后はじめ歴代天皇皇后の位牌が今も安置されている。

昭憲皇太后と追号されたのは五月九日である。大喪は大正三年五月二四日に執行され、二六日に京都府紀伊郡堀内村字堀内古城山（現・京都市伏見区桃山町古城山）に斂葬《れんそう》された。一年八カ月前に崩御した明治天皇の伏見桃山陵の東側に位置する伏見桃山東陵である。近代最初の皇后は、近畿地方に陵を持つ最後の皇后となった。

昭憲皇太后の遺産

昭憲皇太后の最も大きな遺産は、近代皇后のあるべき姿の見本を作ったことであろう。昭憲皇太后は入内して後、内廷改革を行い、宮中女官を統率して近代の後宮たらしめた。さらには、天皇に従って京都から東京に住まいを移し、新時代の皇室を築く一助を果たした。また、女子教育全般に心を砕き、東京女子師範学校や華族女学校に賜金を下したり、自ら行啓したりした。これらの女学校に、「金剛石」「水は器」などの人生訓をこめた歌を下賜し、女学生の精神的指標にさせたりもした。

殖産興業にも関わり、皇居内の吹上御苑に養蚕所を設けて羽二重などを織ったりした。当時は絹織物が外貨獲得の手段で、国内産業の育成を意識していた。昭憲皇太后はそうした国策の一端を担ったのである。昭憲皇太后は社会事業や慈善事業にも尽くした。貧困者への施療や、傷病兵の救済などに力を注いだ。この精神は以後の歴代皇后にも受けつがれた。なお、明治四五年に昭憲皇太后が第九回万国赤十字総会に拠出した一〇万円を資本とした昭憲皇太后基金は現在も継続されている。国際赤十字社を介して主に開発途上国への支援を目的として、その支援事業は、昭憲皇太后の命日である四月一一日に発表され、平成二一年（二〇〇九）には八八回目の配分がなされた（大正一〇年が第一回目の配分で、昭和一九年はのぞく）。その額は約一三〇〇万円で、積年の総額は一〇億円を超えている。現在も残る昭憲皇太后の大きな遺産といえる。

ところで、昭憲皇太后の遺志を最も身近に受け継いだのは、大正天皇の皇后の貞明皇后であった。貞明皇后は昭憲皇太后の築いた維新後の新しい皇后像を継承していった。しかし、同時により新しい時代の課題にも取り組まなければならなかった。

第Ⅱ部　貞明皇后――祈りの女帝

熱田神宮を参拝する貞明皇后
（『皇太后陛下　関西地方行啓　愛知県記録』より）

第九章　皇太子妃としての決意

1　盛大なる婚儀

皇太子妃の内定

明治三三年一〇月二二日付の『読売新聞』は「九条節子御撮影」の記事を載せた。九条節子《さだこ》が皇太子嘉仁（大正天皇）の妃に内定したので、邸内に写真師を呼んで撮影をしたというのである。記事には「九条公爵の姫君にして皇太子殿下妃と御内定の由に承る節子姫には去る十九日九条邸へ新《あたら》シ橋の写真師丸木利陽氏を招きて撮影せしめられし由」とある。

皇太子妃となった九条節子の結婚内定から結婚までの過程は、『明治天皇紀』に詳しい。すなわち、明治三二年八月二一日に九条道孝《みちたか》四女の節子が皇太子妃に内定すると、侍従長の徳大寺実則が九条家にその旨を伝え、その後、道孝が参内して「恩命を奉承」した。

同年一二月一九日、九条節子は父の道孝とともに参内し、天皇と皇后（昭憲皇太后）に内廷謁見所で対面。天皇皇后から洋服地三巻、紅白縮緬三匹を贈られる。また皇后がかつて使用した腕環一個も授かった。節子と道孝のための小宴も催されている。

翌明治三三年二月七日、東宮輔導の有栖川宮威仁や御雇医師のエルウィン・ベルツら一〇名が集まって東宮輔導顧問会議が開かれ、皇太子の健康が今のままであれば、五月に結婚式をあげることを議決した。天皇も侍従長の徳大寺実則も病気のため、九日に天皇は侍従職幹事の岩倉具定《ともさだ》を仮床に呼び、皇太子の結婚勅許、告示、允裁《いんさい》などをした。ところが勅許案文中に「妃と為すことを聴す」とあり、天皇は、后妃は「冊立《さくりつ》」（勅命で立てる）するものなので「聴す」の二字を修正しようとした。しかし、明治二二年の皇室典範第四〇条に「皇族の婚嫁は勅許に由る」と明記されており、天皇の意見でも急には変更できないともめた。帝室制度調査局総裁の伊藤博文の意見を聞こうとしたが、伊藤はすでに大磯に帰ってしまい、夜になって天皇に納得してもらい、事を収めた。

維新当時の皇后（昭憲皇太后）の入内は従来の慣行で進められたが、明治三〇年代には憲法も皇室典範も制定され、皇族の結婚は近代法の制約を受けざるを得なくなっていた。

皇室婚嫁令

二月一一日の紀元節に、九条節子を皇太子妃とする勅許が出され、岩倉具定が葉山御用邸に避寒中の皇太子嘉仁《よしひと》に伝えた。皇太子は、東宮大夫の中山孝麿《たかまろ》を九条家に派遣し、節子を妃とすることの勅許を得たので結婚が成約したことを宣した。そして洋服地五巻、鮮鯛一折、酒一荷を贈った。

同月二〇日、東溜の間で枢密院会議が開かれ、皇室婚嫁令の議論がなされた。二五分ほどで原案を修正可決し、天皇に上奏された。皇室婚嫁令は、皇太子結婚のために急遽制定されたものであったが、以後の、皇室婚姻のあり方の原型となった。たとえば、賢所大前での三三九度という神前結婚方式と、その後のマント・ド・クールという洋装のお披露目は、この時にできたのであって、昭憲皇太后以前にはない。皇太子嘉仁と皇太子妃節子（貞明皇后）の結婚が、近代皇室の婚姻形式の先がけとなったのである。

皇室婚嫁令は明治四三年に皇族親族令となり、昭和二二年に同法が廃止される。その後、皇室の婚姻儀式に関する成文法はないが、二人で盃をとりかわす供膳の儀や、寝所に小餅を添える三日夜餅など古来の慣行が踏襲され、皇室の伝統として定着している。

賢所大前の儀

五月九日、節子は書や剣を贈られ、さらに昭憲皇太后から勲一等宝冠章を授かった。そして一〇日、皇太子とともに賢所に入り、神前結婚をあげ、明治天皇と昭憲皇太后に報告した。この時、陸海軍は一斉に礼砲を撃った。その後、皇太子夫妻は皇霊殿、神殿を拝み、内廷謁見所で待つ天皇と昭憲皇太后に対面した。

宮中での儀式を終えると、皇太子夫妻は同じ馬車で東宮御所に向かった。「宮城正門外群衆堵《かき》を作し、行列の進まざること二十分時、僅かに路を開きて通ずるを得たり」と『明治天皇紀』は伝える。式後の「パレード」は、昭憲皇太后の入内の時とは異なる結婚方式であり、むしろ以後の皇室の婚礼形式につながるものといえる。

この後、再び、皇太子夫妻は宮中に入り、鳳凰の間にて皇族や高官、各国公使などから祝辞を受ける。次いで、順次、千種の間にて大勲位や公使夫妻およそ一〇〇名と、豊明殿で勅任官や有爵者夫妻ら一二〇〇名と、東溜の間で奏任官ら六五〇名と、宴を開いた。

二三日には、皇太子と皇太子妃（貞明皇后）とで伊勢神宮、畝傍山陵《うねびやまりょう》、後月輪陵（孝明天皇陵・英照皇太后陵）に成婚の報告をする。帰路、沼津に二泊し、さらに葉山に四泊し、六月七日に東京に戻り、天皇と昭憲皇太后に帰還の挨拶をした。

昭憲皇太后が入内した時代とは異なり、日露戦勝後の日本の発展を示す盛大な儀式となった。貞明皇后が嫁いだのは、そうした高揚期の宮中であった。

2　新婚最初の避暑

皇太子の鍋島邸訪問

明治三三年八月一九日、日光の別荘で静養中の鍋島直大《なべしまなおひろ》のもとへ、突然、皇太子嘉仁（大正天皇）がやってくる。直大は最後の佐賀藩主であり、維新後は外務省御用掛としてイタリア駐在公使となり、帰国後、式部長官や宮中顧問官などをつとめた。鹿鳴館では妻の栄子とともに接待役を担った。夜遅くまで明治天皇の酒席の相手をしたともいわれる。

当時、日光には皇室や政財界の有力者たちの別荘があり、鍋島家も夏を一家で過ごした。そして、明治三二年に皇太子嘉仁のための御用邸が、鍋島別邸の近くに造営された。翌明治三三年七月二五日、五月に結婚したばかりの皇太子と皇太子妃節子（貞明皇后）は、避暑のためこの日光田母沢《たもざわ》御用邸に向かった。直大夫妻はこれを上野停車場で見送った。

八月一三日、今度は直大一家が日光の別荘に行き、一七日に直大は田母沢御用邸に出向いて、皇太子に挨拶をしたのであった。直大は臣下として表敬訪問をしたのであるが、まさか二日後に皇太子が前触れもなくやってくるとは思わなかった。直大と一緒に日光に来ていた次女の伊都子《いつこ》の日記には、そのあわてぶりが記されている。「午前六時上野発にて御姉様日光へ急行にて御いでになりたり。午後雨のはれ間に御母様といつ、茂、信、前田様へ行、ゆる〳〵して御やつなどいたゝき居れば、別荘より御つかひ来り。只今これから皇太子殿下が御いでゆへ御早く御かへり遊ばせとの御使にびつくりして大いそぎにてうちへかへる」。

「御姉様」は最後の加賀藩主前田利嗣《としつぐ》の後妻となった直大の長女朗子、「いつ」は伊都子、「茂」は茂子、「信」は信子で、直大の次女から四女である。前田家に嫁いだ姉が来るというので、姉妹たちが母を交えて婚家の別荘で久しぶりの対面に出ていたところへ、皇太子が鍋島の別邸に行くから早く戻れと言われたのである。

ダックス

皇太子は侍従一人、武官一人、侍医一人と犬の「ダック」を連れて鍋島別邸にやってきた。皇太子妃（貞明皇后）は同伴しなかった。鍋島家では大騒ぎで、かたづけやら身支度やらをした。皇太子は二階に上がり、一時間半ほど雑談をして午後五時二〇分に帰った。さらに二三日、皇太子は前日に予告をしてまたやってきた。午後二時半ごろ、皇太子は鍋島別邸に着くと、同じように二階に上がり、煙草を吸った。そして、「今日は直大へ申ておいた、わが輩の犬をあづけるから、いつ子よくせわをしてやってくれ」と言って、伊都子を膝近く寄せて、犬の食物のことなどを話し、四時過ぎに帰った。

犬をあずけられた伊都子は「大役仰被付候ゆへ、心配一方ならず」という状態であった。犬の名は「ダックス」。「やうやく夜はおとなしくいねたり」とある。

伊都子は翌日からダックスを連れて散歩に出る。途中で皇太子と出会い、ダックスのことなどを聞かれたりした。二九日にも皇太子が鍋島別邸にやってきて、犬や中禅寺湖の話などをして帰った。三一日は皇太子の誕生日で、日光市民は「日の丸」を掲げ、花火を打ち上げて祝した。直大も御用邸に招かれ、琵琶などを弾いて祝った。内親王の常宮や周宮もおり、皆大喜びであったと、伊都子の日記にある。

皇太子妃の帰京

しかし、この新婚最初の皇太子の誕生日に皇太子妃（貞明皇后）はいなかった。一週間前の二五日に父の九条道孝が危篤との電報を受け取り、急いで帰京したのであった。戻ったのは九月三日。『明治天皇紀』の同年八月二六日には、「皇太子妃、昨日父公爵九条道孝の病を問はんがために俄かに日光より還啓し、是の日参内す、既にして道孝小康を獲たるを以て、九月二日申《かさ》ねて参内し、翌三日再び日光に行啓す」とある。

危篤なので一人帰京したが、小康を得たので再び日光に戻ったというのだ。この時、道孝がどういう状態であったのかは不明である。本当に危篤だったのかもしれない。しかし、小康を得たとはいえ一週間で帰れる程度のことのために、新婚最初の皇太子の誕生日を放棄してしまうものなのだろうか。

気になる動きである。ちなみに道孝が亡くなるのは、この六年後の明治三九年一月四日であった。

そもそも、日光での皇太子の言動には不可解なものがある。翌年四月に第一子の裕仁が生まれるので、貞明皇后が八月末に一時帰京した時はすでに妊娠していたであろう。その徴候を皇太子と貞明皇后が知っていたかどうかはともかく、新婚早々、新妻を置いて、日々、未婚の若い女子の家を訪ね、犬をあずけ、話題を共有しようとする行動は不自然である。よほど、伊都子のことが気に入っていたのだろう。

当時、伊都子は一九歳。皇太子より三年下、貞明皇后より二年上である。伊都子は、鍋島家の姉妹のなかでも美貌を誇っていた。生まれはイタリア、本邸は東京永田町の高台にある二万坪の敷地内に三階建ての西洋館と二階建ての純日本式家屋があった。大磯や日光にも別邸があり、旧藩主家の莫大な財産と多くの使用人の中で育った「お嬢様」であった。五摂家の身分はあっても貧乏公家であり、しかも農家に里子に出されていた貞明皇后とは、醸し出す雰囲気が違ってもいたろう。

出発時の服装騒動

実は、皇太子妃節子は日光に出発する際の服装が「みずぼらしい」と側近の者たちに言われて不快になっていた。佐佐木高行『かざしの桜』の明治三三年七月二五日には、「妃殿下の御服装御みすぼらしく、畢竟御旅行服と中事の由。是れは御倹約と申す訳にも無之欧米洲の皇族方、貴婦人等旅行に相用候との事より其れに被為習《ならわさる》と相見へたり。然るに欧米の婦人の旅行は山川等随分不便なる道路とか又は数十日間処々奔走するとかの場合軽便を主として相用候由なるに」とある。

中山慶子
（『明治・大正・昭和天皇の生涯』より）

この騒ぎは中山慶子一位局（明治天皇生母）から園基祥《そのもとさち》（明治天皇の側室である権典侍園祥子の実父）の耳にも入った。中山は園に、こう語った。「〔出発の〕御前日に至りたるに妃殿下の御衣服いかにも御見苦敷とて妃殿下には御着服は出来ずとの御事、実は御尤もにて一同困却せるも、皇太子殿下には西洋貴婦人の旅行服なれば是非着服せよとの御事、大に心配、遂に妃殿下むつかるに至り不得止香川〔敬三〕皇后宮大夫を呼出し、同大夫より色々皇太子殿下へ申上げ、漸く上野停車場迄は御相応の御着服にて、御汽車中にて御召替被為遊候《あそばされそうろう》事にて相治り候」。

つまりは、東宮輔導であった有栖川宮威仁が皇太子に「西洋流の旅行服」を勧めて、皇太子がこれを一方的に新婚の皇太子妃に押しつけていたのである。しかし、周囲には「みすぼらしく」見えるし、皇太子妃節子（貞明皇后）は周囲の意見と皇太子の要望との間にはさまれ、立腹したのであった。皇太子夫妻の最初の避暑旅行は、その出発時からこじれていたのである。

3　自由恋愛なき結婚

早い婚約

皇太子が犬をあずけた鍋島伊都子は、明治二九年一〇月一三日に婚約していた。相手は久邇宮朝彦四男の梨本宮守正《なしもとのみやもりまさ》であった。婚約当時の伊都子は数え一五歳、守正は伊都子より八歳上の二三歳。旧藩主の娘として皇族と結婚できることは、伊都子自身にとっても「名誉」なことであった。伊都子は結婚前年にあたる明治三一年の自分の日記帳に毛筆で「く迩」「麹町区一番町五十七番地」と、結婚後の住所を書いていた。これからの自分の皇族妃としての人生の決意表明でもあったろう。

一五歳の女性の婚約は、当時の上流階級では珍しいことではない。皇太子嘉仁のほうも、はじめは明治二六年五月に伏見宮貞愛第一女の禎子《さちこ》と婚約していた。皇太子は一五歳、禎子は九歳であった。

后妃の出自

当時、結婚における身分は重要であった。「つりあいがとれない」からである。まして后妃になる女性は特別で、維新後にその出自が法律で規定された。明治二二年の皇室典範（旧典範）の第三九条には「皇族の婚嫁は同族又は勅旨に由り特に勅許せられたる華族に限る」とある。「特に勅許せられたる華族」とは旧公家の五摂家のみならず清華家やあるいは旧藩主の子女なども意識されていた。実際には、東伏見宮妃周子《かねこ》のように維新の功労により公侯爵を得た旧羽林家（岩倉公爵家）の子女なども皇族妃となっている。

さらに将来の皇后になる女性は、皇族か五摂家の子女しか選ばれなかった。これは維新前からの慣行であったが、明治四三年の「皇室親族令」で「天皇、皇后を立つるは皇族又は特に定むる華族の女子」と明確に規定された。「特に定むる華族」の筆頭は旧公家の五摂家であった。

維新以後の皇族妃の出自を見ると、公卿が伏見宮邦家妃景子ほか一一名、諸侯が伏見宮博恭妃経子ほか一三名で、ほか八名はもともとの皇族か内親王であった。これら諸侯の出自の内訳は、徳川宗家、水戸徳川、薩摩鹿児島、伊予宇和島、加賀金沢、肥前佐賀、土佐高知、筑後久留米、越後新発田、陸奥盛岡、尾張徳川分家、伊勢津などである。薩摩鹿児島、土佐高知は複数の皇族妃がいる。旧大大名家で均衡をとっていたともいえる。むしろ長州山口出身の皇族妃がいないのが特徴であろう（『皇族に嫁いだ女性たち』）。長州は内閣総理大臣などを多く輩出して皇室よりは政治実務の場で権力を握った面があり、その代償として徳川、薩摩、肥前、土佐などに皇族妃を譲ったような形にも見える。もっとも、公卿の家々も個別に諸侯と姻戚関係などをもっており、皇室の婚姻における薩長閥の介入は単純には説明できない。

むしろ、幕末維新期も過ぎて藩閥の弊害が叫ばれるようになると、薩長閥であるがゆえに、后妃の候補からはずされることがあり、それは、皇太子嘉仁妃の再選定の場で示された。

「薩長ニ藩閥云々」

皇太子妃が伏見宮禎子から九条節子へ代わる人選の過程は、佐佐木高行『かざしの桜』の明治三二年一月から四月にかけての記述に詳しい。一月二一日に禎子のかつての「肺病」が問題となり、北白川宮、久邇宮、一条、徳川などの子女が候補にあがった。華族女学校でこれらの子女を見てきた下田歌子の意見も重視された。それぞれの候補を品定めし、「御体裁不宜」「丈低く」「御体質宜からず」「人柄宜しからず」「弱体」などの欠点が指摘されたりした。「華族女学校にて各教師も見込なしと云ふ」との意見もあり、日ごろの言動もみられていた。佐佐木は土方久元宮内大臣に「未来の御国母に被為在候へば、第一御生質宜敷無之ては不相成、又御容体も余り醜く候ても不都合なり」との意見を述べ、禎子以外は考えられず、病気であるからにはやむをえないが、ほかに候補がいるのかと問いただした。

明治天皇の希望は、第一が皇族、第二が元五摂家、第三が元清華、第四が公侯であった。しかし、皇族には該当者がなく、五摂家からは唯一、「九条節子は体質は丈夫にて悪心は無之趣に付、最早致方なく」との理由で採用された。この時、土方は「新公爵の中にて毛利の娘は一体は宜敷趣なれども、薩長二藩閥云々にて人心に関し居る時に向来の皇后宮迄長とか薩にては不可然との論なれば、是れも所詮望なし」と語っている。

結局、九条節子に決定するが、佐佐木は皇族出身ではない皇太子妃の誕生を「禎子女王なれば天然と未来の皇后宮に御備《おそなわ》りの様に奉伺候。節子は向来之処如何哉」と心配した。そして、この間の経緯を『日記』にまとめ、以下のような深い懸念と諦観を記した。「昔時と違い臣下より皇后宮と奉仰候処は今日の時勢には何分如何と心配の事なり。素人より伺候処にて禎子女王さのみの御様子とも不被存、愈以遺憾なり。臣よりにても九条家は格別の家筋なれば一般の人心も左のみ驚きも致す間敷歟なれども、向来人望の処如何哉、色々と痛心すれども是れ迄十二分心配の上なれば致方なし、嗚呼々々」。

貞明皇后（九条節子）はいわば消去法として残った皇太子妃であった。そのことは、貞明皇后のその後の内面や言動にも少なからぬ影響を与えたろう。ちなみに禎子のほうは、北白川宮との婚儀が計画されたが、小松宮の妬心でとりやめになった。

皇后の派閥

維新後の歴代皇后、といっても昭憲皇太后と貞明皇后に限定されるが、その二人と薩長閥との関係は弱い。前述したように昭憲皇太后は、一条家という後ろ盾のない家柄がかえって諸勢力の均衡上望まれた面があった。皇太子嘉仁のはじめの婚約者であった伏見宮禎子は、伏見宮家という皇族の最大派閥の長女という意味では適任であった。しかも、伏見宮家は皇族や五摂家、あるいは東西本願寺の大谷家などとの姻戚関係は深いが、特定諸侯とのつながりはさほどなかった。その後、貞明皇后（九条節子）に変更となるが、九条家も薩長閥とのつながりは弱く、強いていえば、対馬の宗家との姻戚関係から毛利家との遠縁になるぐらいである。ちなみに、宗家には韓国皇帝李堈《イヒ》（高宗《コジョン》）の四女徳恵《トケ》が嫁している。

皇后の抜擢においては、藩閥の影響をできるだけ避けていたのである。しかし、このことは、藩閥が皇室の婚姻問題に無頓着であったことを意味しない。後に、薩摩系の久邇宮良子《ながこ》（実母が島津家）の結婚内定に反対したのが山県有朋ら長州閥であったことは、示唆的である。ましてや薩長を出し抜いて他の特定諸侯の子女が皇后となることには、強く反発していたであろう。

母娘二代の皇后候補

ところで、明治天皇は鍋島直大を重用していた。式部長官として信頼し、明治二五年には鍋島本邸に行幸している。直大夫人の栄子は日本赤十字社篤志看護婦人会の会長として皇室の慈善事業に力を尽くしていた。そうしたことから、年が近い皇太子嘉仁と鍋島伊都子も親しく交流した。藩閥関係がなければ結婚する可能性もありえた。しかし、皇太子は明治二六年五月に数え一四歳で、九歳の伏見宮禎子と婚約を決めていた。伊都子もその三年後に一五歳で、二三歳の梨本宮守正との婚約を決めた。年齢の早い婚約は、出産の意味もあったが、いらぬ政治的介入を避けるための高度な配慮もあったのだろう。「皇族または五摂家」という慣行は諸侯の子女を皇后にすることを禁じたのであるが、諸侯の子女は皇族妃となることでその名誉心を保ったのである。

伊都子の長女方子《まさこ》の結婚も似たような経過をたどった。裕仁の結婚相手としての条件を備えながら、韓国皇太子の李垠《イウン》と早々と婚約させられていたのだ。この結婚には、伊藤博文らの韓国支配の思惑が働いており、方子がその意志を持つこともなく政略結婚の道具にされたことは有名である。結局、裕仁の妃は皇族の久邇宮家の良子となる。久邇宮家は梨本宮家の本家であり、そうした皇族格の順位も影響したろう。また、良子の実母は薩摩島津であり、方子の母方の佐賀鍋島であるという諸侯としての順位も、少なからぬ要素にあったろう。

いずれにせよ、皇太子の結婚は、当人たちの意志を超えたところで決まった。そのため、お互いの愛情の行き違いから無意識に傷つけあうこともあったろう。嘉仁、伊都子、貞明皇后（節子）の三者の一種奇妙な人間関係は、当時の婚姻慣行がもたらした一つの不幸な産物であった。貞明皇后は、時に軽率で身勝手な皇太子の言動に直面するたびに、生涯をともにする覚悟を自問したであろう。その第一の時期が、明治三三年八月二五日の帰京から九月三日の日光帰還までの一〇日間にあったのではないだろうか。

4　すれちがう日々

四親王の生母

貞明皇后は皇后として模範的であった。四人の男子皇位継承者を自らの子として産んだからである。近代になって昭憲皇太后のように「国母」として女子教育や社会活動などにいそしむのも重要な皇后の任務となったが、やはり正室である皇后が次の皇位継承者を産むことは大きな意味を持った。当時は側室制度があり、皇后の産む義務は軽減されていたとはいえ、自らの子ではないものを実子として育てて世継ぎとしていくことには、少なからぬ精神的抵抗はあったろう。まして、その世継ぎの生母が自分の配偶者である天皇の寵愛を受け、自分の側にも常時侍っているのである。尋常な神経ではつとまるまい。一夫一婦制の価値は高まっていたし、近代人としての自我と矜恃も強まっていたろう。皇后自身のみならず、周囲の側近たちにとっても、皇后に四親王がいることは皇位の安定感をもたらし、職務の遂行を容易ならしめた。

しかも、貞明皇后は結婚して翌年に第一子の迪宮裕仁《みちのみやひろひと》（昭和天皇）、その翌年に第二子の淳宮雍仁《あつのみややすひと》

（秩父宮《ちちぶのみや》）、さらにその三年後に第三子の光宮宣仁《てるのみやのぶひと》（高松宮《たかまつのみや》）を産み、数え二二歳にして三親王の生母となっていたのである。皇太子妃として三皇孫を産んだ功績は大きかった。そして、大正四年には三二歳の皇后として第四子の澄宮崇仁《すみのみやたかひと》（三笠宮《みかさのみや》）を産んでいる。

側室制度の廃止ということ

近代皇室の側室制度の廃止がいつかということは不明である。明文化されたものがないからだ。というより、そもそもが側室を置くことは古代中国にならった慣行であり、大宝令では嫡妻のほかに妃二人、夫人三人、嬪四人を規定している。その後、時代の中で側室の身分や数が変容し、維新以後も不成文の制度として残ったのである。こうした制度を廃止する宣言文が出されるわけではなく、大正天皇が側室を持つことは、事情が許せば可能であった。

明治天皇の側室の正確な数はわからないが、子を産んだ女官は五名であった。葉室光子、橋本夏子、柳原愛子、千種任子、園祥子である。この五名以外にも小倉文子、姉小路良子、西洞院成子、植松務子らが寝所に侍ったことは知られる（角田文衞『後宮の歴史』）。このうち「夕顔権典侍」と称された植松は、明治一二年一二月九日の『読売新聞』に「夕顔権典侍が懐妊、来月には青山御所の産所へ引っ越し」の記事が出たほどである。また、明治七年のこととして「天皇、二十三歳。新しい侍女と深い仲となり、皇后ご立腹。岩倉具視、その和解のために苦心」という記事もある（星新一『夜明けあと』）。閨房のことはわかりにくい。

大正天皇が側室を廃止したという説はある。実際、貞明皇后が四親王を持ち、他に皇位継承者を求める必要がないからである。その結果、四親王以外に大正天皇の実子はおらず、側室もいないことになっている。また、大正天皇も貞明皇后も、自らが側室の子であったため、生母の身分の低さやその待遇の悪さに驚き、ともに側室制度廃止を願ったともいわれる。しかし、これらの諸説を実証するものはなく、あくまで風聞である。側室制度は成文も罰則規定もない。側室を持とうと思えば持てたのである。大正天皇は側室を持ちたかったが、貞明皇后らがこれを厳しく監視していたということもありうるのである。

嘉仁の単独行啓

明治三三年五月に結婚して、伊勢や畝傍山陵などに成婚の報告をした後、皇太子嘉仁夫妻の同一行動は少ない。表15「結婚後の皇太子夫妻の主な行動」を見ると、成婚報告からはじめての日光避暑までの二カ月の間に、皇太子は単独で葉山と神奈川大磯に出かけている。葉山も大磯も一泊だが、短いだけにわざわざ何をしにいったのかと思うような行動である。しかも、大磯は鍋島別邸であり、その夏に足しげく通った伊都子がいたのである。同日の伊都子の日記には嘉仁が来たことが記されている。しかも、この日は鍋島直大も栄子も横浜に出ており不在であり、日記には、「午前八時より大磯別荘へ皇太子殿下ならせらる。御両親様は横浜へ御いで」とある。午後には婚約者の梨本宮守正から電話があり、伊都子は両親の不在を告げるが、三時にやってきて「いろいろ御はなし」をしている。直大は横浜から大磯の皇太子の「御機嫌うかゝひ」に出て、夜九時に別荘に帰ったとある。

嘉仁の葉山や沼津への単独行啓は多い。避寒が主な理由である。当時、貞明皇后は妊娠中でもあり、同行できなかったということもあるが、第一子の裕仁が生まれた時も葉山にいたのは、四月末のこと

表15　結婚後の皇太子夫妻の主な行動（明治33年5月～36年4月）

明治	月	日	皇太子嘉仁	貞明皇后
33	5	10	**成婚**	**同**
		22	**伊勢などへ成婚奉告**	**同**
	6	16	葉山行啓、翌日帰京	
	7	2	**東宮御所で昭憲皇太后と会う**	**同（月二回、昭憲皇太后と離宮遊歩）**
		22	神奈川県大磯、鍋島別邸	
		25	**日光に避暑、9月12日帰京**	**8月25日～9月3日、一時帰京**
	9	16	葉山の有栖川宮別邸、即日帰京	
		30	葉山にて有栖川宮威仁と議、即日帰京	
	10	14	中国・四国・九州行啓	
	11	13	九州行啓後、微恙のため中国・四国中止	
	12	8	葉山行啓、翌日帰京	
		15	**同**	**内着帯の礼**
		31	沼津行啓、明年1月30日に葉山へ	
34	1	30	葉山行啓、翌日帰京	
	2	4	沼津行啓、3月7日帰京	
	3	9	**同**	**妊娠九カ月にて着帯の礼**
		23	葉山行啓、4月7日帰京	
	4	7	葉山より帰京後、再び行啓、5月5日帰京	
		29	（葉山）	東宮御所で親王（裕仁）分娩
	5	5	**裕仁親王命名式**	**同**
		6	小田原行啓	
		21	小田原より葉山へ行啓、27日帰京	

年	月	日	事項	備考
		28	**参内（裕仁の初参内）**	**（九条道孝陪席）**
		31	葉山へ行啓	
	6	5	葉山から軍艦にて巡航し、11日葉山着	
		18	葉山から帰京	
		28		産後、はじめて参内
	7	7	**参内（裕仁を川村邸にて養育）**	**同**
		20	**参内**	**同**
		20	鎌倉御用邸行啓、21日帰京	
		28	**日光に避暑、9月15日帰京**	**同**
	9	21	葉山行啓、23日帰京	
		28	**参内**	**同**
		28	葉山行啓、29日帰京	
	10	5	**参内（裕仁箸初め、8月26日なるも延期）**	**同**
		12	葉山行啓、26日鎌倉、11月14日葉山	
	12	7	葉山より帰京	
		30	葉山行啓、翌年1月24日帰京	
35	1	15	（葉山に在るをもって儀省約）	妊娠五カ月にて内着帯の礼
		26	沼津に行啓、30日興津、2月5日葉山	
	2	6	沼津採取の蒲公英などを天皇皇后に贈る	
		15		本年初参内
		23	葉山より帰京、26日再び葉山へ	
	3	16	葉山より帰京、19日再び葉山へ	
	4	5	葉山より帰京（避寒の効果良なり）	

	5	19	葉山行啓、20日帰京	
		15		着帯の式（裕仁の例に沿う）
		20	地理・風俗見学のため群馬方面など巡行	
	6	8	巡行より帰京、微恙のため帰後臥護	
		19	葉山行啓、7月22日帰京	
		25		東宮御所で親王（雍仁）分娩
		26		（東宮御所の皇孫に剣を賜う）
	7	1	（葉山に電報にて命名の旨を伝える）	雍仁命名式
		22	葉山より帰京	
	8	1	塩原の中山慶子別邸に避暑、9月19日帰京	
		26		雍仁と葉山に行啓、9月30日帰京
	9	19	塩原より帰京、20日葉山へ、23日帰京	
	10	4	鎌倉御用邸行啓、5日帰京	
	11	16	**葉山行啓**	**同（11月1日に単身帰京）**
		7	（木戸孝正を大船に派遣して天皇を見送る）	熊本大演習への天皇を新橋に見送る
		12		赤坂離宮の観菊会に皇后と臨席
		19	（木戸孝正を大船に派遣して天皇を奉迎する）	熊本県大演習帰還の天皇を新橋で奉迎
	12	14		**葉山へ行啓**
36	1	15	**葉山より沼津へ**	
		16		**葉山より帰京、18日沼津へ**
	4	7	**兵庫県海軍大演習への天皇を新橋に見送る**	**同**

（註）太字は同一あるいはほぼ同一の行動。
（出典）『明治天皇紀』より作成。

でもあり、理解に苦しむ。葉山には東宮輔導で自分を理解する有栖川宮威仁の別荘があり、皇太子の葉山好きにはそうした事情もあったのだろう。

裕仁を産んだ後、明治三四年七月二八日から九月一五日まで、皇太子夫妻はともに日光に過ごしたが、これは珍しいことであった。そして、この時に第二子の雍仁を妊娠したと考えられるのだが、雍仁の出産まで、嘉仁は単独で葉山や沼津への避寒を続け、貞明皇后は一人で出産にともなう諸儀式などをつとめるのである。雍仁出産後も、嘉仁は塩原の中山慶子（明治天皇の生母）の別邸で暑を避ける。雍仁の誕生日は貞明皇后の誕生日でもあり、嘉仁は二重の意味でいわゆる家族の絆を放棄していた。もちろん、当時の皇室に一般的な家族性を求めることはある種無意味ではある。ただ、こうした嘉仁の自己本位の態度は、少なくとも嘉仁との今後の関わり方において貞明皇后なりの覚悟を持つに十分な出来事となったであろう。

ようやく三五年末から三六年初にかけて、夫妻の同一行動が増えてくるが、これも背景には明治天皇の意向があり、単独で避寒や避暑ばかりする皇太子に好意的ではないことを、有栖川宮威仁に伝えたためであった。『明治天皇紀』（明治三六年一月一二日）には、「天皇素と避寒避暑等の事を好みたまはず」とあり、皇太子夫妻の避暑避寒の日程を指示している。もっとも、その後も、皇太子と貞明皇后の行動が避寒避暑をふくめて、手に手を携えるようなものとなったとはいいがたい。

5　椿の局

女官の体操

大正九年一一月一四日の『読売新聞』に、香川県立女子師範学校の体操教師である松元稲穂が考案したといわれる婦人のための家庭体操を、皇后職の女官が盛んに行っているという記事が載った。松元は宮城内の局に呼ばれて家庭体操の理論と実際の方法を説明したというのだ。記事によれば「平常極めて静かな生活をしてゐる女官方の間には胃腸の弱い方が多く、一層此体操の効果が著しいと云ふ事です」とある。さらに貞明皇后が「梨木女官の日頃の脆弱な体を慣らませ給ひ」、家庭体操図解のパンフレットを手に入れて「やってみよと仰せに」なり、女官の梨木止《と》女《め》が松元を宮中に招いたという。

梨木は明治二五年に京都に生まれ、大正四年から宮中に仕えた。大正天皇が源氏名を「椿」として「椿の局」と称された。大正天皇の食事の「毒味役」を主な職務としており、はじめ権典侍であったが、のち事情により権命婦に降格したといわれる。昭和三年に退官し、坂東長康夫人となり、昭和五五年六月に数え八九歳で亡くなった。伊豆長岡の老人ホーム「湯の家・長岡寮」が終焉の地であった。

不審火

「椿の局」が退官した昭和三年の三月二八日に、『読売新聞』は「元女官椿局の新宅に放火　目下係争中の建物で蒲田署が秘密に取調」の記事を載せた。二六日の午後一一時ごろ、池上町雪ケ谷二三二の「元宮中女官椿の局事梨木とめ」が所有する空家裏の炭俵に何者かが火をつけ、消し止めたが、係争中の建物であるため蒲田署は重大視し、秘密裏に関係者を取り調べているというのである。記事には、「同家屋はとめが芝二本榎町二獣医酒井忠晃に依頼して建築したが、とめが建築費を支払はぬため告訴され目下裁判所で係争中のもので、同家には日東火災に四千円の保険契約あり」とある。さらに「平常は鮮人朴倉幸（三〇）が留守番をしてゐるが、同夜は用達に行つた間に放火された」とも書かれている。

放火の真相はさておいても、退官したばかりの女官の係争やら保険やらの情報が詳しく流されたことに驚く。権典侍から権命婦に降格したことといい、当時、梨木と宮中とは一体どのような関係にあったのか、気にかかる。

『椿の局の記』

梨木は戦後になってインタビューを受けた（『椿の局の記』）。梨木は、「昭憲皇太后さま」「皇后さまと」「貞明皇后の夢」「大正天皇の御一日」など、様々な宮中秘話を縦横無尽に語っている。これらの秘話には、梨木の記憶違いもふくめて、いくつか検証が必要なものもあるが、宮中出身者でないと語れない内部事情などが多くふくまれ、興味深い。たとえば、「孝明天皇毒殺説」について、「孝明さまは毒殺ですよ。お毒がお風呂のお湯の中に入ったんで薨去、崩御になったんですってね。お湯召されて、その毒がこう、皮膚からね。やっぱり不忠なもんか、どっか将軍家の方からかなんか、そういうもんがあったじゃないでしょうか。内緒になってますけどね。お風呂のお湯に入ってたということです。召しあがりもん（食物）じゃありません。召しあがりもんには入れようったってなかなかね、厳重ですもんでね」と語る。

孝明天皇が毒殺かどうかを梨木が知るよしはない。しかし、宮中内でそうした伝承があったのだろう。「あたしの里の領地の八瀬大原からね、お湯の方の番人が上がるんですよ」とも語っており、食物ではなく風呂の湯という発想は、内部の事情を知らなければ容易には思い浮かばない。

梨木が降格した理由は、大正天皇の寵愛が深すぎて、貞明皇后に睨まれたことだという。梨木は衝撃的な大正天皇の行状を、以下のように語る。「お上は、あたくしの姿がみえたら、ご皿（お皿）持ってこいって仰せんなる。それであたくしは御膳召しあがってお給仕の時は、なるべく陰へ陰へ行くようにしてるんですが、お皿持ってこいって言って下さるんです。（お持ちすると）持ってる手をがっとおつかみになって、ご自分さんのそばから逃げて行かんように押さえて、つかんでならっしゃるです。こっちのお手々でね。そうしてお皿いっぱいもうこぼれます言うくらい積んで頂くわけ」。

この時、貞明皇后は梨木を睨むという。「あの近目さんだもんでこう変なお目々でごらん遊ばされるんですね。一時はちょっとご機嫌が悪うてちょっとあのヒステリーみたいにおなり遊ばしたことあるんですよ」と梨木は語る。貞明皇后が「近目」であることなどは、外部の者では簡単に口に出ない。梨木は「いるが忠義か、いないが忠義か」悩んだという。

さらに、梨木は大正天皇に「玉突き所」に呼ばれて、追いかけっこをさせられたという。「テーブルの廻りをおまわり遊ばされるんで、あたくしはしょわしょわしょわ逃げるわけです。それがご運動になるというので、しまいにしゃっと下へ入って向っ側へ出る。お玉突き台の下くづってむこうへ出るんです。そいてないとこういうとこ（頬を）おなめんなるのん気持ち悪うて気持ち悪うて」。梨木が側にいると、大正天皇は梨木を相手にし、「節子いいよ」と言うのだとも語る。そのため、貞明皇后の機嫌が悪くなったという。「更年期障害があらっしゃるじぶんね、ちょっとおきちがいさんみたいにおなりになって」と、きつい表現をしている。

そうした貞明皇后と梨木の関係の複雑さが、不審火の新聞記事などにつながったのだろうか。同書に掲載された梨木の和装と洋装の写真を見ると、洗練された美貌の女官であったことがわかる。いずれにせよ、いくらかの誇張があるにしても、大正天皇と貞明皇后のある一面を物語っている貴重な記録と思われる。

一夫一婦制を実現したといわれる嘉仁と貞明皇后であるが、両者の人間関係は単純ではなかったようだ。

第十章　東京生まれの皇后

1　九条家

九条兼実の子孫

九条家の祖は、平安末期の関白藤原忠通三男の九条兼実《かねざね》である。兼実は日記『玉《ぎょく》葉《よう》』を遺したことで知られる。『玉葉』は平安から鎌倉にかけての宮中行事や儀式を詳細に記し、有職故実を伝える。源平の騒乱についても多くふれており、『吾妻鏡《あづまかがみ》』が鎌倉幕府の立場で書かれた記録であるのに対して、『玉葉』は公家側の日記としての価値がある。

兼実は、後白河上皇や平清盛に対して批判的であり、政界の中枢から遠ざけられていた。しかし、源頼朝の台頭により抜擢され、摂政や関白の職に就く。この間、文治三年（一一八七）に頼朝の奏請によって訴訟機関の記録所を設置したりした。また建久元年（一一九〇）には娘の任子《にんし》を入内させ後鳥羽天皇の皇后（宜秋門院《ぎしゅうもんいん》）としている。建久三年に後白河が他界すると、頼朝に征夷大将軍の地位を与えた。

この後、建久七年の政変で頼朝は兼実を失脚させ、任子も宮中から退出させられ、九条家の勢力は弱まった。兼実は、実弟で歴史書『愚管抄《ぐかんしょう》』を著した天台座主の慈円《じえん》の支援をし、自らも円証と号した。九条家は孫の道家が再興し、その子たちが二条家と一条家を創設した。すなわち、兼実は五摂家のうちの三摂家の祖でもあった。

実祖父・九条尚忠

実祖父の九条尚忠《ひさただ》は、幕末の関白をつとめた。安政五年（一八五八）、幕府が日米修好通商条約の勅許を求めた際には、これを進めようとした。しかし、八八名の堂上公家に反対され、孝明天皇にも勅許容認が知られて関白の内覧職権を一時停止された。その後、許されたが、幕府側の立場をとり、和宮降嫁を推進した。このため、尚忠は公武合体に反対する尊皇攘夷派に狙われ、家臣の島田左近は首を四条磧に梟され、四肢を高瀬川に捨てられた。宮中内でも三条実美らが和宮降嫁を批判しており、孝明天皇は公武合体派の岩倉具視らに蟄居、落飾を命じ、尚忠も落飾、重謹慎、洛外追放となった。

慶応二年（一八六六）一二月二五日、孝明天皇の急逝により事態は急変し、尚忠は重謹慎を解かれ入京を許され、さらに還俗も認められた。明治二年七月には麝香間伺候となった。実子の夙子を孝明天皇の女御としてはいたが、政治方針は孝明天皇と合わず、一時は失脚し、明治になって岩倉具視らとともに復権を果たしたのであった。

実父・九条道孝

九条道孝《みちたか》は尚忠の長男であるが、九条家の家督は鷹司家から入った幸経《ゆきつね》が嗣ぎ、道孝はその養子となった。このため系図上では道孝は尚忠の二代後となる。尚忠と道孝は、万延元年（一八六〇）九月の祐宮睦仁《むつひと》（明治天皇）の親王宣下において、直盧《じきろ》代の儀に仕えたこともあった。直盧とは内裏の宿直所であるが、准后《じゅごう》御殿公卿の間において、振分髪に直衣の睦仁が尚忠と道孝に補助されて准后御殿寝殿代の簾の中の二畳台に乗るのである。そして、天皇と准后は、この儀を密かに見る。睦仁はこの儀式によって皇位継承権のある皇族、すなわち親王となったのである。この時の准后は、尚忠の娘で道孝の姉である夙子（英照皇太后）であり、九条家一門が、睦仁の親王宣下に関わっていたわけである。

道孝は、戊辰戦争において奥羽鎮撫総督となる。三月二日、道孝は薩摩藩の大山格之助（綱良）らを従えて京都を発し、大阪から乗船して陸奥に向かった。会津においては、前藩主の松平容保が悔悟謝罪の状を述べて撤兵を求めたが、道孝らはこの請願を退けて討伐方針を決定したのであった。道孝の率いる奥羽鎮撫軍はさらに庄内方面にまで進軍し、明治天皇はこの労をねぎらった。また、道孝は庄内や新庄では賊の侵掠があり、「人民困憊の極」にあることを岩倉具視に伝え、その

九条道孝
（『今上陛下御即位式写真帖』より）

賑恤《しんじゅつ》を訴えた。こうして明治元年一一月一八日、道孝は東京に凱旋し、天皇に奥羽鎮撫の状況を報告した（『明治天皇紀』）。のちに、貞明皇后は会津松平家の節子（勢津子）を第二子の淳宮雍仁（秩父宮）の妃に迎え、積年の朝廷と会津藩との関係を修復するが、その背景には、こうした実父・道孝の奥羽鎮撫総督としての過去が意識されていたのだろう。

義妹・九条武子

五摂家の九条家から后妃になった女子は少なくない。孝明天皇の准后である英照皇太后、大正天皇の皇后である貞明皇后のほかにも、貞明皇后の姉の範子は山階宮菊麿妃、兄の道実の娘（貞明皇后の姪）である敏子は賀陽宮恒憲妃となった。また、伏見宮邦家の一〇女日栄を尚忠の猶子としている。男子も皇室の職務に就き、兼実の有職故実の流れをくんでか、道孝と道実の二代の当主が掌典長をつとめ、三代目の道秀も掌典となった。

姻戚では本願寺の大谷家とのつながりが深く、道実夫人は東本願寺の大谷光瑩《こうえい》三女の恵子《やすこ》。道実の妹の籌子《かずこ》（貞明皇后の姉）は西本願寺の大谷光瑞《こうずい》夫人。同じく妹の紝子《きぬこ》（貞明皇后の妹）は西本願寺の大谷光明夫人である。

近代において九条の名を最も知らしめたのは、九条武子であろう。武子は九条良致《よしむね》夫人であり、西本願寺の大谷光尊次女である。良致は九条公爵家の分家で男爵を授かった。しかし、その名門の肩書きを利用されて会社社長となり、不渡り手形を出してしまった。武子は、義姉の籌子の強い勧めで気乗りのしないまま良致と結婚させられた。籌子は実弟の良致を過剰に保護するあまり夫婦の言動にまで口をはさみ、そのために武子は純粋な夫婦関係を築けなくなり、和歌や慈善事業に救いを求めるようになった。武子はその美貌と悲劇性ゆえに世間にその名を知られるが、時代の犠牲になった名門の女性の一人ともいえる（千田稔『明治・大正・昭和華族事件録』）。なお、武子のもう一人の義姉は貞明皇后である。貞明皇后は、実姉籌子の介入で夫婦の間が冷え切ってしまった武子の悲歌を、同じ歌詠み人としてどのように思っていたのだろうか。

2 伯母・英照皇太后

貞明皇后の伯母

孝明天皇の正室であった英照皇太后は九条家の出身であった。貞明皇后の実父である九条道孝の実姉にあたるので、貞明皇后の伯母となる。

英照皇太后の入内前の名は九条夙子《あさこ》。孝明天皇が崩御して慶応四年（一八六八）に皇太后となった。英照皇太后と諡号されたのは亡くなって後の明治三〇年一月三〇日であった。

前述したように英照皇太后は天保五年（一八三四）一二月一三日生まれだが、孝明天皇との年齢差が「中四つ」というので天保四年生まれと改めた。貞明皇后は明治一七年（一八八四）六月二五日生まれだから、英照皇太后と貞明皇后の実際の年齢差は五〇歳であり、形式上は一歳広がって五一歳だった。

近代最初の皇太后

英照皇太后は皇后の経験がない。幕府が認めなかったのである。皇后より格下の准后であった。孝明天皇が数え三六歳で早世したこともあり、皇太后であった時期は三〇年と長かった。人生のおよそ半分である。

英照皇太后は、孝明天皇亡き後の皇室の最長老であった。既述したが、維新後も能楽鑑賞、観菊会、行幸啓などで、明治天皇や昭憲皇太后と行動をともにすることも少なくなかった。京都から江戸（東京）に移居した三者は、異郷での心のさびしさを紛らわすかのように、しばしば行動をともにした。とりわけ英照皇太后と昭憲皇太后が一緒に行啓したことは、『明治天皇紀』の随所に記されているし、当時の新聞でも報道された。

英照皇太后の皇子女

英照皇太后は、孝明天皇の二人の皇女を産むが、ともに夭折した。二番目の皇女は富貴宮と命名され、そのために昭憲皇太后が幼名の富貴を寿栄と改めた因縁がある。皇子はいない。

皇子のない英照皇太后は、側室の中山慶子が産んだ祐宮を実子とした。祐宮はのちに明治天皇となる。英照皇太后が五摂家の九条家、側室の中山が公家の羽林《うりん》家出身であるという身分差が、こうした養子制度を温存させていた。すなわち、公家には摂家、清華家、大臣家、羽林家、名家《めいか》、半家《はんけ》などの階層があり、それぞれ官職のみならず婚嫁先まで決まっていたからである。羽林家は天皇の正室にはなれなかった。

しかし、中山は女官として宮中に残り、孫にあたる嘉仁（大正天皇）が生まれるとその養育掛などを任された。宮中を辞して後も年金や賜物のほか、転地保養費や京都旅行費なども下賜された。最後は従一位、勲一等宝冠章を授かり、明治四〇年に他界した。英照皇太后より二年遅く生まれ、亡くなったのは英照皇太后の一〇年後であった。中山と英照皇太后、そして中山の実子の明治天皇と結婚した貞明皇后、これら三人の心の動きを、一夫一婦制を当然とする現代の視線をもって描くのは難しい。

能楽支援

英照皇太后には目立った治績がない。皇太后として明治三〇年まで天皇や昭憲皇太后とともに維新後の近代国家建設に関わりながらも、多くは天皇と昭憲皇太后の主導権で進んでいった。幕末に支援者を失ってしまった能楽の再興、養蚕事業への援助といった程度ではなかろうか。なかでも、能楽へは昭憲皇太后とよく出かけた。『明治天皇紀』にも多くの記述がある。当時の『読売新聞』でも、芝公園内の能楽堂に足しげく通う英照皇太后の日々が報道されている。

また、東京近郊の名所旧跡散策などを楽しんでいた姿も報道されている。明治一〇年一一月二〇日「皇太后が浜離宮でボラやスズキなどの漁を見物」、明治一一年三月三〇日「四月五日に神奈川県金沢を訪れる皇太后の当日の予定」、同年四月一九日「東京深川にある巨大な御影石を皇太后が二〇〇円で買い上げ」、明治一二年七月一七日「皇太后がきょう、群馬県伊香保へ旅行　皇后は板橋まで見送り」、明治一三年四月八日「皇太后が小金井堤へ行啓、桜花を見物」などと続く。明治五年に京都から東京に移り、見るもの聞くものが新鮮だったのだろうし、京都を離れてしまった寂しい心を埋める意味もあったのだろう。

英照皇太后と九条家

皇太后となっても九条家との関係は続いた。『読売新聞』でも「皇太后が九条家へ三〇〇〇円を下賜」（明治一三年三月三日）、「皇太后が九条道孝従一位邸を訪問」（明治二〇年六月一五日）などと報道した。実家への賜金や訪問をことさらにあげつらわれたわけではなかった。

孝明天皇の皇子を産めなかった英照皇太后は、九条家からの新たな后妃誕生を望んでいたともいわれる。英照皇太后が亡くなったのは、明治三〇年一月一二日。その後、明治三三年に皇太子嘉仁（大正天皇）の正室に九条節子（貞明皇后）が決まり、近代皇室と九条家との縁戚関係が再び続くが、そのことを英照皇太后が知ることはなかった。

ちなみに、英照皇太后大葬の恩赦が行われたが、京都では釈放後に放火や賽銭箱泥棒があり、「放免囚徒に不心得のもの多きは嘆ずべし」と報道された（『読売新聞』明治三〇年二月一六日）。こうした犯罪の防止のために、原胤昭の更正保護事業が必要とされたのであろう。その意味では、英照皇太后もまた、昭憲皇太后や貞明皇后が築いた近代皇后による慈善事業に関係していたといえなくもないのである。

3　生母・野間幾

貞明皇后の生母である野間幾《いく》は、貞明皇后が皇太子妃に内定する一年前の明治三一年、九条道孝の妾として紹介されていた。暴露記事を得意とし、「蝮の周六」の異名を持った黒岩涙香《くろいわるいこう》が主宰する『萬朝報《よろずちょうほう》』が「蓄妾の実例」なる記事を連載し、その中で野間幾の名を出したのである。

「蓄妾の実例」

当時は多くの華族や資産家が正妻のほかに複数の妾を保有しており、皇室にも多くの側室がいた。

しかし、維新以後の近代化の波の一つには妾保持を否定する動きもあり、一夫一婦制の確立が少しづつ求められていった。早くは明治七年五月に刊行された『明六雑誌』第八号に森有礼の「廃妾論」が載った。第二回では「その夫の妾によりて得たるところの者を無理にその子と認むるに至りては、まことに無情非義の甚きものというべし」と、妾の子を正妻の子としたり、子を産んだ妾を正妻としなかったりする慣習を唾棄した。そして第四回では、外国人が「我国を目して地球上の一大淫乱国」となすのももっともであると説いた。五回ほど連載し、未完に終わったが、欧米文明諸国と交流するにあたり、妾保持の古き慣行を改革しようとする意気込みがあった（『明六雑誌』）。

森のみならず、一夫一妻多妾制に対する批判の言をなす者は多く、慶應義塾を創設した福沢諭吉などもその一人であった。明治三三年の暮れ、二〇世紀への幕開けにあたり、福沢や塾生たちが「妾を持つ富裕者」を因循姑息の象徴として排撃したことは、よく知られている。

公爵の妾

「蓄妾の実例」にとりあげられた人物は経済的余裕のある著名人ばかりであった。黒岩は、著名人たちを尾行してその実態を調べたという。人身攻撃的な取材であったが、黒岩は自らの信念に基づき、社会を矯正しようとすれば時に人を傷つけることもあろうが、むやみに罵倒しているわけではないと語っている。「警鐘を鳴らし続けた先覚者」というわけである（黒岩涙香『弊風一斑　蓄妾の実例』）。

黒岩が調査した妾保持者には皇族や華族、有名政治家の名が並ぶ。ちなみにその数例をとれば、犬養毅、森鷗外、鳩山和夫、北里柴三郎、西園寺公望、益田孝、古河市兵衛、井上馨、伊藤博文、尾上菊五郎、渋沢栄一、伊東巳代治、浅野総一郎、岩倉具定、榎本武揚、原敬、ベルツ、勝海舟、西郷従道、山県有朋らとなる。

当時、妾となる女性は、身分は平民、職種は無職ないし芸妓であり、時には華士族身分ではあったがわけありの女性の場合もあったようだ。富裕な資産を背景に、使用人の一人を雇っているかのように保持したのであった。こうした妾保持を許していた社会的理由には古来の慣行もあったが、近代になっても男系の家相続や、妻となる者の出自身分が重要な意味を持っていたことがあろう。とりわけ、社会の模範とされる皇室が一夫一妻多妾制であったことは、多くの妾保持者に自己の行為の正当性を感じさせていた。

五摂家で公爵家の九条家もまた、同様に妾保持の慣行があった。当主道孝は、明治四年に正室の和子を亡くしており、当時としては妾を持ったとしても不思議はなかった。明治三一年七月一七日付の『萬朝報』は「公爵九条道孝が赤坂福吉町二番地の自邸に置く妾は、神田錦町一丁目九番地光彦姉野間いく（五十）と京都上京区室町一丁上る小嶋町勝貞姉田村やす（三十三）の二人也」と暴露した。

当時、道孝は五九歳であり、世代的には野間と近いものがあったのかもしれない。おもしろいことに野間の住所である神田錦町は、今日伝えられる貞明皇后の生まれた住所なのである。貞明皇后は野間の家で生まれて、高円寺の農家にあずけられたことになる。なお、貞明皇后がこの記事を読んだとすれば、満一四歳になったばかりのころである。

表16　野間幾の『読売新聞』記事一覧

大正	月	日	見出し
4	11	10	国母陛下の御生母　能楽に興味深く小鼓に頗る堪能
11	12	21	童謡劇御見物の皇后陛下の御生母
14	11	7	皇后御生母の喜寿の宴　野間幾子刀自のため九日精養軒で
		10	皇后宮御生母の喜寿の宴
		20	皇后宮御生母　野間刀自　皇居に入る

浄操院の喜寿祝

『読売新聞』には野間の記事が五件ある（表16「野間幾の『読売新聞』記事一覧」）。すべて貞明皇后が皇后であった時期のもので、それも昭憲皇太后亡き後のことであった。つまりは、国母の生母としてのみでなく、国母の唯一の母としての話題性があったといえる。

大正四年の最初の記事は、浄操院と称して京都に隠棲する野間が、茶の湯、能楽などのたしなみが深いことを紹介している。とりわけ小鼓が堪能で「京都婦人界で右に出るものもない」と賞賛している。大正一一年の記事は野間の写真入りで、大阪アカネ学院の童謡劇の京都での第一回公演会に来場したことが伝えられた。

大正一四年の三件の記事は、野間の喜寿祝が上野精養軒にて開かれ、さらに参内して内儀で貞明皇后と午餐をともにしたことを報道している。野間の喜寿祝は、一一月九日午後五時から九条道実公爵夫妻の主催で行われ、山階宮菊麿妃常子（山階宮菊麿の前妻であった範子は九条道孝次女であったが明治三四年に他界）、賀陽宮邦憲妃好子、賀陽宮恒憲妃敏子（九条道実五女）ら皇族妃はじめ、九条家の子女が嫁いだ二条、鷹司、中山、佐竹、大谷、島津の

浄操院（野間幾）の喜寿祝（『読売新聞』大正14年11月10日）

家々から六〇名が参集した。「浄操院中川の局野間幾子刀自は嘉永二年生れの今年七十七歳の高齢を迎えられ、常住地京都から皇后の宮へ拝謁のため入京」とある。宴会の写真には、山階宮妃ら三人の皇族妃のほか、賀陽宮恒憲や九条武子も一緒に写っている。

野間は一九日に参内し、翌週に京都に帰り、京都在住の旧女官や華族などの縁故者を招待して祝宴を開いた。大正天皇の容態がすぐれず、執政は摂政の皇太子裕仁に委ねられていたころのことであった。嘉永二年（一八四九）一一月一四日生まれの野間は、昭和二一年四月五日に数え九八歳で亡くなった。

4　大河原金蔵

野間幾の子女

野間幾の先祖は、備前岡山藩の池田家家臣だったという。野間は三兄弟がおり、参勤交代で京都にしばらく滞在した時に弟が二条家の家臣となり、その孫娘が幾という。九条家に腰元として仕え、一六歳で道孝の側室となった（小川金男『宮廷』）。野間は貞明皇后より前に、二一歳で九条家を嗣いだ道孝、三〇歳で山階宮菊麿妃となった範子《のりこ》、三三歳で西本願寺の大谷光瑞《こうずい》夫人（裏方）となった籌子《かずこ》を産んでいた。そして明治一七年、三六歳で貞明皇后をもうけたのであった。

『明治天皇紀』によれば、明治五年二月二九日には九条道孝は神田錦町の邸に住んでいた。そして、明治一九年一〇月二六日に赤坂福吉町二番地の皇宮地付属地三四〇〇余坪を天皇より下賜されたとある。つまりは、貞明皇后は神田錦町で生まれ、生後七日目の七月一日から里子に出され、学齢期となった五年後に赤坂福吉町の家に戻ったことになる。

農家への里子

貞明皇后が里子に出された大河原金蔵の家は、当時の東京府多摩郡高円寺《こうえんじ》村にあった。染料の藍を栽培する農家が多く、大河原家はその藍を買い集めて藍玉を製造して販売していた豪農であった。家の周囲の宅地だけでも六〇〇〇坪あったという。当時三八歳であった妻の「てい」は、九条道孝から「自分の子と思い、なにごとも遠慮なく育ててくれよ」と頼まれた。

養育料は一円五〇銭が相場であったが、毎月五円が届いた。

大河原夫妻には、貞明皇后より七つ年長の「よし」という娘がおり、また近所の大河原本家には房次郎という男子がいた。貞明皇后は「よちよち歩きのころから」、「よし」と房次郎のあとを追って遊んだ。栗拾いをしたり、開通工事中の甲武線のトロッコを眺めたり、「よし」が学校で習ってきた習字や図画をまねたりして、日々を過ごした（主婦の友社『貞明皇后』）。

大正四年一月一八日の『読売新聞』には、貞明皇后が育った大河原金蔵夫妻とその住居の写真付きの記事が載った。この年の秋に即位式が行われるのを意識した報道であった。まず、「雲舟」なる記名のある記事は、書き出しで「刺激の強い都会の狭苦しい家で子を育てる自分は、子供に対して気の毒」「人生の趣味から見ても、米の生る木を知らぬ都の子はいかにも憐れ」と、田舎での養育を持ち上げる。

さらに、これに隣して「国母陛下を生い立ちませし　杉並村の光栄を懐ふ　尊き詩趣に富む御思ひ出」なる別記事がある。記事は、貞明皇后が幼時に「天真に且健全」に育ったことを誉めた。普通ならば「御殿の奥深う数多の老女侍女にかしづかれながら見るはお庭の花の姿、聞くは幽しき丹鶴の声」であったのに、九条家の家例で御殿を離れ、中野杉並村の賤ヶ伏屋の大河原金蔵宅にあずけられたのだと伝えた。

牛追う童

記事には、大河原金蔵夫妻は身体の丈夫な実直な人とある。大河原の家は中野停車場を降りて右折し、雑木林を隔てたところにあった。瓦屋根の一構である。貞明皇后はここで農民の子と同様の生活をしたという。関東平野が広がり、水平線には山脈が連なっていた。「姫は牛追ふ童、草刈る女の子等と共に、草履を召した儘、野辺や小川に出でまして終日遊ばせ給ふのが例でした」とある。大河原夫妻の丹精により、「御心も御身体も清々しく御壮健いやまし加らせてまゐりました」と、貞明皇后の健康な心身を強調した。

『秩父宮雍仁親王』も、「青梅街道に沿った大河原家の周囲には、欅が並び、付近は一面の畑で、栗の木が多く、人家もまばらで、典型的な武蔵野の農家であった」と記す。さらに、五歳の秋まで、「農家の子供たちと手まりをつき、栗を拾い、暗い炉辺でお伽話に可愛いい瞳を輝かせて」成長したとある。

里親への郷愁

貞明皇后をあずかった当時、「てい」は生後まもなくの子をなくしたばかりで、乳もたっぷり出たという。その後、貞明皇后は学齢期まで自分の家のように育った場所から突然離れることになった。貞明皇后は、明治二二年二月五日に東京師範学校女子部付属幼稚園に入り、翌二三年九月一日に華族女学校初等小学科に入学した。

貞明皇后は九条家に帰ったが、杉並村が恋しくて、毎年暑中休暇には泊まりがけで大河原家に来ていたという。そして、貞明皇后は明治三二年八月に皇太子妃に内定すると、一〇月に杉並村を訪問し、大河原夫妻や幼時に遊んだ人びとに記念品を贈り、九条家にもどったと、『読売新聞』(大正六年六月二五日)は伝えた。

同記事が掲載されたのは、貞明皇后の満三三歳の誕生日であった。記事には大河原夫妻の正座した

國母《こくぼ》陛下《へいか》の御幼時《ごえうじ》

府下《ふか》中野《なかの》杉並村《すぎなみむら》大河原《おほかはら》夫妻《ふさい》の家《いへ》に

◇御記念《おんきねん》の椿《つばき》いまも茂《しげ》りぬ◇

□皇后陛下《くわうごうへいか》の御生家《ごせいか》　陛下御誕生《へいかごたんじやう》後間《のちま》もなく杉並村《すぎなみむら》に御養育《ごやういく》を求《もと》めさせられたるところ、大河原金蔵夫妻《おほかはらきんざうふさい》こそ血統《けつたう》も正《ただ》しく、同村《どうそん》の名望家《めいばうか》なればとて大河原夫妻《おほかはらふさい》に　陛下御養育《へいかごやういく》の大役《たいやく》を御委託《ごゐたく》相成《あひな》り　陛下《へいか》は風清《かぜきよ》き杉並村《すぎなみむら》に移《うつ》らせ給《たま》ひ、廣《ひろ》き郊外《かうぐわい》自然《しぜん》の境《きやう》に御成長《ごせいちやう》遊《あそ》ばされ

□春《はる》は櫻咲《さくらさ》く野山《のやま》に　胡蝶《こてふ》を追《お》はせ給《たま》ひ、夏《なつ》は小川《をがは》の御遊《おあそ》び笹舟《さゝぶね》なぞを浮《うか》ばせ給《たま》ふこともあり、秋《あき》は尾花《をばな》靡《なび》く武蔵野《むさしの》に澄《す》む月《つき》を賞《しやう》し給《たま》ひ、冬《ふゆ》は雪達磨雪兎《ゆきだるまゆきうさぎ》なぞに興《きよう》ぜ給《たま》ふこともありたるやに承《うけたま》はる　陛下御《へいかおん》七歳《さい》にならせ給《たま》ひし春《はる》、愈々《いよいよ》九條家《でうけ》に御歸館《ごきくわん》遊《あそ》ばされ華族女學校《くわぞくぢよがくかう》に御入學《ごにふがく》遊《あそ》ばされしが

□毎年夏期《まいねんかき》の御休暇《ごきうか》　には必《かなら》ず曾遊《そいう》の杉並村《すぎなみむら》なる大河原《おほかはら》の家《いへ》に御泊《おとま》り遊《あそ》ばされしやに承《うけたま》はる、斯《か》くて明治《めいぢ》三十二年《ねん》十月《ぐわつ》陛下御入輿《へいかごにふよ》の御内定《ごないてい》あるや、陛下《へいか》には杉並村《すぎなみむら》に名殘《なご》りの鶴駕《くわくが》を枉《ま》げさせられ、大河原夫妻《おほかはらふさい》を始《はじ》め大河原家《おほかはらけ》に出入《しゆつにふ》の村女等《むらをんなら》に

□記念《きねん》の品《しな》を賜《たま》はり　尚《な》ほ杉並村《すぎなみむら》を永久《えいきう》に御記念《ごきねん》遊《あそ》ばさる思召《おぼしめし》にて大河原家《おほかはらけ》なる　陛下御居間《へいかおゐま》の庭《には》に、御手《おて》づから若木《わかぎ》の椿《つばき》を植《う》えさせられたるが、爾来星霜《じらいせいさう》茲《ここ》に十八年《ねん》、當年尺餘《たうねんしやくよ》の椿《つばき》は、今《いま》は垣根《かきね》を越《こ》えて見事《みごと》に繁茂《はんも》せりと。（寫眞は大河原夫妻）

大河原金蔵夫妻（『読売新聞』大正６年６月25日）

端正な写真も大きく載った。質素で純朴な農家の夫婦とわかる姿である。翌年一月一四日、長男の迪宮裕仁（のち昭和天皇）と久邇宮良子との婚約が内定する。

ちなみに、貞明皇后が東宮妃に内定した時、大河原家では貞明皇后が書いた物はすべて九条家に渡し、残りは「勿体ないと浄火で灰に」したという。貞明皇后はこれを聞いて、「形見のものがみんな無くなつては爺、婆が淋しからう」と歌を贈った。色紙には、「むかしわがすみけるさとのかきねには菊やさくらむくりやゑむらむ」「ものごころしらぬほどよりそだてつる人のめぐみはわすれざりけり」とある（早川卓郎『貞明皇后』）。

5　華族女学校入学

明治二三年九月一日、貞明皇后は華族女学校初等小学科一年に入学した。

華族女学校　華族女学校は明治一〇年開校の学習院を前身とする。学習院はイギリスの貴族学校を模範とし、維新後の華族子弟のための教育機関として設置された。別学であるが、女子も入学し、開校当時は総数二五五名のうち華族女子は一七％にあたる四四名在籍した。ちなみに、華族男子は一六一名、士族男子は三五名、士族女子は一五名であった。当時、学習院は男子部と女子部に分かれ、同じ敷地内ながら別教室で学んだ。教科はほぼ同じであるが、女子は音楽、女紅（手芸）などがあった。先にも述べたが、その後、男女共学禁止や華族女子のための学校設立の気運が高まり、明治一八年に学習院女子部は華族女学校となる。華族女学校への改組にあたっては、昭憲皇太后とその意をうけた下田歌子が尽力した。また明治天皇も教育内容などに意見を述べている。明治一八年七月二五日の『明治天皇紀』には、明治天皇は華族女学校の教科規則書を読み、理化学を華族女子に教えることはないと述べたとある。「女子の学科は通常和漢洋の学科に、裁縫其の他の実技を加ふるを以て可とす」というのである。そして「女子の運動は必ずしも西洋式を採用するに及ばず、師範学校等に於て行ふ所の体操・運動等は其の体裁に於て好ましからざるものあり」とも述べている。また、女子の教育は男子と同じではないのだから「寧ろ沈重の人を選ぶべし」と、校長人選にも口を出した。「従来女子教育の弊は活発に過ぐるに因ること多し」というのである。

皇太子妃の選定場

華族女学校は内親王や女王の教育の場としての役割を持ち、明治一八年に学習院女子部に入学した久邇宮篶子《すずこ》をふくめると（在学中に華族女学校となる）、明治四〇年入学の伏見宮恭子《やすこ》まで一九名になる。その後、学習院女学部、女子学習院と継承され、明治四一年の久邇宮良子から昭和一九年の清宮貴子《すがのみやたかこ》まで二二名が在籍し、開学から昭和戦前までで総数四一名の皇族女子が通ったのである。これらの皇族の女子の多くは皇族あるいは華族の家に嫁いだのであった。他方、華族女学校に入学した華族女子のうち、結婚により皇族となった者も少なくない。明治一七年に学習院女子部に入学した岩倉周子（のち東伏見宮依仁妃）をはじめとして、昭和四年入学の高木百合子（のち三笠宮崇仁妃）まで一三名（朝鮮王公族をのぞく）となる（『女子学習院五十年史』）。

これらの女子のうち、貞明皇后とほぼ同時期（明治一八年から明治二七年まで）に入学した皇族・華

表17　貞明皇后と華族女学校同期の主な女子一覧

入学		名	身分	婚後	在年
明治	入学学年など				
18	学習院女子部	久邇宮篶子	女王	壬生基義伯爵夫人	3
	学習院女子部	九条範子	公爵	山階宮菊麿妃	10
21	華族女学校下等小学科１級	久邇宮素子	女王	仙石政敬子爵夫人	6
	華族女学校初等中学科２級	久邇宮絢子	女王	竹内惟忠子爵夫人	6
	華族女学校下等小学科３級	鍋島伊都子	侯爵	梨本宮守正妃	8
22	華族女学校下等小学科２級	徳川経子	公爵	伏見宮博恭妃	7
23	**華族女学校初等小学科１級**	**九条節子**	**公爵**	**大正天皇皇后**	**9**
24	華族女学校初等小学科３級	北白川宮満子	女王	甘露寺受長伯爵夫	9
	華族女学校初等小学科２級	伏見宮禎子	女王	山内豊景侯爵夫人	10
25	華族女学校初等小学科２級	久邇宮純子	女王	織田秀実子爵夫人	7
26	華族女学校初等小学科３級	北白川宮貞子	女王	有馬頼寧伯爵夫人	9
27	華族女学校幼稚園	北白川宮武子	女王	保科正昭子爵夫人	15
27	華族女学校初等中学科２級	島津俔子	公爵	久邇宮邦彦妃	1

（註）　太字は貞明皇后。
（出典）『女子学習院五十年史』より作成。

族女子を整理すると、表17「貞明皇后と華族女学校同期の主な女子一覧」となる。貞明皇后が入学した時点では皇太子妃はまだ決定しておらず、明治二五年一二月になって華族女学校初等小学科の伏見宮禎子《さちこ》が内定する。伏見宮禎子は明治一八年六月生まれで、貞明皇后より一歳下であった。かの鍋島伊都子は貞明皇后より二歳上であった。

なお、これらの女子たちは、入学も卒業（退学）も学年もまちまちであり、年齢差が入学年の差となっていなかった。島津俔子《ちかこ》（久邇宮良子の生母）などは初等中学科二級で入学し、一年で退学している。ともあれ、当時の皇太子妃は華族女学校か

小鹿島（石井）筆子
（滝乃川学園提供）

ら選ばれるであろうことは想定されていたことであり、伏見宮禎子の内定取消後も迅速に対応できたことは、華族女学校が日ごろから生徒の素行や成績などを管理監督していた結果といえる。昭憲皇太后が恒常的に行啓し、その容姿や体力などを見聞していたことも意味を持った。

フランス語教師・小鹿島筆子

貞明皇后が華族女学校に入学した当時の学監は下田歌子であった。教授には英語の津田梅子もいた（入学当初は洋行中）。また、津田とともに欧語学教師としてフランス語を教えたのが小鹿島《おかじま》筆子《ふでこ》であった。筆子は明治二九年に中学科で貞明皇后のフランス語を担当した。

筆子は、文久元年（一八六一）に肥前大村で生まれ、東京女学校や勝海舟の家で開かれていたホイットニー家の英語塾などで学んだ。勝の三男梅太郎の夫人となったホイットニー・クララと交友を深め、グラント元大統領来日の際には流暢な英語で会話をしたという。のち、旧熊本藩主細川斉護《なりもり》六男の長岡護美《もりよし》夫妻と渡欧するのは、華族女学校開校に向けての昭憲皇太后の配慮があったともいわれる。帰国後、統計院官吏の小鹿島果と結婚。鹿鳴館の慈善バザーなどに関わり、明治一八年に華族女学校フランス語属託教師となり、翌年に洗礼も受けた。

大日本憲法が発布された後の明治二二年三月二日、青木周蔵外務次官主催の舞踏会でエルウィン・ベルツが彼女に「すっかり魅了された」ことは有名だ。ベルツは「自分が今までに出会った最も魅力ある女性の一人だ。夫人は達者に英語、フランス語、オランダ語をしゃべり、あえて日本のハカマを洋装に利用する勇気があった！」と書いている（『ベルツの日記』）。

明治三一年には津田梅子とともに米国視察をして、翌年に参内して昭憲皇太后に帰朝報告をした。昭憲皇太后は、津田にナイチンゲール、筆子にアメリカの質問をし、白縮緬一匹を下賜した。ちなみに、この参内の時に、学監の下田歌子が関わり一時は「見合わせ」になったという。しかし、香川敬三大夫が再び呼び寄せ下田に内密に参内したというのだ。良妻賢母教育家の下田が、女子の自立を説く津田や筆子と昭憲皇太后との会見を妨害したとの憶測もある（津曲裕次『石井筆子』）。

滝乃川学園

筆子は三人の娘に恵まれたが、不幸が続いた。次女が早世し、夫も急逝した。遺された二人の娘も知的障害があった。筆子は、幼稚園教育にも関心を強め、明治二七年設立の華族女学校幼稚園の主事となった。また、知的障害児教育に深い関心も寄せていた。こうした関係から、筆子は石井亮一の孤女学園（のち滝乃川学園）に関わっていった。孤女学園では主に女子の孤児養育を担ったが、知的障害児との出会いから滝乃川学園に改組したのである。

明治三六年に筆子は岡部長職子爵の媒酌で石井亮一と再婚し、石井筆子となった。式には津田梅子も参列した。大正八年には貞明皇后の使者として大森鐘一皇后宮大夫が学園を視察し、翌年には大火による学園閉鎖の危機を貞明皇后の激励で乗り越えた。筆子が華族女学校教師であった縁から、滝乃川学園の事業を援助する華族夫人も少なくなかった。昭和一二年には貞明皇后の次男である秩父宮雍仁と勢津子妃が学園を視察に来た。筆子は亮一の後を継いで第二代学園長となり、昭和一九年に永眠した。筆子は「温室でメロンやパパイヤを栽培し、また不作の折には買ってまで、皇室に献上して、終生その礼を絶やさなかった」（『石井筆子』）といわれる。

第十一章　近代最初の皇太子妃

1　伏見宮禎子の破談

数え九歳の婚約者

はじめ皇太子嘉仁の婚約者は伏見宮禎子《さちこ》であった。『明治天皇紀』の明治二六年五月三一日には、「是の月、天皇、貞愛親王第一女禎子女王を以て、皇太子の妃たらしむるの思召あらせられ、宮内大臣子爵土方久元をして旨を親王に致させたまふ、親王聖旨を感戴し、対ふるに謹みて拝承するの旨を以てす、侍従長侯爵徳大寺実則之れを奏聞す」とある。

皇太子嘉仁は数え一四歳。禎子は九歳で、二年前に華族女学校初等小学科二級に入ったばかりの子供である。上流階層の婚約が早い例は多くあるが、嘉仁の場合はそれなりの理由があった。

明治天皇には、すでに嘉仁の前に二人の男子と二人の女子が生まれていた。しかし、みな数え二歳にならずに夭折した。病名は全員「脳膜炎（髄膜炎）」であり、嘉仁もまた「脳膜炎」を患った。直系以外であれば多くの皇族男子がおり、皇位継承上の問題はなかったが、明治天皇の直系による相続が望ましかったのだ。

嘉仁は満八歳に達した時に儲君《ちょくん》（皇太子）となり、昭憲皇太后の実子とされた。生母は権典侍の柳原愛子であった。皇位をめぐる騒擾を避けるためには皇太子や皇太子妃を早く決めておくことが必要であった。早めの結婚で早めの男子出生があれば、皇孫の誕生により直系男子の皇位継承を安定させることができるからである。

御側女官採用案

昭憲皇太后に子がなく、側室にも男子が少ないため、側近たちは「御側《おそば》女官」の採用を願ったことがある。「御側女官」は、寝所に侍り子をなすことを第一目的とした女官である。いわゆる側室の場合は、権典侍、権掌侍など身分と用務が規定されており、たまたま天皇の寝所に侍り子をなした女官であり、元来は側近奉仕が役目であった。しかし、山県有朋、松方正義ら元勲が侍従長の徳大寺実則らと謀り、天皇に子をもうけるためだけの「御側女官」の採用を願ったのである。「天皇、皇男子に乏し、国民竊《ひそか》に之れを歎き、是れ皇室の繁栄を贈進し、国家興隆の基礎を致す所以にあらざる」と『明治天皇紀』（明治二九年四月二八日）にある。

山県らは生まれた皇男子を将来は陸海軍に従事させて、その統率の任務にあてる構想までしており、「是れ敢へて逸楽のために召させたまふにあらず、誠を国家に致し、皇祖皇宗に対する大孝を全うせらるゝの所以に外ならず」と天皇に訴えた。しかし、天皇は了承しなかった。このため、「御側女官」の採用はなかった。

当時、天皇は権典侍の園祥子を寵愛しており、明治一九年から明治三〇年にかけて二男六女をもうけている（うち二男二女は早世）。園は慶応三年（一八六七）生まれで、まだ三〇歳になったばかりではあったが、側近たちはより若い側室を侍らせて男子の出産を願ったわけであった。明治天皇が拒否した理由は不明だが、産むためだけの女官に対する嫌悪感、そうした女官が政治的諸勢力と結びつく懸念などがあったのかもしれない。必ずしも男子が生まれ成人する保障がないことも、大きな理由だったと思える。すでに五名の側室との間に一五名の子をなしながら、成人男子はわずか一名。子をなさなかった側室もほかに数名いる。これ以上は徒労であると考えなくもない。むしろ皇太子とその妃に次代を託す心になっていた可能性もある。

「皇太子と同疾なり」

皇太子の婚約者となっていた伏見宮禎子は、明治三二年三月二二日、その内約を解かれた（『明治天皇紀』）。

そもそも、伏見宮禎子が婚約者となった経緯はこうである。明治二四年ごろに天皇の内旨を受けた徳大寺侍従長が、皇太子の配偶者に適する年齢の皇族や公爵の娘を高輪御殿に呼び、常宮昌子や周宮房子の遊び相手とし、御養育主任であった佐佐木高行夫妻らが適齢の娘らの容姿性行を観察して選んだ。その結果、禎子が群を抜いており、華族女学校学監の下田歌子も禎子を推奨したのであった。そして、明治二九年一二月に明治天皇と昭憲皇太后は、伏見宮邸にて禎子と会った。

ところが、明治三二年二月に皇太子妃の決定について宮中で会議が開かれ、禎子が二年前に盲腸になったことが問題視された。陸軍軍医監の橋本綱常、侍医局長の岡玄卿、元侍医局長の池田謙斎、医科大学雇のベルツらの容体書を検討した結果、「右胸部に水泡音聞え、其の健康猶憂慮すべきものあり、皇統継続の上より果して奈何《いかん》」という判断がなされ、天皇は元宮内大臣の土方久元に対処を命じたのであった。

時の宮内大臣は田中光顕であり、田中の陰謀めいたものも感じるが確証はない。小松宮彰仁が伏見宮貞愛と相性が悪く、禎子の皇太子妃内定を喜ばなかったこともあったという。また、岡玄卿が強硬な反対意見を述べており、他の医師たちが両三年待ってから適否を決めることを提唱しても、「肺疾あり皇太子と同疾なり」として退かなかった。

衆議で事を決したが、天皇としては不本意な思いが残った。のち明治三五年六月に、第二男子の雍仁が生まれた時、岡は皇太子妃を代えなかったらば「今日の慶はなかりし」と述べたところ、天皇はこれを遮って「禎子嫁して歳余、尚身むことなきも、安んぞ之れを禎子一人の事に帰するを得んや」と機嫌を悪くしている。確かに、禎子は山内豊景と結婚しながら子をなすことができず、分家した山内豊静男爵次男の豊秋が山内侯爵家を嗣いだ。しかし、明治天皇は終始禎子に同情的であった。

2　盤石の皇位

「健康申分なし」

大正九年八月一〇日、首相の原敬のもとに下田歌子がやってきて、皇太子妃に九条節子が決定したいきさつを語っている。

下田は、皇太子妃選択においては、伊藤博文の命を受けて、自分が教育した子女のうちから皇族を第一にし、伏見宮禎子を適当とする者がいたが、陸軍軍医監の橋本綱常が診察の結果不適当としたと語った。そのため摂家から選ぶこととなり、九条家は英照皇太后の実家でもあり、その子女である貞明皇后（九条節子）は、下田が幼少より育てたが、「別段優れたる御長所なきも、又何等の御欠点も之なきに付然るべきか」と伊藤に話し、橋本の診察を受けて、「健康申分なし」として皇太子妃に決定したという（『原敬日記』）。

橋本が不適当としたというくだりは、『明治天皇紀』にある岡玄卿が反対したという説と異なるが、医師が健康上の理由で禎子の内定を取り消したという理由は変わらない。そして、その後、下田が長所もないが欠点もないので推薦し、健康も申し分ないので九条節子に決定したというのである。下田は自分が節子を皇太子妃にしたことを、原に自慢し、自分の宮中での力を誇示したかったのだろう。いずれにせよ、貞明皇后が皇太子妃となった大きな理由は健康であり、つまりは丈夫な皇位継承者を産むことが期待されてのことであった。

四人の親王

貞明皇后はこの期待に見事に応えた。結婚した翌年の明治三四年には長男の裕仁、翌三五年には次男の雍仁、明治三八年には三男の宣仁、そして皇后になってからも大正四年に四男の崇仁を産んだのであった。この直系四人の親王の存在は皇位の盤石を意味した。

当時は有栖川宮、伏見宮、閑院宮、山階宮、北白川宮、久邇宮、梨本宮など多くの宮家があり、明治天皇の直系ではないが、皇位継承者は数多くいた。しかし、直系は皇太子嘉仁一人であり、そのこころもとなさをどうするかが側近たちをふくめた皇室の大きな課題であった。明治天皇にさらなる皇子誕生を求める動きもあったが、結局は、唯一の直系男子に複数の男子を産ませることで、課題を克服したのである。

光宮宣仁（高松宮）

淳宮雍仁（秩父宮）

澄宮崇仁（三笠宮）

（いずれも，『大正天皇御大喪儀記録』より）

明治天皇存命中に三人の皇孫が生まれたことは、明治天皇にさらなる皇子誕生を望む必要もなくなった。また、これらの皇孫すべてが皇太子妃の実子であることは、皇室の安定にとっても効果的であった。すべてが身分の低い側室の子である皇子であった場合と比較すればそのことの価値は理解できよう。そして、このことは生母である貞明皇后自身の皇室内外における権威と権力をも高めたのであった。

皇太子嘉仁

ところで、「同疾」を理由に伏見宮禎子との婚約が破棄され、「健康中分なし」として新たに貞明皇后を皇太子妃とした嘉仁とは、どんな皇太子であったのだろうか。

大正天皇に関する学術的な研究書としては、原武史『大正天皇』（朝日選書　二〇〇〇年）、と古川隆久『大正天皇』（吉川弘文館　二〇〇七年）が、最も実証性が高い。また、F・R・ディキンソン『大正天皇』（ミネルヴァ書房　二〇〇九年）も国際的視点から、二〇世紀日本の「平和」と「西洋化」の象徴としての意味を強調している。これらの研究の論争点は、大正天皇の「病気」が当時の政治にどのような影響と意味を持ったのかという評価の違いにあろう。原は行啓時の皇太子嘉仁の快活さをもってその健康さを述べ、大正天皇は不当に「押し込められた」とする。古川は大正天皇の尋常ならぬ言動が皇位を嗣ぐにふさわしくなく、ために様々な政治局面で障碍となったとする。ディキンソンは大正天皇こそが世界史の流れに則した輝ける天皇であったとする。これらの主張の違いは、皇太子嘉仁の「病気」をどうとらえるかの力点の置き方によって生まれているといえる。

結論からいえば、やはり皇太子嘉仁の言動は尋常ではなかった。そしてそれは生来の病弱さ、生まれと育ちの良さからくる素直さ、周囲との軋轢処理の不器用さなどから派生したと思われる。皇位継承者という立場が、彼のわがままを許し、かつ彼を苦しめ、周囲をも困惑させたというのがおおよその姿ではなかったか。そのために、時には俗社会に染まった高位高官などよりも純粋にふるまい、むしろ嘉仁のほうが正常に見えることもある。しかし、嘉仁はいわゆる「健常な人」ではなく、壊れやすい心身を持ち、その壊れる不安を常に抱えている「脆弱の人」であった。

嘉仁の結婚を間近に控えた明治三三年二月一四日、伊藤博文は佐佐木高行に「皇太子殿下にも兎角御軽率の御天質にて何事も染々《しみじみ》被為遊候御事無之、是れには困る」と語っている。佐佐木も「乍恐《おそれながら》皇太子殿下の御天質は相伺居候通りにて、向来《きょうらい》〔従来〕尤御大事なり」と返答した。宮中の側近たちにとって、皇太子の「御軽率の御天質」は大きな悩みであったのだ。

皇子女の相次ぐ夭折

明治二一年一一月一二日、第四皇子の猷仁《みちひと》親王が脳膜炎で亡くなった。この段階で、明治天皇の皇子女九名中八名が夭折したことになる。唯一、生存していたのが数え一〇歳の嘉仁であった。明治天皇は次々と早世する皇子女への対策を陸軍軍医総監の橋本綱常に命じ、同月二七日、橋本は明治天皇に「皇子養育に関する意見書」を提出した。橋本は海軍軍医総監高木兼寛や侍医らと、夭折の多い皇子女の養育法について相談し、皇子女の死因がみな慢性脳膜炎であることに着目し、その防止策を練ったのである。橋本らは、脳膜炎は不治の病に属するが、衛生や養生につとめれば未然に防げないことはないとし、住所、空気、光線、食物、生活法の五条を正せば、身体は強くなり、脳膜炎の発病を抑えることができる、そのためには養育掛を精選すべきであると提案した。

この進言に基づき、当時生まれたばかりの常宮昌子内親王の御養育掛として佐佐木高行夫妻が選ばれた。同時に、女官に養育を一任する因習の撤廃が求められた。こうした結果、以後の一親王と四内親王のうち、周宮房子、富美宮允子、泰宮聡子の三内親王が成人したのであった。しかし、皇位継承者たる男子は唯一、嘉仁であることに変わりはなかった。その嘉仁も幼少時に脳膜炎に罹り、病弱であった。貞明皇后が健康な三皇孫を産み、皇位が盤石となったとされるゆえんである。

妃教育

三皇孫を産んだ皇太子妃であるが、貞明皇后への妃教育は厳しかった。数え一七歳の貞明皇后の指導にあたったのは、英照皇太后と昭憲皇太后の二代に奉仕してきた万里小路幸子《までのこうじゆきこ》を筆頭典侍とする六名の女官たちであった。万里小路は天保六年（一八三五）九月一九日生まれで、当時は六六歳、「宮廷のこと一切に通暁した」経験豊かな老女官で、和漢の学も裁縫、料理、茶道にもよく通じていた。佐佐木高行も「青山御所には浜萩典侍・万里小路幸子は余程の人物にて、今般英照皇太后崩御に際し御跡の御事等は勿論、是れ迄迚《とて》も同御所の能々行届きたるは畢竟英照皇太后の御徳に依れども、亦《また》浜萩典侍の御補佐与つて力あり」（『かざしの桜』明治三〇年一一月一〇日）と高く評価していた。

万里小路は貞明皇后という「未来の国母」に全力で奉仕した。貞明皇后へ「無遠慮な小言の矢」を飛ばしたこともあり、貞明皇后は「万里小路にしかられて、ほんとに切ない思いをすることもあります」と洩らして微笑んだという。万里小路は若い女官たちに範を示す厳しさがあった。貞明皇后はそけに感謝している。

の貫禄に圧倒された。万里小路は老齢のため宮中から身を引くが、後年、貞明皇后はその厳しいしつけに感謝している。

他方、大正天皇の生母であり、貞明皇后の御用掛となった柳原愛子は「かげになり、日向になり、年若い妃をおかばいした」。宮中生活に慣れないころの貞明皇后は、「そのあたたかい思いやりを、実の母のようにうれしく思った」という。柳原の米寿の祝いには、端布や古代布を八八枚集めて、それをつなぎ合わせて布団を縫った。柳原が昭和一八年一〇月一六日に四谷信濃町の自宅で他界した時、貞明皇后はその枕頭で生者に対するように手をとり、「長い間、わたくしが大過なく過ごしてこられたのは、全くあなたのおかげです」と語ったと伝えられる（早川卓郎編『貞明皇后』）。

万里小路と柳原という「鞭」と「飴」があり、貞明皇后は宮中に馴染んでいったのである。

3　奔放なる皇太子

憎めない性格

その言動は尋常とは思えないことが多かったが、嘉仁（大正天皇）は人に好かれる憎めない性格であったようだ。この憎めなさが、当時の人びとのみならず、後世の史家までも、嘉仁への悪口を慎ませていたようにも思える。結婚前の嘉仁が頻繁に会っていた梨本宮伊都子も「お気軽な大正天皇」「大正天皇のヤンチャなお素顔」と好意的である（梨本伊都子『三代の天皇と私』）。大正天皇の過度の寵愛を受けて権典侍から権命婦に降格させられたといわれる梨木止女

（椿の局）も、「お上」「お上」と好意を隠さない（『椿の局の記』）。嘉仁とすれ違いが多く、伊都子や止女に嫉妬したかもしれない貞明皇后でさえ、天皇という存在に対する畏敬という形式を越えた親愛の情を抱いていたようにみえる。奔放で無防備な嘉仁に母性本能をくすぐられたのかもしれない。

女ばかりではなかった。男でも嘉仁に同調する者は少なくなかった。東宮輔導として嘉仁に尽くした有栖川宮威仁もその一人だろう。侍従武官の四竈孝輔《しかまこうすけ》も、大正天皇の容態をあからさまに発表したことに「忠誠の臣民に驚愕を与へたる」と怒った（四竈孝輔『侍従武官日記』）。また、摂政を立てて嘉仁を隠居させた時、侍従や側近の中には、憤慨したり悲しんだりした者もいた（『椿の局の記』）。

こうした同調者の存在があるから、正常な天皇が政府高官たちに「押し込められた」とする原武史の説が浮上する。しかし、憎めない性格であることと、天皇として諸事を担うこととは別問題であり、その違いをどう見るかで大正天皇への評価も分かれるといえよう。

気ままな行啓

原武史『大正天皇』には、行啓中の嘉仁の肉声や本音が臨場感を伴って描かれている。原によれば、まず、結婚後の一九〇〇年五月二三日から六月二日にかけての伊勢神宮や神武天皇陵への結婚奉告の参拝の際に、京都帝大付属病院を慰問し、外科病室にいた一四歳の脊髄病患者と二二歳の火傷患者に病状の質問をしたのだ。皇位継承者が一般人に声をかけることなどありえなかっただけに、周囲も驚いた。原は、「思ったことを何でも口に出す皇太子」が儒教の抑圧を受けず、「純粋な感情をそのまま発露」したと肯定的に評価している。

続く同年一〇月からの九州巡啓でも、皇太子の「純粋な感情」は発揮される。二一日、小倉から熊本に移動する際に、嘉仁は同乗した福岡県知事に、県政についての質問もそこそこに「汝は烟草を好むや」と煙草を差し出し、知事をびっくりさせたのである。煙草好きの嘉仁がとった好意的な挨拶であったのだろう。二二日には寒中水泳を見るが、その意図がわからず「彼等はさぞ寒かるべし」と漏らし、水泳は途中で中止となった。その後、地方幼年学校を訪問するが、ここでは学生の歴史やフランス語の答案をひそかに持ち帰ろうとして見つかった。二八日には、香椎宮境内での松茸狩りがあまりとれるので、「殊更に植へ《ママ》しにはあらずや」とヤラセを指摘して関係者を慌てさせた。その夕方、見学した武術試合が終わった時、いきなり木刀を手にとって、東宮武官長の黒田久孝に「サー宜いか」と掛け声をかけながら数回にわたり木刀を振り下ろした。

その後の行啓でも意表をついた言動が多く、一九〇二年五月二〇日の高崎では、列車から降りて人力車に乗ると、さっさと通りを選んで進ませてしまった。そのため順路を決めて待っていた人びとを狼狽させた。さらに二三日の長野では、人力車に乗るや目的地をあちこち変えて楽しんだ。あげくはあぜ道に入り、予定にない大林区署に着した。「下民の人情、風俗を親しく御視察」と『信濃毎日』は好意的に評したが、嘉仁にそのような高尚な意図はなかったろう。

二四日に新潟県に入ってからも、嘉仁は自分の思いつきでしばしば予定を変更した。二六日午前は物産陳列館、午後は師範学校の訪問計画であったが、嘉仁が朝になって「これより師範学校へ」と言ったために、急遽変更となり、関係者を慌てさせた。そればかりか、嘉仁は突然ブドウ園行啓を希望し、二七日の真夜中近くなって、ブドウ園にその旨が伝えられたのであった。訪問される側の周章ぶりが想像される。

この後も、早朝に滞在中の宿を勝手にぬけだして散歩したり、行幸中に的外れの質問をくりかえしたり、独り言のような言葉をつぶやいたりと、奔放ぶりは変わらなかった。

台湾行啓中の裕仁

ところで、後のことになるが、大正一二年四月一二日から五月一日まで、嘉仁の長男である裕仁が皇太子として台湾を行啓する。同行した宮内大臣の牧野伸顕の『日記』や当時の『台湾日日新報』には、日程や道順を守り模範的な対応をする真面目で几帳面な裕仁の言動が数多く残されている。四月二六日に台湾専売局を訪問した際も、真面目さと几帳面さからくる裕仁の言動に、専売局の職員たちは驚きと喜びの声を隠さなかった。しかし、これらの言動の中には側近の予想外のものも多く、その意味では大正天皇と似たものがあった。

たとえば、裕仁は、二六日に専売局で食塩など専売品の陳列棚や工場などを見学した時、台湾の特産である樟脳《しょうのう》の部屋で、陳列されていた「吾妻レーザー（レザー・皮革）」に目をとめ、「是亦樟脳より製するものなりや」と質問をした。案内にあたった専売局長は、「之れは人造の皮革にて此白油を以て鞣《な》めすを以て茲に併せ陳列致しましたる」旨を答えた。裕仁は、「レーザー」が樟脳からできるのだろうかと、疑問を持ったのである。細かなことでも、自らの認識と齟齬がある場合には、率直に質問する性格がそのまま現れたといえる。しかも裕仁は、「其れはすべての点に於て天然樟脳と違ひはなきか、化学的性質に於ても相違はなきか」とさらに踏み込んだ質問をした。局長は、「御繰返しありたるには誠に恐懼に堪へざりき」との感想を残している。この裕仁の言動には、思ったことをすぐ口にする大正天皇とどこか似たものを感ずる。

陳列室から工場へ移る際に、裕仁の興味はさらに高まった。とくに樟脳の甕式冷却器に強い関心を示し、これに近づいて「熟覧」し、樟木片を手にしたりした。裕仁が触ったことにより、樟木片は永久保存の扱いとなった。その後も、「冷却するの装置の実際を御説明申上げたるが、殿下には御親ら深く室内に玉歩を運ばせ給ひて仔細に内部を御熟覧遊ばされたり」とあり、裕仁は局長の説明や意図とは別に、自分なりの興味を深めていたのであった。さらに、説明予定のない、荷造場や冷蔵用機関室などにも自ら入っていった。こうした裕仁に対し、関係者は「一同只管《ひたすら》恐懼措くところを知らざりし」状態だったとある。裕仁の持つ科学者的性格の発露ともいえるが、かつて嘉仁が皇太子時代の行啓の際に、周囲の思惑を省みず、自らの興味のままに質問したり、移動したりしたことも彷彿させる。嘉仁ほどの無節操さはないが、どこか共通する奔放さがある。

そして、局長を最も驚かしたのは、裕仁の労働者たちとの距離感の近さであった。裕仁は「下級労働者」と「擦れ擦れ」に阿片の「煙膏罐詰《えんこうかんづめ》の作業」を見学したのである。裕仁は近眼だったので、おそらくは、より近くで実物や現場を見ようとしたのだろう。とはいえ、局長までもが「下級労働者」と蔑む人々に、皇太子が抵抗なく近づいたことは、局長も、「下級労働者」も、周囲の職員たちも驚いた。そして感激となった。嘉仁を「他山の石」として皇位継承者としての自覚と節制を持った裕仁であるが、奔放で気軽なところは嘉仁にかなり似ていた（『皇太子殿下奉迎記』国史館台湾文献館『大正十三年　台湾総督府専売局公文類纂』）。

いずれにせよ、奔放で気軽な嘉仁を夫に持ち、その性格を受け継いだ裕仁を長男にした貞明皇后が、それぞれ個性的な両者と生活や行動をともにするには相当な精神力が必要であったろう。

ベルツをはじめとする宮中に関わった外国人たちの心配をよそに、皇室の家族同居は容易には実現しなかった。しかし、皇太子嘉仁と貞明皇后は五歳になった裕仁たちと週に数度は会うようになった。嘉仁を中心として、一家は毎週水曜と土曜は一緒に夕食をとった。貞明皇后は裕仁、雍仁、宣仁の三人の子供たちの行儀については一切口にせず、自由にさせていたという。嘉仁は葡萄酒を飲み、裕仁たちは代わる代わる罎を捧げてグラスを満たしたとも伝えられる。晩餐が終わると、一家団欒の時間となる。嘉仁は軍歌を歌い、貞明皇后はピアノを弾いた。

貞明皇后のピアノ

貞明皇后は嘉仁の歌に伴奏をし、ひとりの時はベートーベンやモーツァルトを楽しんだ。音楽家の幸田延子《こうだのぶこ》を招いてヴァイオリンやピアノに耳を傾けたりもした。幸田は音楽学校の教授で、東宮職御用掛として勤めたのである。幸田露伴の妹である。貞明皇后は裕仁たちのためにたびたび演奏会を開き、幸田は小学唱歌などを演奏した。ある時、老女官の一人が、いつも小学唱歌では退屈されるでしょうと進言し、「越後獅子」を勧めた。幸田は場にそぐわないと一瞬ためらったが、結局演奏した。

また後年、沼津御用邸での宴会で、女官が「東京音頭」を歌い出すと、貞明皇后はそのピアノ伴奏をし、若い女官たちまでが踊り出し、にぎやかな騒ぎになったという（主婦の友社『貞明皇后』）。こうした逸話から、貞明皇后はピアノが得意だったことがわかる。また、「東京音頭」のような流行歌を知っていたことは、貞明皇后が「下情に通じていた」という評を裏づけもする。

もっともこれらの逸話から、貞明皇后たち一家が常に一般家庭のような親子関係を築いていたと論ずるのは難しい。第二子の雍仁は、「はじめて父上と食事をともにしたのは葉山で、五つの時であり、東宮御所での両親との会食は、六つの時であった」「一生一度の親子でさした将棋であったと思えば、いつまでも忘れられない」と回想している（秩父宮雍仁『皇族に生まれて』）。平素会えない親子がたまに会うことがあったから思い出も深く残ったといえなくもない。雍仁自身、「こんな当然な、否、改めて書くのもおかしいような親子の間のことを特筆するところに、僕らの生活環境には全く特異なものがあったわけだ」（同前）と、書いている。会えばむつまじい一家であったが、普通の家庭ではなかった。

4　皇太子嘉仁の体調

皇太子の少尉原級維持

近年の大正天皇（嘉仁）の再評価の動きは、いつしか嘉仁が健康で聡明な名君であるとの印象をつけはじめてしまった（原武史『大正天皇』、F・R・ディキンソン『大正天皇』）。しかし、嘉仁が病弱であったことは否定できず、そのことを捨象すると、皇位継承をはじめとする明治期宮中の諸問題に嘉仁の病弱が大きな影響を与えていたことが意識されなくなり、なにゆえに伏見宮禎子から九条節子に皇太子妃を変更したのかという前代未聞の事態すら説明できなくなる。

嘉仁の結婚前の動向を追えば、やはり病気とそれに伴う能力不足とが重大視されていたことがわかる。たとえば、明治二四年七月一七日、皇太子嘉仁は学習院初等学科第四年級を欠席なしで卒業し、学習院はその勤勉を表彰した（『明治天皇紀』）。将来の天皇たる者が無欠席を表彰されることに、一種の異様さはあるが、病弱であった嘉仁としては快挙であった。さらに同年一一月一一日には、東宮武官長の奥保鞏《おくやすかた》が明治天皇に、陸軍少尉である嘉仁の進級の時期だが、実績がないので原級のままにしたいと述べた。明治天皇はこれに同意し、さらに皇太子の熱海避寒は「明年一月元始祭の後」と命じた（同前）。

元始祭は一月三日に天皇が皇位の元始を祝う宮中儀式だが、これが終わってから避寒させよというのである。つまりは、それまでは避寒させるなということになるが、反面、それ以後は避寒させていいという意味にもなる。嘉仁は、明治二三年には一月一九日、二四年には一月八日に熱海に避寒しており、元始祭の後の避寒は従来より早めとなる。翌明治二五年は一月四日に避寒している（同前）。当時は大日本帝国憲法も発布され、帝国議会も召集されて、政治的な活性化が進んだ時期であったが、次期の皇位継承者が毎年正月早々避寒するという状態だったのである。

遊猟の成果

明治二五年二月一日、嘉仁は明治天皇に熱海より猪一頭を贈った。自ら猟をして獲ったものであった。猪は伊藤博文、副島種臣、土方久元、黒田清隆らに配られた。同年四月四日には、嘉仁は千葉県習志野で三日ほど兎や雉子を獲り、帰京した（『明治天皇紀』）。明治天皇と昭憲皇太后とで政務などをこなしているさなかであるが、皇太子の健康向上が優先されていたのであろう。

こうした配慮が実を結んでか、同年七月二七日、嘉仁の学習院初等学科第五級修了時には、読書と馬術の進歩がみられ、記憶力の増進がみられた。もっとも「釈義の力較々《やや》乏しく、算術は他科に比して後れさせたまふ」という状態ではあった（同前）。

同年一一月三日、天長節に嘉仁はようやく陸軍歩兵中尉に昇級した。しかし、陸軍大臣の大山巌は昇級を奏請しておらず、明治天皇の意志によるものであった。明治天皇はさらに「成年までに少佐に陞任せしめたまへ」と、参謀総長の有栖川宮熾仁に命じた。明治天皇は、嘉仁の軍人としての成長が遅いので、軍関係者を叱咤したのである（同前）。

皇太子発熱

昇級の遅さを叱咤された嘉仁は、同年一二月二日、熱を出した。風邪ぎみであったが、脈拍が増えて、頭痛悪寒を生じたのである。診断の結果、腸チフスと判明した。二〇日ほど高熱が続き、幸い扁桃腺炎以外の併発がなかったので、年末に漸次快方し、翌明治二六年一月二四日に回復した（同前）。

回復後、嘉仁は明治二六年二月三日から三月一四日まで葉山の有栖川宮邸に滞留した。帰京後、四月五日に下総御料牧場を視察し、八日に佐倉歩兵第二連隊に行啓した。皇族軍人としての姿を示そうとしたのである。同年七月に学習院初等学科を卒業し、九月に中等学科への進学を決めた。この間、嘉仁自身は沼津御用邸などで避暑と避寒の日々を過ごした（同前）。

病状は一進一退

病弱の身を抱えながらも、嘉仁は次期天皇としての基礎を固めようとしていた。

明治二七年には日清戦争が勃発し、明治天皇や昭憲皇太后も多忙となった。嘉仁も広島の大本営へ赴き、戦争指導にあたる明治天皇の側で過ごしたり、昭憲皇太后と陸軍予備病院慰問をしたりした。明治二八年一月四日には陸軍歩兵大尉に任ぜられた。とはいえ、十分な体調とはいえず、一時は進学を決めた学習院中等学科はすでに前年に中退しており、三月には流行性感冒に罹った。その後、葉山御用邸で静養するも、六月にまたも腸チフスになり、体重が「一貫八百目（約六・七キロ）」も減った（『明治天皇紀』）。

八月上旬には、脾臓の硬化が和らがず転地療養ができないので、高輪御殿で逗留。回復すれば箱根宮ノ下に転地する計画であったが、発熱し肋膜炎と肺炎の徴候を見せた。明治天皇も嘉仁の病状を心配して、しばしばその経過を尋ねた。

嘉仁はようやく一一月に全快するが、その後は病後の療養のために葉山や沼津で過ごした。明治天皇は明治二八年一二月一〇日、葉山の嘉仁に盆栽三鉢と鴨一籠を贈っている。翌明治二九年一月に沼津に転地した体調をとりもどしてきた嘉仁であるが、今度はインフルエンザに罹ってしまった。おりしも三月には明治天皇も風邪で寝込んでしまい、病床で嘉仁の病状を聞くありさまであった。

以後、明治天皇も嘉仁も回復し、嘉仁は明治二九年一二月七日、横須賀軍港に行啓して日清戦争後に接収して帝国軍艦とした「鎮遠」の艦内を巡覧するまでになる。また、明治三一年一一月三日の天長節には陸海軍少佐に任じられた。とはいえ、この間も恒常的に病気や避暑避寒をくりかえし、少佐昇進も明治天皇の「濫《みだ》りに陞《へい》すべからず」との反対で一年遅れたのであった（同前）。

次期皇位継承者のこうした不安な健康状態などは、新たな男子の出生を求める声となりがちである。実際、「御側女官」などの提唱もあった。しかし結局は、健康な皇太子妃を求めて、その男子に期待する道が考えられはじめていた。伏見宮禎子の内定破棄による九条節子の妃決定はそうした文脈から生まれたものであった。

5　転機

「おてんば流」

結婚した当初の貞明皇后は女官の間で評判が悪かった。東宮女官長となった万里小路幸子は、結婚一週間後の五月一八日に「何分皇妃殿下にも当今の風に候哉軽々にて心配せり」と佐佐木高行の妻貞子に語っている。前述したように、万里小路は英照皇太后と昭憲皇太后に仕えた「古風一遍の老婦人」であった。佐佐木高行は「皇妃は当時勢に御出生、学校にて御成長被為在候へば、御挙動を奉伺て心配する事は当然ならんと皆人感ずるならんか。然れども自分どもの恐察するに、皇妃の御挙動は大いに御案じ申上るなり」と懸念した（『かざしの桜』）。当世風で困るというのである。

同年六月一九日には皇太子のかつての婚約者であった伏見宮禎子が山内家との結納の件で参内し、高倉寿子典侍に対面した。禎子が退出して後、高倉は「皇太子殿下妃御方は何分おてんば流にて困ると一同申、今以誠に禎子女王は残念千万なりと頻りに跡事を口説申候」(同前)という状態であったという。高倉といえば昭憲皇太后の筆頭女官であり、貞明皇后の宮中での孤立は尋常ではなかった。貞明皇后の苦境を救ったのは、嘉仁であった。万里小路が「妃殿下の軽々敷」と涙ぐんで意見を述べるのを見た嘉仁が、「学校にて活発に養成せるを止め候ては、折角活発なるを屈する様に成る」と制したのである。同世代の共有感覚があったのだろう。嘉仁は伊藤博文に「軽率」と嘆かれ、貞明皇后は女官に「軽々しい」と見られていたのである。

「おてんば」と評された貞明皇后だが、結婚して後の二年間は妊娠と出産のために費やした。その間に裕仁と雍仁の二人の皇子をもうけ、皇太子妃として最も期待された義務を果たした。

昭憲皇太后とともに

そうした事情もあって、貞明皇后が昭憲皇太后とともにした動きといえば、妊娠と出産に関わる諸事を除けば、明治三四年一一月六日、特別大演習のために宮城県に行幸する明治天皇を上野停車場に見送ったことぐらいであった(『明治天皇紀』)。しかし、明治三五年六月二五日に雍仁を出産して後、貞明皇后は昭憲皇太后と行動をともにする機会が増える。同年一一月七日、特別大演習のために熊本県に行幸する天皇を新橋停車場に見送ったのである。この時、皇太子嘉仁は葉山に静養中で、東宮侍従長の木戸孝正に大船停車場で見送らせている。

同一一月一二日、皇族や高官ら一〇四一名を招いて赤坂離宮で観菊会が行われたが、天皇が行幸中のため、昭憲皇太后と貞明皇后とで臨席した。嘉仁は葉山に滞在したままであった。一九日の天皇の帰京では、昭憲皇太后と貞明皇后が新橋停車場に出迎えた。嘉仁はまたも大船停車場で木戸に迎えさせている。なお、裕仁と雍仁は静養中の沼津停車場で出迎えた（同前）。

流産

明治三六年一月九日、明治天皇は常宮周宮御養育主任の佐佐木高行に、内親王は「出でて他に嫁するの身」であるから、「歳々夏冬居を都外に移し、終に以て習癖を成し」てはよくないので、そうした避寒避暑の習慣はなくすように命じたとある。その後、同月一一日、東宮輔導の有栖川宮威仁が皇太子（嘉仁）と皇太子妃（貞明皇后）との転地について相談すると、明治天皇は嘉仁と貞明皇后の避寒場所と日程を決めて無限定の滞在に制限を加えた。とくに貞明皇后には嘉仁のような長期滞在を許さず、早期に帰京するように命じた（『明治天皇紀』）。

同年四月七日には、海軍大演習へ行幸する天皇を昭憲皇太后、皇太子嘉仁、貞明皇后で新橋停車場に見送った。三者揃っての見送りも珍しかったが、嘉仁と貞明皇后の同一行動も久しぶりであった。五月二六日には、第五回内国勧業博覧会行啓のため、ともに大阪に向かった。そして八月一〇日、貞明皇后は懐妊の兆しを見せる。しかし、二五日に流産してしまった（同前）。

第三子の誕生

流産後の明治三七年二月三日、貞明皇后は沼津に行啓した。すでに一月一九日より沼津にいる嘉仁と合流したのである。貞明皇后と嘉仁は一カ月ほど滞留して三月九日に帰京した。当時、日露戦争がはじまり、軍務や政務が慌ただしくなり、嘉仁は三月六日に大本営付になった。また同月二〇日にははじめて帝国議会開院式に列席した。六月一七日、昭憲皇太后と貞明皇后は自らも巻いた綳帯四八〇〇巻を陸海軍へ献納した。この後も七回、総数三万三四五三巻を贈った。八月二〇日、日露戦争のさなか、貞明皇后は内着帯を行った。流産後一年にして第三子（第四子）を妊娠したのである。一二月一八日には着帯の礼を行い、旅順攻略に沸く翌明治三八年一月三日、光宮宣仁（高松宮）を出産した。この間、嘉仁ははじめての観兵式参列などをしたが、相変わらず避暑と避寒の日々であった（『明治天皇紀』）。

昭憲皇太后の代理

三人の皇子をもうけて皇位継承者出産の責務をほぼ全うした貞明皇后は、明治三八年七月二六日、昭憲皇太后の代行をする。米国陸軍長官のウィリアム・エッチ・タフトらが来日し、国賓待遇で歓迎された。一行に大統領セオドア・ルーズベルトの娘や同行の婦人らがおり、貞明皇后が桐の間にて対面したのであった。昭憲皇太后が葉山に転地療養中のためである。貞明皇后は、タフトらを招いた午餐でも明治天皇とともに豊明殿にて接待をした。しかし、その後、貞明皇后が昭憲皇太后の代行をする機会は少なく、明治四〇年七月一一日に、昭憲皇太后が前日に見残した東京勧業博覧会の諸館を貞明皇后に代わりに巡覧させその復命を受けたのが目立つ程度である（『明治天皇紀』）。

増える嘉仁との同一行動

新婚早々の嘉仁と貞明皇后にすれ違いが多かったことは、すでに述べた。その理由は貞明皇后の妊娠出産という事態にもあったが、嘉仁の家族愛の欠如も少なからず影響していたように思われる。しかしながら、明治四〇年ごろには同一行動が増えており、同年一月二六日には沼津に避寒する昭憲皇太后を皇太子夫妻が新橋停車場に見送っている。翌日には皇太子夫妻がともに葉山御用邸に避寒し、四月一八日まで滞在した。その間、三月一八日に葉山の皇太子夫妻は沼津の昭憲皇太后を訪問している。

五月四日には靖国神社臨時大祭に夫妻で行啓した。同月一〇日、皇太子嘉仁のみ山陰行啓に出るが、六月三日に貞明皇后も京都に行啓し、嘉仁と合流して後月輪東山陵を参拝する。その後も、夫妻は七月二四日に東京勧業博覧会に行啓、八月五日に塩原に避暑し九月六日に帰京した。一〇月一〇日からの韓国行啓は嘉仁のみであったが、翌年八月五日から夫妻で田母沢御用邸に避暑に向かっている。

明治四二年五月二九日には、夫妻で横須賀軍港に行啓し、軍艦「敷島」にて乗艦して第一艦隊の行う開戦準備、戦闘準備、火災演習、水雷発射などを見学している。八月三日から九月四日まで夫妻で日光に暑を避けた。明治四三年一月二一日から二月九日までは葉山に寒を避けている。

明治四三年五月二〇日に築地で開かれたエドワード七世弔祭に天皇は皇太子を、皇后は皇太子妃をそれぞれ名代として臨席させている。そして七月二九日には夫妻で日光に避暑したのである。一一月一〇日には特別大演習統監のため岡山に向かう嘉仁を、貞明皇后が新橋まで見送っており、次期の天皇皇后としての姿をみせはじめたといえる。また、皇太子嘉仁は「子煩悩」の一面を示すかのように、裕仁、雍仁、宣仁と一〇月二二日に一緒に参内し、一二月一八日にはともに鴨猟をしている（『明治天皇紀』）。

新婚当初は夫婦で行動することが少なく、皇子が生まれるときも側にいなかった嘉仁であったが、次第に家族としてふるまうようになったのである。

しかし結婚一〇年目となった明治四三年当時、貞明皇后は苦しい胸中を吐露するような次の歌を詠んだ。「いかにせむああいかにせむくるしさのやるせだになきわが思ひ川」「はてもなく千々に思ひの乱れてはわが身のほども忘れつるかな」「来し方はただゆめにして行末の空ながむればまづは涙なり」「うきことも悲しきことも忘れけりなれし小犬のあかぬむつみに」「一筋に誠をもちて仕へなば神もよそにはいかで見まさむ」「へだてなく語らまほしく思へども人の垣根に心おかるる」（主婦の友社『貞明皇后』）。

この一連の歌には皇太子妃となった重責につぶされそうになった貞明皇后の内面が詠まれている。夫である嘉仁（大正天皇）に頼って平穏な日々を過ごす姿はなく、孤独の中で煩悶している様が見える。貞明皇后はその苦しみを「一筋に誠をもちて仕へなば」との志で乗り越えようとしたのであった。誠を持って懸命に仕えれば、どうして神がよそごとと御覧になることがあるでしょうか、というのである。

腸チフス感染

そして明治四四年三月二七日、貞明皇后は葉山御用邸で腸チフスに感染した。「皇太子妃両三日来悪寒を覚え、是の日体温三十九乃至四十度を上下し、脈拍百余を算し、尋いで血尿を見る、乃ち扈従《こしょう》の侍医等拝診して腸窒扶斯と為す」と『明治天皇紀』にある。重病だったが、七月一日に回復。貞明皇后の人生観をも変えた大病だったといわれる。当時はまだ生まれていなかった貞明皇后の末子の崇仁（三笠宮）は、「その闘病のお陰ですっかり心の中もお変わりになって強くなられたと。それがその後のことにも関係して、一番重要なことだったんじゃないでしょうかねえ」（『母宮貞明皇后とその時代』）と語っている。

翌明治四五年七月三〇日に明治天皇が崩御し、「おてんばな」皇太子妃であった貞明皇后は「気丈な」皇后へと変わっていく。

第十二章　大正の諸相

1　新時代の文化

パルセバール式飛行船

大正元年一〇月二一日、大正天皇と貞明皇后は飛行船を見た。ドイツに発注したパルセバール式飛行船が、はじめて所沢飛行場から中野方面に試験飛行をしたのである。歌人斎藤茂吉もニコライ堂下から飛行船を仰ぎ見て、「きさらぎの天のひかりに飛行船ニコライでらのうへを走れり」と詠んだ。

この日は快晴の飛行日和で、飛行船は淀橋浄水場、新宿停車場、新宿御苑、青山練兵場の上を通り、さらに帝国議事堂、日比谷公園、帝国ホテル、お茶の水、飯田橋、高田馬場を経て、中野から所沢へ戻った。

飛行後、搭乗した井上仁郎《にろう》陸軍少将らは、天皇と貞明皇后から「十分によく見えたり」との電話をもらった。天皇と貞明皇后は、青山御所の庭に出て眺めたのだ（『読売新聞』大正元年一〇月二二日）。

徳川好敏の大飛行

同月二七日、天皇と貞明皇后は、今度は所沢から代々木練兵場に向かった徳川好敏《よしとし》大尉の飛行機を見た。天皇と貞明皇后は、平常通り午前六時に起床し、侍従より飛行機が来たことを知らされ、七時ごろ並んで御座所の廊下に出て上空を眺めた。ちょうど飛行機は市ヶ谷見付より濠端に沿って青山離宮上空に向かって来るところであった。天皇は望遠鏡で熱心に見ていた。侍従が操縦者の徳川の説明をするたびに、天皇と貞明皇后は感心の声を洩らしていたという。離宮内の東宮御所でも裕仁、雍仁、宣仁の三親王が六時に起きて、飛行機通過を知らされると、学習院の制服姿で庭の芝生に降りて、交代に望遠鏡で見たと伝えられた。

飛行時間は三二分であった。二年前の初飛行が四分といわれるから、当時としては大記録である。井上仁郎少将は着陸した徳川に走り寄り、「寒かったろう」と述べてその成功を祝した（『読売新聞』大正元年一〇月二八日）。当然ながら、飛行船も飛行機も宮城や離宮の上空は避けて飛んだ。大正と改元されてまだ三カ月、いかにも新時代を予感させる出来事であった。

メロン献上

大正時代は多くの新しい文化が広まり、従来見なかった珍しいものも増えた。貞明皇后の周辺にも、新時代の諸産物が集まってきた。農事試験場で栽培された野菜や果実などもその一つである。

大正六年三月二〇日付の『読売新聞』には、東京府立農事試験場の温室で栽培された胡瓜、茄子、インゲン、クワイ、トマト、独活《うど》などを青竹で作った籠に入れて、貞明皇后に献上したとある。翌大正七年七月二〇日には、東京府立農事試験場で栽培したメロンが貞明皇后に献上された。鈴木技師と内田属が宮内省に出頭して献上手続きをしたと翌日の『読売新聞』にある。また大正一二年八月一七日の『読売新聞』にも、東京府知事の宇佐美勝夫が日光御用邸で静養中の天皇皇后にメロンとバナナを二つの籠に盛って献上したとある。立川の府農事試験場で作ったもので、メロンは六種一四個、バナナは小笠原三尺種三貫目（約一一・二五キロ）あった。この年は新宿御苑のメロンは成績がよくないので、喜んで受け取ったろうと記事にある。

奠都博行啓

博覧会もしばしば開催され、貞明皇后も足を運んだ。大正六年には奠都五〇年奉祝博覧会が開かれ、五月二日に天皇が、四日に貞明皇后が行幸啓した。貞明皇后は午後一二時半に皇居を出て、上野公園の日本美術協会を見学し、その後、博覧会場へ向かった。会場には明治天皇東幸の際の五三次街道各県からの出品、台湾、朝鮮、関東州の主要物産などが展示されていた。明治以後五〇年の発展を実感したのである。

しかも、貞明皇后は出品された品々の多くを購入し、その品目と出品者が報道された。たとえば東京ではエンゼル香油・市原六三郎、ミルド（化粧品）・福田貴重、ゴム製玩具（馬乗子供、象、犬）・三田土ゴム株式会社、静岡県では子供帽子・帝国製帽株式会社、台湾では刻莨入《きざみたばこいれ》（大甲製）・粛伝香、標本（小リス）・高羽貞将など、一〇〇点ほどになる。この買上を広告にする店も出て「奠都博覧会に於て宮内省御買上の光栄を賜はる」などと宣伝した。また「クラブ化粧品の光栄」「レート化粧品の光栄」などの記事にして、「十七種の御買上」「十五種ほど御買上」と、貞明皇后御用達であることを誇示した（『読売新聞』大正六年五月八日、一二日）。

化学工業博覧会

貞明皇后は、同じ大正六年の一一月二日に化学工業博覧会へ行啓した。かつて明治天皇は華族女学校開校にあたり、初等教育における女子の理化学の知識を求めなかった。しかし、時代の進展の中で婦女子も理化学などへの関心を高めるようになり、貞明皇后はその模範を示した。貞明皇后は千種任子典侍や大森鐘一皇后宮大夫らを従えて見学、とりわけ染色法、液体空気、無線電話、毒ガスなどの実験などに深い関心を示した（『読売新聞』大正六年一一月三日）。

さらに、貞明皇后の化学工業への関心は浅草蔵前の東京高等工業学校への初行啓となった。貞明皇后は大正八年一一月一〇日に千種典侍らと同校を訪れ、化学室の悪臭も嫌わず実験などを見学したのであった。この時、同校では、婦人化粧品の製造方法や白粉《おしろい》の中毒症などについて説明したりした。しかも、その翌日には大正天皇生母の柳原愛子ほか一三名の女官が同校に宮内省の自動車四台で乗りつけた。柳原は白の打掛に緋の袴、女官は水色や鼠色の洋装であった。貞明皇后の見学した応用化学科、電気科、紡績科などを案内され、工芸品、織物、化粧品、陶磁器などについて種々質問をしたという。大正八年一一月一三日の『読売新聞』には、「これで皇后陛下の御話相手がやつと出来ると喜んで帰られたやうでした」とあり、貞明皇后が柳原や女官たちの「無知」をからかったのかもしれない。

「メタリコン」購入

大正一二年五月一六日と一七日付の『読売新聞』は、一五日に貞明皇后が千種任子典侍らと上野不忍池の発明展覧会に自動車で行啓したことを伝えている。

貞明皇后は、東館にて化学工業品と製作工業品を、別館で特許局出品の意匠商標を、新館では陸海軍出品を、西館では電気機械工業などを「隈なく」見て回った。動力館では動力利用の諸機械について「種々御下問」があった。この日、貞明皇后は、日本メタリコン工業所出品の「万物金属化メタリコン」に関心を持ち、三代目宮川香山《こうざん》作の陶器にメタリコン（溶金吹付）を施した花瓶と新型置時計二個を買った。

「オーバーザヒル」観賞

貞明皇后は当時話題となったサイレント映画も見ている。大正一二年五月二八日付の『読売新聞』には、「宮内省ではキネマ倶楽部を始め日活各館で上映中である『オーバー・ゼ・ヒル』が母性愛を主題とした教訓的映画であることを聞き、これを皇后陛下乙夜《いつや》の覧に入るべく文部省に照会する所あり、文部省では吏員が親しく同映画を検分の結果愈々《いよいよ》近き日を期して台覧に供へる事となつた」とある。

宮内省の求めがあり文部省が事前検閲したというわけだ。貞明皇后が見たがったのだろう。貞明皇后は一六日午後二時から赤坂葵町の東伏見宮邸で東伏見宮妃周子や親族とで観賞した。二九日には久邇宮良子も父母の邦彦、俔子と見ている。当時、良子は裕仁と婚約中であり、将来の姑と嫁とが同じ母性愛の映画を見ることに大きな意味があったのだろう。

映画「竹の園生」

大正時代には写真や映画が広まり、観賞するのみならず皇族が撮されることも増えていった。大正一〇年三月から九月にかけて皇太子裕仁が欧州旅行をするが、この時の映像や写真は多く残された。

大正一三年四月には、貞明皇后も映画に撮られた。文部省推薦映画協会は各皇族の日常を撮影して、「皇室と民衆の接近親和」を図る目的で「竹の園生」と題した映画を作っていた。その一環として沼津の御用邸滞在中の貞明皇后をレンズの前に立たせたというのである。四月末には完成し、全国の教育会、学校、官庁などに頒布すると、同年四月六日付の『読売新聞』は伝えている。

大正一四年五月には秩父宮が渡欧する。一年半以上の留学となるが、その出発の映像を天皇と貞明皇后が宮中大奥で見たとの記事が載った。「宮内省の写真班が撮したもので、青山御所のお出ましから感激に満ちた横浜港口でのお別れまで全部陸と海の二巻に収められてある」とあり、さらに「両陛下には殊に御兄弟の宮がお別れの握手を堅く交される場面をヂッと見詰めさせられ御感慨深げに拝されたと洩れ承る」とある。この映像は赤坂仮御所で、皇太子裕仁夫妻はじめ澄宮（三笠宮）らにも見せている（『読売新聞』大正一四年五月二八日）。

大正一五年一月二四日には、生後五〇日の祝を迎えた照宮成子の写真が撮られることとなった。賢所三殿を拝するのは寒さ厳しいため延期となったが、貞明皇后が初孫を早く見たいであろうとの配慮から、東宮職が写真を撮って貞明皇后に渡すことにしたのである（『読売新聞』大正一五年一月二一日）。

葉山のラジオ

ラジオも新時代の文化であった。ラジオ放送は大正一四年三月一日、東京芝浦放送局で試験放送がなされ、七月一二日に芝愛宕山で本放送がはじまった。受信機は鉱石式と真空管式があった。当時は大きなラジオで持ち運びも簡単ではなかった。皇族の梨本宮家ではラジオを欠かさず、渋谷の自宅から大磯の別荘に出かけるにもシトロエンに乗せて運んでいた（『梨本宮伊都子妃の日記』)。

大正天皇が危篤になる半年前、葉山御用邸の西付属邸が修復され、ラジオが設置された。大正一五年六月二一日付の『読売新聞』には、「宮内省内匠寮では六月一杯に同邸の修復工事を終る予定で夜を日についでの作業を続け、近頃には無い働き振りを見せ、又庭園課は御庭の若芝の植付やら近頃流行のシユロ銀杏等庭木の植込みから埼玉県献上のサツキを始め名花珍草等此処ぞと計り粋をこらして手入れがなされ、御居間には御滞留中の然徒《つれづれ》を御慰め申す為にラヂオが据え付けられ両陛下を御迎へする準備は着々と整へられつゝある。尚又宮内省雅楽部でも一週に一度宛葉山に出向いて古典的な器楽舞踊等を御覧に入れるとの事である」とある。

天皇は八月に葉山に転地し、しばらく順調であったが、九月に脳貧血発作をおこし、風邪と気管支カタルを併発、以後悪化して、後述するように一二月に亡くなる。

2　昭憲皇太后の継承と発展

くりかえされた御真影撮影

天皇の代替わりにより御真影も変わるが、大正天皇と貞明皇后の新しい写真が製作されたのは、大正四年一一月一〇日の即位大礼直前であった。大礼挙行前に全国の官衙学校に配布するために、画家の黒田清輝、写真師の小川一真、丸木利陽を宮内省調度寮御用掛とし、新築された宮城内の紅葉山撮影場で六月ごろより製作がはじまった。写真撮影について、丸木は次のように語っている。「今回御製作申上ぐべき写真数は大型（四つ切）小型カビネを合せて大凡《おおよ》そ二万五千枚余と記憶せり。大型は即ち官衙学校等へ下付の分にして、小型は高位高官の個人へ下賜せらるゝものと拝察せらる。かゝる多数の謹製に従ふ事なれば却々短時日にては出来し難かるべく、殊に尊き御真影の御事なれば慎重の上にも慎重の注意を払はざるべからず。従来自宅にて御下命を拝受したる時の如きも製作場は清浄を旨として注連縄を打ち廻し、使用の水を汲む井戸の如き注連を回らす程」。慎重を期するので「盆前に全部出来る事は先づ不可能」とも述べている。使用する写真機は「小西及浅沼両商店より新に納めたる英国製最上等の物」とも語った（『読売新聞』大正四年六月二三日）。

ところが、貞明皇后は第四子を妊娠中であることが判明して撮影は中止となった。そのため大正五年三月に宮城にて正装の肖像を撮影することとなった（同大正五年二月二日）。しかし、この時も撮影できなかったのであろう、大正五年七月六日と三一日、九月三〇日の『読売新聞』によれば、貞明皇后は七月五日に紅葉山の撮影所にてデコルテーと冠の写真を撮り、それを黒田、小川、丸木ら御用掛が調整したとある。この写真は一〇月三一日の天長節までに一万二〇〇〇枚が製作されて皇族や高位高官、全国の学校に下賜された。貞明皇后だけ新たに撮影しなおしたのである。なお、一般に流布している貞明皇后の御真影は大正四年撮影と伝えられる（たとえば、財団法人大日本蚕糸会『貞明皇后』）が、こうした経緯をみると、実際には大正五年撮影といえそうだ。

ちなみに、大正九年六月二九日の『読売新聞』によれば、二八日に貞明皇后と皇太子裕仁はルーマニア皇太子のために紅葉山で、御真影とは別に新たな写真を撮っている。貞明皇后はその後も多くの写真を撮り、そのいくつかは各方面に配布されていた。

紅葉山養蚕所

養蚕は英照皇太后と昭憲皇太后が国内産業の発展の一助として進めたものであった。貞明皇后も皇太子妃時代からこれを継承していた。そして、大正二年六月一八日に青山離宮から宮城に移居した際に、内匠寮に命じて紅葉山の一隅に二階建て木造瓦屋根の養蚕所を建設させた。一三間（二三・四メートル）に五間（九メートル）の広さといわれる。桑は代々木御料地か新宿御苑内のものを用いた（『読売新聞』大正三年四月六日）。

当時の『読売新聞』には、貞明皇后の養蚕に関する記事がしばしば掲載され、人びとの注目を集めた。大正三年五月一日には三重県農事講習所を優等で卒業した辻喜作という二七歳の青年が養蚕所助手になったと伝えられた。「秀才にして、品行方正、性質頗る温順にして模範青年」とある。また同月三日には「皇后陛下には御手づから桑葉を刻ませ給ひ蚕児を飼育遊ばさるゝ」と報道された。

大正四年四月二二日にも、「旧本丸跡に桑畑を御新設」「専門家一名づゝ、全国より十一名程召さるる由」などと載った。六月一八日には東京府西ヶ原高等蚕糸学校の養蚕室が火災となり蚕室六棟が燃え、この修理料として貞明皇后が金員を下賜したと報じた。皇后宮職は繭の乾燥を同校に委託していたのだが、すでに乾燥済で別倉庫にあり無事であったことも伝えている。

大正五年二月一五日には、「紅葉山の御養蚕所は二つに分れ、一方は進歩した学説の下に設計された蚕室として完全なもので、一方は此学校〔西ヶ原養蚕講習所〕で藁小屋蚕室と言ってゐる簡易な蚕室」「女官方も皆其の方の智識に富み、蚕の病気とか糸質などもよく御存じ」などの情報も知らされた。

「仁慈」　貧民や災害被害者たちへの慈善行為も継承された。大正三年一月一〇日の『読売新聞』は、昭憲皇太后と貞明皇后が「常に国民慈善の中心点」となし、「憐むべき無告の窮民」の救援にあたっていると伝えた。昭憲皇太后は「昨今の寒中寝心如何《いか》に」と、福田会育児院在院児童と赤十字病院施療入院患者に対し、双子縞、同裏地、仕立料などを贈った。

同月二二日には、天皇と貞明皇后が東北地方凶作および桜島噴火の救済のために一五万円を贈呈した（『読売新聞』大正三年一月二三日）。また二月一〇日には北海道や東北地方の凶作へ一万円前後の救恤金をそれぞれの県に下賜した（同二月一一日）。

大正三年一〇月一九日、貞明皇后が東京慈恵会総会に出席、在院の施療患者や孤児患者を慰問し、菓子や玩具を贈った（同一〇月二〇日、一五日、一九日）。さらに同月二一日には第一次世界大戦勃発により繃帯巻に従事する日本赤十字社篤志看護婦人会へ、貞明皇后および柳原愛子二位局や千種任子典侍ら女官から金員が贈られた（同二二日）。

山室軍平《やまむろぐんぺい》の日本救世軍への下賜もなされた。とくに第一次世界大戦によりイギリスの万国本営から送られる三万円の資金の三分の一が減額されたことを聞いた天皇と貞明皇后は、内帑金《ないど》（皇室の財貨）から三〇〇〇円を贈っている（同一二月二二日）。

こうした貞明皇后の「仁慈」活動について、大正四年一月一三日付『読売新聞』はこう記した。

「皇后陛下には昭憲皇太后の御遺業を御継承遊ばされ目下寒気の砌《みぎり》、東京慈恵会医院、日本赤十字病院、恩賜財団済生会、麹町診療所各在院施療患者及び、福田会育児院在院の孤児の状況を御軫念遊ばされ、木綿双子縞並に裏地に裁縫料まで添へて御下賜の御沙汰がありました」。

慈恵会や福田会のほかにも、渋沢栄一が寛政の改革の七分積金を活用して開設した東京市養育院、三井家が日露戦争時に三〇〇万円を投じて設置した三井慈善病院などへの下賜や差遣などもなされた。また、聾唖学校行啓など障碍者への配慮も怠らなかった。貞明皇后は昭憲皇太后の慈善事業を継承し、広範囲に発展させ、ハワイ日系人病院への援助やハンセン病救済事業にも関わるようになるのである。

赤十字総会の心得

赤十字総会への参列も継承された。大正四年五月四日には第二三回総会が日比谷公園にて開かれ、前年度の会計報告などがなされた。このころになると、会の形式も整い、開始時間や服装などが厳密に指示されるようになった。大正四年四月二七日の『読売新聞』は、「午前九時三十分会場へ参着のこと、社員章、有功章佩用《はいよう》のこと、服装、男子はフロックコート又は羽織袴、制服あるものは制服、婦人は篤志看護婦人会員制服又はビジチングドレス、若《も》しくは白襟紋付着用のこと、有功章佩用者、特別社員、婦人社員、職員は桜門、正社員、賛助社員は幸門及霞門より入場、各其入口に於て入場券引替に書類等受領のこと」と伝える。

ちなみに、この年四月の観桜会では婦人の白襟紋付は許されておらず、「通常服（イヴジチングドレス〔ビジッチングドレス〕）又は袿袴に限る」（同四月二三日）とあり、参列の夫人たちも服装にいろいろ気をつかわねばならなかったようだ。しかも、その後、大正九年には白襟紋付が許されたのである

（同大正一〇年一一月一四日）。

愛国婦人会と将校婦人会　毎年の愛国婦人会総会への行啓も欠かさなかった。大正二年一一月七日には第一二回総会が日比谷公園にて盛大に開かれ、貞明皇后も参列した。さらに九日には九段牛ヶ渕の愛国婦人会本部前庭にて創始者である故奥村五百子《いおこ》の銅像除幕式がなされ、貞明皇后の出席はなかったが、下田歌子が式後の講演を行った。貞明皇后はこの年より大正一一年まで毎年二五〇〇円ずつ計二万五〇〇〇円を同会に下賜する旨を告げている（『読売新聞』大正二年一一月五日、七日、八日）。

大正三年の総会は、昭憲皇太后の喪中であり、貞明皇后の行啓はあやぶまれた。しかし、第一次世界大戦勃発もあり、一〇月六日に行啓がなされ、例年通り二五〇〇円が下賜された（『読売新聞』大正三年九月二五日、二九日、一〇月四日）。

大正五年五月一六日には、築地水交社《すいこうしゃ》にて開かれた陸海軍将校婦人会十周年記念会に行啓した。貞明皇后は園祥子典侍らを従えて参列。総裁の東伏見宮妃周子はじめ、閑院宮妃智恵子、久邇宮妃俔子、伏見宮妃経子ら皇族妃のほか、陸海軍人の夫人たちが集まった。貞明皇后還啓後、園遊会が開かれた。

学習院女学部行啓　貞明皇后が在籍した華族女学校は、明治三九年に学習院女学部となっていた。貞明皇后は大正二年一〇月二七日に皇后となってはじめて同校を行啓した。千種典侍らが従い、昭憲皇太后の同行はなかった。前年二月に火災にあって仮校舎で授業をしていたため、学校側は遠慮を申し出たが、学業を見学するだけとのことで決行された。生徒には裕仁の結婚相手として適齢の伏見宮恭子《やすこ》、敦子、知子、梨本宮方子、規子、久邇宮良子、信子、智子らがおり、皇太子妃候補の視察もかねていたのだろう（『読売新聞』大正二年一〇月二四日、二八日）。

大正三年三月三一日の卒業式にも行啓し、大迫尚敏《おおさこなおはる》院長から卒業生と修業生の名簿を受け取り、式場に参列した。この年、中等科三年を修了したのが伏見宮恭子で、小学科を卒業したのが裕仁と同年の梨本宮方子と山階宮安子であった。久邇宮良子は小学科五年級を、信子は四年級をそれぞれ修了した（『読売新聞』大正三年四月一日）。

なお、大正四年一一月二九日付の『読売新聞』は、貞明皇后が東京女子高等師範学校の開校四〇年記念式の記事を載せ、「国母陛下も曾て付属幼稚園に御入園」と報道した。貞明皇后の行啓はなかったが、伏見宮妃経子が差遣された。伏見宮は、明治一八年の開校式に昭憲皇太后が臨席したことを述べ、同校との皇室との関わりの深さを強調したのであった。

地久節と第二皇子誕生日

貞明皇后の第一回地久節は大正二年六月二五日であった。満二九歳となった。しかし、諒闇中のため催し物はなかった。皇族や宮内官の拝賀はなく、各女学校でも課業を休んで奉祝の意を表するだけであった。天皇になったばかりの嘉仁は、前月に肺炎を患って葉山御用邸に静養し、貞明皇后は看病に明け暮れた。病状が一段落し、貞明皇后は御用邸やその周辺の散策に過ごす日々であった。和歌も詠んだりしたが、昭憲皇太后ほどは熱心ではなかった（『読売新聞』大正二年六月二五日）。

大正三年四月に亡くなった昭憲皇太后の喪中のため、実際の貞明皇后の第一回地久節は大正四年となった。皇族や政府高官が祝賀のために豊明殿に参内した。学習院女学部では、全校生徒が礼装で人力車にて登校、職員一同と大講堂で御真影を拝して、昭憲皇太后の「金剛石」と「君が代」を歌った。東京女子高等師範学校でも同様の式がなされた。日本女子大学では教育勅語が読まれた。貞明皇后は三年前に同校を訪れており、生徒たちは貞明皇后の和歌を朗詠し、下田歌子作の「ふじのゆかり」を歌って閉会した（『読売新聞』大正四年六月二三日、二六日）。

ところで、貞明皇后の地久節は、第二子である淳宮雍仁の誕生日でもあった。大正四年には満一三歳となった。朝食後、傅育官らの祝詞を受け、その後、参内して天皇皇后に対面し、地久節の祝詞を述べ、祝儀をもらった。昼は古式による「祝の御膳」をとり、午後は皇太子裕仁を待って、ともに余興を楽しんだ（同二六日）。

貞明皇后が満三三歳の誕生日を迎える大正六年六月一九日から二七日にかけて、『読売新聞』の「よみうり婦人付録」欄にて、「地久節と家庭」と題した連載記事が七回ほどなされた。執筆者は、関根正直、小笠原貞子、嘉悦孝子、山脇玄、成瀬仁蔵、岸辺福雄、三輪田元道ら女子教育関係者たちであり、それぞれの立場から地久節のあり方を論じたのである。「国民全体の大祭日として祝ひたい」「我々国民から御祝がいたしたい」などの推進論が語られ、なかには「『花の日会』を催したい」「赤飯で御祝ひ」「御馳走を並べ」「蚕飼の人形を祭りて」など各家庭での具体的行動を示す意見もあった。地久節は昭憲皇太后の時代よりもさらに盛大化し、国民規模の行事となっていったのである。

3　第一次大戦とその余波

宮殿消毒

明治四五年七月三〇日に明治天皇が亡くなって後も、大正天皇と貞明皇后はしばらく青山御所に住んだ。大正天皇は青山御所から宮城へ日々通って書類の決裁などをした。大正元年八月四日の『読売新聞』は「新陛下市民の不便を憫み給ふ」と題して、毎日通る時に電車を止めていると知った天皇が、「市民の不便甚しからん」と道筋の変更を宮内大臣の渡辺千秋に伝えたことを報道した。また、振動防止のために道筋の電車線路に砂を敷かせることをやめさせたことも伝えた。「新帝の善政」が真っ先に広められたのであった。

もっとも、大正二年三月二九日の同紙によれば、「宮城半蔵門内各所御修理の為め」青山御所より宮城への道筋が変わったとあり、必要に応じた変更もあったようだ。

宮城の修理は、天皇と貞明皇后が青山御所から宮城へ移るために進められたものであった。大正二年五月の移居にむけて、御座所や奥の修繕が着手され、襖、障子、敷物、飾りつけ、電灯工事などが行われた。そして仕上げに、宮殿の消毒がなされた。

「聖上御不例」

ところが、宮城に移居しようとした矢先の五月一八日、天皇は風邪をひき、二二日には肺炎と診断された。貞明皇后が枕元にて看病したこと、皇太子時代にも肺炎となったことなどが報道され、神田駿河台の高田病院長である高田耕安の「肺炎恐るゝに足らず」との希望的談話が載った。予定された天皇の行幸などはすべて中止された（『読売新聞』大正二年五月二三日）。この間、貞明皇后も看護疲れなどからか風邪をひき、即位早々、天皇皇后は床に臥してしまった。幸い、高田病院長の見通しがあたり、五月三〇日には熱が下がり、貞明皇后もまた回復した（同三一日）。

天皇と貞明皇后は回復後、葉山御用邸に転地療養し、いったん帰京後、さらに八月一〇日より避暑のため日光田母沢御用邸に向かった。ようやく宮城に落ちつくのは九月一五日に帰京して後のことである。

女官部屋移転

この間、皇后宮女官の人事もなされ、万里小路幸子、正親町鐘子、吉見光子、三善寿子、生源寺政子、烏丸花子らが新任として採用された。また、皇太后宮職から、御用掛に皇太后宮付典侍の柳原愛子、同権典侍の千種任子と園祥子、掌侍に皇太后宮付掌侍の小池道子、皇太后宮職出仕の穂穙英子《ほづみえいこ》、命婦に皇太后宮付命婦の西西子《にしにしこ》、権命婦に皇太后宮付権命婦の大東登代子らが配置された。柳原、千種、園の三名は、明治天皇の子を産んだことのある側室であり、なかでも柳原は大正天皇の生母で、貞明皇后の義母にあたった。女官の移転は地久節の六月二五日ごろまでになされ、貞明皇后が留守の間に、万里小路ら女官は青山御所から宮城内紅葉山麓の女官部屋に引っ越したのである。

諸儀式

大正天皇の誕生日は八月三一日であるが、暑中の東京に滞在しがたいことを理由に一〇月三一日に行われた。大正二年の天長節では日比谷公園に大菊花壇が設置され、一〇〇〇個の電灯が付けられた。菊は華族や実業家の菊愛好家により全国各地からとりよせられた。貞明皇后は内儀にて内宴を開き、閑院宮妃智恵子、東伏見宮妃周子、伏見宮妃経子、久邇宮妃俔子、竹田宮妃昌子らを召し、高等官や皇族家御用掛に酒饌を下した（『読売新聞』大正二年一〇月二二日、一一月一日）。

諒闇明けの大正三年一月には陸軍始観兵式、宮中講書始、新年歌会始などの諸行事が滞りなく進められた。この年の春には大正博覧会、秋には即位式が予定され（昭憲皇太后の崩御で一年延期となる）、めでたい年明けとなった。そうした折り、パリ発電信として「日本国皇帝及皇后両陛下は本年中に欧州へ渡航さられ各国の宮廷を歴訪せらるべし」の情報が流れた（『読売新聞』大正三年一月七日）。具体的な計画の存在は聞かないが、こうした期待が海外で高まっていた。

シーメンス事件

他方、国内の政情は穏やかならず、大正三年一月末にドイツの軍需会社シーメンス社による日本海軍高官への贈賄が発覚し、二月には憲政擁護会が薩閥根絶と海軍郭清《かくせい》を決議した。日比谷公園では山本権兵衛内閣弾劾の国民大会が開かれ、群集が国会を包囲して、軍隊が出動する騒ぎとなり、三月に山本内閣は総辞職した。こうした政情のため、天皇と貞明皇后は二月中旬から葉山御用邸に避寒する予定であったが中止となった。「政界の波瀾甚だしく時局益々紛糾を重ね」と大正三年二月四日付の『読売新聞』は伝えている。山本内閣倒壊後、貴族院議長の徳川家達が後継首班に推されたが辞退。その後、枢密顧問官の清浦奎吾《きようらけいご》に組閣の大命が下るが、海軍の反対で辞退。相次ぐ政局混迷の中で、昭憲皇太后が四月一一日に他界した。

日独開戦

荒れる政局とは別に、大正三年一一月三〇日の京都での即位式に向けての準備が各関係部署で進められた。鉄道院では東京駅や京都駅の大改築を急いだ。大礼用の御料車も新造された。しかし、貞明皇后の周辺は即位式どころではない慌ただしさとなった。大正三年八月二三日に第一次大戦勃発による対独宣戦があり、銃後活動が増えたのである。一〇月一四日、『読売新聞』は「時局に対する御製と御歌」を掲載し、貞明皇后の歌を二首披露した。一首目は「恤兵看護婦」と題して、「いとし子を人にまかし、軍人《いくさびと》すくひに出づる女を、しも」と詠んだ。二首目は「軍人遺族」として、「なきつまのおこし、ふみをかたみにし心ほそくもとし月や経ん」とある。

昭憲皇太后の時代にも行われた繃帯巻も再開した。貞明皇后の歌を載せた同じ紙面には、「女官たちの繃帯寄付」の記事があり、青山御所で高倉寿子、姉小路良子ら多くの女官が昼夜繃帯巻をし、陸海軍にそれぞれ一五缶を寄付し、以後も調整次第寄付する旨が記されている。同年一一月四日には「御手製の繃帯二百八十缶を青島攻囲の出征陸軍部隊へ、七十缶を膠州湾方面なる出征艦隊に御下賜あり、陸海軍大臣感泣して之を拝受せり」と報道された（『読売新聞』）。

また、日本赤十字社社長の花房義質《よしもと》子爵は、大正三年一一月に葉山の貞明皇后に拝謁し、「大正三年戦役救護開始及欧州に救護員を派遣せること」に関して述べた。貞明皇后は、「内地病院、病院船及び青島に派遣の救護員等、寒気の際、慣れざる地方にての勤務は極めて苦労なりしならんも、先づ無事に引揚げたるを喜ぶ」と語った（『読売新聞』大正四年三月三日）。

当時、貞明皇后は第四子を妊娠しており、出産が一一月ごろと予想され、即位式と大嘗祭に出席できなくなった。

靖国行啓

大正四年四月二七日から二九日にかけて、靖国神社で招魂式と臨時大祭が行われた。「大正三年戦役に関し死没したる軍人軍属及び台湾蕃匪討伐に関し死没したる軍人警察官並に維新前の殉難者」を合祀するためである。大正天皇と貞明皇后は、陸海軍省に祭祀料として二〇〇〇円を下賜した。なお、「大正三年戦役死没者」は九七九名、「台湾蕃匪討伐死没者」は二七〇名、「文久二年及元治元年殉難者」は六二名であった（『読売新聞』大正四年四月一四日）。

貞明皇后が皇后としてはじめて靖国を行啓したのは、大正九年五月一五日である。貞明皇后は千種典侍らと参拝して後、社務所で休憩し、神社の宝物、遊就館陳列品の見学などをした（同、大正九年五月一四日、一六日）。

ちなみに、大正六年一一月三日の『読売新聞』によれば、行幸啓に対する敬礼の注意が掲載されている。それによれば、文部省は小学児童の奉送迎の儀礼が一定していないため、行幸啓の際の敬礼について、文部次官名で各地長官に、以下のように指示した。「地上に座して奉送迎する場合には『気を付け』の号令で一同地上に端座して、『礼』の号令で両手を真前への地上に置いて、上体を約四十五度の角度に屈め、謹んで車駕に目を注ぎ、『直れ』の号令で元の姿勢に復す」。

「『号令』は全生徒に徹底するやうに懸けること、国旗、校旗等を持つてゐる場合には之れを前方へ仆《たお》さないやうに」との注意もなされた。天皇や貞明皇后を迎える側の態度まで細かく規制されていったのである。もっとも同注意によれば「車駕に目を注ぎ」とあり、下を向いて車駕を直視してはいけないというものではなかった。

義眼義肢下賜

さて、日本の青島攻略が一段落した後、貞明皇后は失眼または手足を切断した者に対して義眼義肢を贈る旨を公表した。この申込者が大正四年八月二一日までに義眼一一名、義肢八名、義足一三名、計三二名あった。このうちドイツ俘虜が四名ふくまれていたという。翌大正五年一月二一日には、久留米衛戍病院の一三名の傷痍兵に義眼や義肢を贈った（『読売新聞』）。

大正五年八月にロシアのペトログラードにてアレキサンドロフナ太公妃の庇護により補形術展開会が開かれ、義手義足に関する発明品の競技会も催される旨の報道がなされた。日本からも参加が「頻々たる有様」という。その背景には医学や軍事衛生が日本を模範とするようになったことがあるとし、「日本の義手足が賞賛される事は素晴らしいもので、特に陛下から敵国に対して、是が御下賜のあったこと」が感銘を強くしたと、『読売新聞』（大正五年三月二〇日）は伝えている。

シベリア出兵

その後、日本はロシアの革命干渉のため大正七年八月二日、シベリア出兵を宣言した。同年九月一一日、貞明皇后は沿海州や北満地方に転戦しつつある兵士たちを思い、防寒具への関心を強めた。宮城御車寄には「防寒服、耳並に眼覆、頭布、手袋、靴、靴下」などの防寒具が陳列され、貞明皇后は侍従武官らの説明を受け、いくつかの質問をした（『読売新聞』大正七年九月一二日、一四日）。

さらに貞明皇后は女官たちと巻いた綳帯一三〇缶をシベリアへ出征する兵士たちに贈った。「宮内省より綳帯三百個入りの鑵を十鑵宛収めた木箱十三個が自動車で二回に陸軍省へ届きました」と『読売新聞』（大正七年九月二九日）は伝える。

またこのころ、貞明皇后は千種典侍らと巣鴨にある東京廃兵院へも行啓し、傷痍兵八一名の製作した彫刻などの作品を見て、そのいくつかを買い上げ、銀製大花瓶や菓子などを贈った（同、一〇月二六日）。

ポーランド孤児救済

日本が出兵した当時のシベリアはポーランド独立運動家たちの流刑の地でもあった。その家族たちも移住して、ウラジオストックなどには一五万から二〇万人のポーランド移民社会が生まれていたという。彼らはロシア革命の混乱の中で、過酷な生活を余儀なくされ、子供だけでも祖国に戻したいという「ポーランド救済委員会」が組織された。しかし、大正九年にポーランドと革命ソビエト政権との間が戦闘状態となり、シベリア鉄道経由の帰国ができなくなった。そのため救済委員会会長のアンナ・ビエルキエヴィッチは、日本の援助を求めたのであった。外務省は日本赤十字社の協力のもと、大正九年から一一年にかけて約八〇〇名のポーランド孤児を受け入れて、福田会などで預かり、帰国の便宜を提供した。

貞明皇后もこれら孤児に菓子料などを贈って援助した（『読売新聞』大正九年一〇月二一日、大正一〇年三月一〇日）。孤児たちは日本を去るに際しては、皇室と貞明皇后の安泰を祈願するために麻布霞町の教会にてミサを行い、「君が代」を歌って感謝の意を表したという（同、大正一〇年四月一三日）。

第十三章　若き皇太子の後見として

1　天皇の病状悪化

「女子は政事に」

明治天皇が亡くなってまだ半年にもならない大正元年一二月五日、二個師団増設問題をめぐる紛糾で第二次西園寺公望内閣が総辞職した。一一月に上原勇作陸軍大臣が朝鮮常駐の二個師団増設案を閣議に提出したが、財政上の理由で否決された。上原は辞任し、その後、西園寺内閣は後任陸相が得られず、一二月二一日第三次桂太郎内閣が成立したのである。

翌一二月二二日、西園寺は前内務大臣であった原敬に、桂も了承したので「今回の更迭」についての事情詳細を昭憲皇太后と貞明皇后に言上すると述べた。さらに、明治天皇が亡くなった時に山県有朋と協議し、徳大寺実則侍従長を介して、昭憲皇太后より「篤と新帝に御話下さるる様」願うと伝えた。しかし、昭憲皇太后は「夫れは政事向のことの様」に思えるので避けたい、「先帝の御戒に女は政事に容喙すべきものに非ず」とあり、これを守りたいと返事した。政事向以外のことであれば「新帝に申上ぐべし」というのであった。西園寺は、「古の賢婦人など云ふことは実に此くの如御方のことを申すならん」と述べ、原は「恐れ多き次第なり」と感銘した（『原敬日記』）。

　西園寺ら政界首脳たちは、「新帝」となった嘉仁の言動に注文をつけたかったのだが、昭憲皇太后から「政事向」と断られたのである。

　昭憲皇太后は「女子は政事に容喙すべきものに非ず」との明治天皇の教えを守った。しかし、貞明皇后は守ろうにも守りきれない難問を抱えていくようになる。

貞明皇后の配慮　大正二年二月二〇日、山本権兵衛内閣発足で、内務大臣に復帰した原敬は、大正天皇と貞明皇后の行幸啓に同行したりした。同年八月一八日、日光行幸啓に随行した原は、列車内で天皇に呼ばれ「種々の御物語」を聞く。そしてアイスクリームをもらい、さらに貞明皇后から原ほか内務省随行員に菓子を贈られた。原はこの菓子を盛岡の母に送った（『原敬日記』）。
　九月一四日、原は大正天皇と対面し、日光の古河精銅所行幸啓の礼を述べ、さらに日光停車場で負傷した岡喜郎警保局長への貞明皇后の慰問を感謝した。その後、貞明皇后とも対面し、茶菓をもらい、「椅子にもよれ」と気遣われた。しかし、原は起立したまま水害地の情況、古河精銅所行啓や岡警保局長慰問の礼を述べた。貞明皇后は、「古河精銅所は珍らしき所にて始めて見たり」と満足の様子をみせ、岡のことは「後に聞きて驚きたり」と語った。原が退出する際に、女官から白縮緬一匹と酒肴料一〇〇円を下賜された。

この日、原は天皇から「母は無事なるか」と尋ねられ、また貞明皇后に列車内で拝領した菓子を母に送った話をすると、「帰省に付てはさぞ喜びたるならん」との言葉をもらった。「難有仰せありたり」と原は『日記』に記している。

この後も、原はしばしば貞明皇后から菓子を贈られた。こうした貞明皇后の細かな配慮が、原はじめ多くの側近や随行員たちの心をつかんでいた面はあったろう。

同行上の問題

大正天皇と貞明皇后が行幸啓で同行する場合のいくつかの問題も生じ、原はこれらの処置にもあたった。大正二年一〇月二〇日、桃山御陵に参拝した休憩中に原は大正天皇に呼ばれ、発車時刻が早いのは自分はかまわないが、皇后や女官らは「随分困る様子」があることを述べ、「自分の命なりとせず内務大臣の考として何とか取計せよ」と指示された。いかにも大正天皇らしい細やかさであった。原は床次竹二郎《とこなみたけじろう》鉄道院総裁と相談して、貞明皇后が同行の時は発車時刻に留意するようにした。

さらに写真の問題もあった。同じ桃山御陵参拝の際に、『朝日新聞』が天皇皇后の写真を撮ったのだが、原は伏見宮貞愛から、貞明皇后は「常に注意はなし居るも妙な姿勢の折などに写真を取られては誠に困る」と話していたことを聞く。原も新聞を見て驚いていたところでもあり「将来を注意せしむ」と返答した。「御場所柄出来得ざる所に入込み採影せしと見ゆ、不敬も何も彼等の考には之なきなり」と原は『日記』（大正二年一〇月二二日）に書いている。

一風変わった言動を続けた大正天皇であるが、即位前後のころは一定の責務を果たしていた。体調が崩れていくのは大正七年ごろのことであった。シベリア出兵にともなう米の高騰から起こった米騒動のため、大正天皇は避暑地の田母沢から帰京し情報収集などしたが、次第に病気がちになっていった。ちょうど、大正天皇と交流が深かった原敬が内閣を組織したころでもあった（原武史『大正天皇』）。

天皇の変調

原は大正八年二月一五日、葉山御用邸に避寒中の大正天皇に拝謁し、議会での予算通過やパリ講和会議の状況などを報告した。原は大正天皇に別段の異常も感じなかった。ところが、宮内次官の石原健三が天皇の変調を原に伝えた。葉山に来たがいまだに入浴も庭での散歩もなく、別にこれという症状もないが、少々熱があり、「御脳の方に何か御病気あるに非ずや」というのである。そして八月六日、侍従武官の四竈孝輔が天皇の異変を感じ、「時々御言葉の明瞭を欠くことある」と『日記』に記した。

九月になると、天皇は食事の姿勢もとれなくなり、日課の散歩や玉突きも出来なくなり、一一月には原敬も天皇の病変を『日記』に記すようになった。

戦艦進水式

大正九年三月三〇日、天皇の第一回の病状発表があり、尿中に糖分があること、座骨神経痛のため避寒中は静養することなどが報じられた。こうして四月一四日、皇太子裕仁がはじめて英国大使はじめ三カ国の公使に謁見して国書を受理した。原は「御態度並に御言葉等実に立派にて宮内官一同と共に実に感嘆せり」と次期天皇の成長を喜んだ。また同月二〇日の新宿御苑での観桜会には貞明皇后と皇太子裕仁が臨席した。そして五月一五日、貞明皇后は原と対面し、「選挙の結果其他」について話をし、原がその概要を述べた。

七月二四日には第二回目の病状発表があり、発語に障碍があることなども伝えられた。八月四日、葉山で天皇と静養中の貞明皇后は、侍立者なしで単独で原と対面し、原から議会の情況などを聞いた。そして、病状発表の国民への影響や、皇太子洋行問題の是非を尋ねたのであった。原は、病状発表で「人心の動揺を防止」したことを述べ、「一度は御洋行ありて各国の情況を御視察ある事尤も然るべし」と返答した。貞明皇后は首相の原と「政事向」の話題をせざるを得なくなっていたのである。

ちなみに、同年五月三一日、横須賀で戦艦「陸奥」の進水式があった。貞明皇后は皇太子裕仁と参列した。『原敬日記』には、「皇后陛下は進水式には全く御始めての臨御なりと御物語之ありたり」とある。当日の『読売新聞』にも、「皇后陛下が軍艦の進水式に臨御遊ばるゝといふことは、今日まで前例の無い御事」という皇后宮主事の三室戸《みむろど》敬光《ゆきみつ》の言が掲載された。病気静養中の大正天皇とまだ若い皇太子の間にあって、貞明皇后自らが天皇の責務を代行せざるを得なくなっていたのである。

江田島行啓

大正一一年三月九日から三〇日まで、貞明皇后は千種任子典侍、竹屋津根子権典侍ら女官数名を従えて九州方面を行啓し、その際に江田島も訪れた。第三子の高松宮宣仁が海軍兵学校に在学中であった。同行した皇后宮職御用掛の吉田鞆子《ともこ》の『筑紫行啓供奉之記』には、三月二四日、「直ちに御上陸あらせ給ふ。桟橋より兵学校講堂玄関前迄は、海軍武官生徒等、堵列して奉迎せり」とある。貞明皇后は山側にある特別棟の高松宮御殿の日本館を御座所とした。眼下に江田島湾と各校舎を見渡せた。

午後一時より兵学校に向かい、高松宮とともに軍艦各部の説明室に入り、電気応用など自由研究の教室、自習室、高松宮と伏見宮博信（のち華頂侯爵）の特別教室、寝室、浴室などを巡覧し、高松宮の英語の授業も参観した。最後に講堂で倫理の講義を聴いた。「人間の価値は、位階の高卑にあらず、各自の本分を全うするにあり」との結論で、吉田は「誠に当今の人心、いたずらに権利のみ主張して、其の本分を忘却し初めたる弊をたむるに適切なる講話なりき」との感想を記した。貞明皇后はその後、練兵場にて雪の中の分列式を閲兵、さらにボート競漕などを見た。翌二五日、雪で白くなった山々を見ながら、軍艦「天龍」に乗船して、江田島から瀬戸内海を渡って広島の厳島神社へ向かった（同前）。貞明皇后は病弱の天皇に代わり、軍務への関心も強めていたのである。

2　皇太子外遊と宮中某重大事件

穏田の行者

話は前後するが、大正九年六月四日夜、首相の原敬のもとを「穏田の行者」と称された飯野吉三郎《いいのきちさぶろう》が訪れた。飯野は、貞明皇后が下田歌子に内々に渡した書信を見せて、貞明皇后が皇太子裕仁の欧州訪問を好んでいないことを告げ、原らが進めている洋行問題に反対の意を伝えたのであった。しかし、原は「国民一般の希望なれば之を容るゝ事国のためなり」と、飯野の意見を退けた（『原敬日記』）。

当時、大正天皇の病状が悪化して、同年三月に第一回の病状発表がなされ、皇太子を外遊させて摂政としようという動きが具体化していた。しかし、天皇や皇太子の国外訪問の例はなく、国家主義者の頭山満《とうやまみつる》らは「日嗣の皇子（皇位継承者）」の洋行に反対し、貞明皇后も不安を抱いていたのである。原は洋行推進派であったので、これを阻止しようとして、飯野は貞明皇后の手紙を材料にして押しかけたのであった。

飯野は美濃国（岐阜県）岩村藩士の三男といわれ、占い師として身を立て、同郷の下田歌子を頼って皇室や政界に支援者を広げていった。日本海海戦の勝利を当てたり、満州への投資で成功したりして莫大な財産を得たといわれる。東京府青山の穏田に住み、霊示を述べ、「穏田の神様」などと称されていた。飯野は下田が昭憲皇太后の寵愛を受け、かつ貞明皇后の相談相手となっていたことから、宮中の権威をもとに各種の政治工作などに関わり、「日本のラスプーチン」とも呼ばれた。

下田歌子の暗躍

飯野が伝えた貞明皇后の不安に対して、八月四日、原は日光田母沢御用邸の貞明皇后を訪れ、「余は一度は御洋行ありて各国の情況を御視察ある事尤も然るべしと思考せり」と、洋行推進の意向を直接に述べた。その後、九月七日、下田が原を訪問し、貞明皇后は、原が皇太子洋行は「御見合ありても然るべき様」と言っていたと述べたので、原はこれは「少々相違せり」と否定した。原は「多分下田は皇后陛下御望みなきに付御中止然るべしと考へたるならん」と判断した（『原敬日記』）。

下田が賜ったという貞明皇后の内書を持って、一〇月一一日も飯野がやってきた。原は、貞明皇后が天皇と皇太子の健康を心配していることには共鳴していたが、国家的な大事を前にうなづけないでいた。さらに同月一六日、下田が直接、原を訪問し、またも洋行問題に貞明皇后が「心痛」していると訴えた。原は貞明皇后の心配は天皇の健康問題であり、洋行問題ではないと見ぬき、下田らの動きに対応していた。しかし、下田の暗躍もあってか、貞明皇后の決心は定まらず、皇太子洋行はなかなか決定しないでいた（同前）。

皇女教育などに成果をあげてきた下田は、昭憲皇太后や貞明皇后の信頼を得ていた。大正天皇病状悪化の中で、かつての華族女学校学監であり貞明皇后の先生でもあった下田が、貞明皇后の心の支えになっていたとしても不思議はなかった。下田の方はこうした自分の立場を利用して、宮中や政界の諸事に介入していたのである。

久邇宮良子の色覚問題

宮中某重大事件と騒がれた久邇宮良子の婚約破棄問題にも下田は関わっていた。洋行問題がまだくすぶる大正九年一二月に、元老の山県有朋は皇太子妃に内定している良子に色覚異常があるとして、内定取消を求めた。

大正一〇年三月になると、皇太子洋行が決行され、貞明皇后も皇太子の洋行中の模様を聞いて満足していた。すると下田は、今度は色覚問題で原を訪れる。同月二八日、下田は原に、色覚問題もさることながら、貞明皇后としては皇太子妃が皇族出身であることを心配していると伝えた。五摂家出身の貞明皇后と久邇宮家出身の良子とでは「将来の御折合」が難しいというのである。原もこの下田の情報にうなづいた（『原敬日記』）。

一方、貞明皇后は自らの近視を皇太子に遺伝させたことに対する微妙な気持ちもあり、かつまた天皇の決定を覆すことへの不満もあった（『牧野伸顕日記』大正一一年六月九日）。そのため内定通りの決定となるが、そのことは久邇宮への親近感とは別問題であり、むしろ、色覚問題の最中にとった久邇宮邦彦の言動に強い不快感を持った（浅見雅男『闘う皇族』）。

下田の追放

下田は洋行問題と色覚問題で、宮中へ自由に出入りして貞明皇后や女官たちの意向を得ており、それを原に流していた。原はそうした下田を利用した面もあった。しかし、下田と飯野の関係の評判は悪く、原は西園寺とともに「困ったものなり」と洩らしていた（『原敬日記』）。山県ら長州閥に近く、かつ後宮を闊歩する下田は、薩摩閥であり宮内官僚である牧野には悩みの一つであった。牧野は下田と飯野の影響力が宮中に及ぶことを排除しようと奮闘し、大正一四年三月九日、その効果が出た。この日、関屋貞三郎宮内次官が沼津から帰京し「近来の快報」をもたらした。「飯野、下田関係に付いてなり。次官の心労大いに賞すべきものあり。実に前途の為欣賀に堪えず。数年来の暗雲晴れ初めたる感あり」と、牧野は大いに喜んだ（『牧野伸顕日記』）。関屋は下田と飯野の往復書簡を入手し、それを証拠に小山松吉検事総長と相談し、下田を詰問して、「宮中の出入を遠慮する」「飯野との縁を切る」などの証文を書かせたという。そして、この証文を持って、一木喜《き》徳郎《とくろう》宮内大臣と関屋次官は貞明皇后に対面し、「今後下田を御召遊ばさざる様」に願ったのである（同、大正一四年七月二一日）。

こうして昭憲皇太后、貞明皇后の二代の皇后のもとで権勢を誇った下田は凋落する。当時、下田は七一歳、貞明皇后は四一歳。貞明皇后にしてみれば、先代の昭憲皇太后のもとで宮中を仕切ってきた下田の存在は大きかった。大正天皇の病気や、混迷する政局にあって、貞明皇后は常に孤独な判断を求められた。それゆえに、老獪な下田や飯野が貞明皇后の心の隙間に入り込む余地もあったのだろう。下田の追放は、牧野ら宮内官僚にとっては快挙であったが、貞明皇后にすれば、心の指標の一つを失ったといえなくもなかった。

3　「神ながらの道」

筧克彦の古神道

下田歌子や「穏田の行者」との関係が断たれるころ、貞明皇后は筧克彦《かけいかつひこ》の「神ながらの道」に心のよりどころを求めはじめた。「神ながら」とは「神でおありになるまま」「神の御心のままで人為を加えないさま」という字義であり、「神ながらの道」とは「神のままとしての生き方」とでもなろうか。

筧は明治五年一一月二八日生まれで貞明皇后より八歳年長の法学者で神道思想家であった。ドイツ留学を経て穂積八束《ほづみやつか》の後任の東京帝大教授となった。後に天皇機関説問題で軍部や右翼に攻撃される美濃部達吉の一歳上であった。

古神道に造詣が深い筧は、大正一三年二月二六日より五月六日にかけて、八回にわたり沼津御用邸にて貞明皇后の前で「神ながらの道」と題する進講を行った。その記録は大正一五年一月二五日に内務省神社局発行の皇后宮職御蔵版として、渋谷氷川裏の皇典講究所内にある「神ながらの道普及会」により頒布された。二円八〇銭であった。

同書の冒頭には、「神ながらの道」を伝える書物として『古事記』『日本紀（日本書紀）』『祝詞』があり、『古語拾遺』がこれらを補遺するとある。また、地方の風土記や万葉集などが側面から「神典」の解釈を助けているとする。そして、これらの書物が全一として「日本民族の理想信仰」を伝えていると主張した。

「神ながらのこころ」

筧は「ことあげ」の矛盾はあっても「神ながらの精神」は、あらゆる「ことあげ」の矛盾を超越して存在しているとし、『古事記』や『日本紀』の書物に宿る日本民族の精神の正統性を述べ立てたのであった。筧は「神ながらのこころ」として「各《おの》も各《おの》もの上に、神のましますことを忘れざること」「常に有り難くなつかしみ思ふ心を以つてものごとに対ふること」「己が受持を通して、世の中を提げ追ひ進むこと」「清明心《あかきこころ》を以て、汚を祓ひ、其が中よりうるはし《善美愛》きことを生ぜしむること」「道と事とを明らかにし、天皇《すめらみこと》をして彌々《いよいよ》『すめらみこと』たらしめまつり、其の御光を仰ぎつつ相扶けて『みこと』となし合ふこと」の五点を列挙した。日本古来の『古事記』や『日本紀』の内容を、近代的な論理操作の手法を以て体系化し、神道の精神が日本民族の究極の指標であることを理論化しようとしたのであった（内務省神社局『神ながらの道』）。

貞明皇后の絶賛

とりわけ、貞明皇后は筧の「夫婦一体」説に共鳴したといわれる。男系社会における女性の受け身の謙譲な徳が精神生活の本源であり、だから天照大神が女神であるとする筧の説に感動したという（片野真佐子『皇后の近代』）。そして、「充分に男子に従ひ男子を輔助する決心あらば、あへて外に出て、名誉をかち得ずとも自らの風の草を靡《なび》かす」（『大正の皇后宮御歌謹釈』）との意を強くしたのであった。

「百戦錬磨の老練な政治家たちのなかで、孤立無援の闘いを強いられてきた」貞明皇后は、「自らを隠すかたちで活動することによって、自己の意思を貫く腹づもりができた」というのである（『皇后の近代』）。

貞明皇后は筧の進講を受けたことを喜び、宮内大臣の牧野伸顕に丁寧な礼を述べ、「実に有益にして予想以上の興味あり、裨益《ひえき》する処多大なり、殊に女子には尤も為になる」と語った（『牧野伸顕日記』大正一三年四月九日）。そして、「積年の疑問も解け」「外来の宗教抔に対する心得方も依るところを得」「予期以上の教訓を得たり」と絶賛し、仲介の労をとった牧野に記念の品と歌を贈呈したのである（同前、大正一四年七月二九日）。

外来思想の放擲

さて、大正一四年二月六日付の『読売新聞』は、「外来思想に惑うなの思召で皇后宮が神道の書を御配布」の記事を掲載した。同記事によれば、貞明皇后が「近来徒らに外来思想にまどはされる国民に対し我が神道の尊く重んずべき事を示す」ために、筧が貞明皇后に行った進講速記の編纂を命じて、貞明皇后が書名をつけて宮内官へ配布するとある。宮内官僚たちが欧米文化を重視し、大正天皇や皇太子裕仁まで欧風を好むようになった中、他方では人権思想の拡大による小作争議や労働争議などが数多く発生していった時期でもあった。欧州では革命による王室崩壊も現実のものとなり、その余波が日本にも届いていた。国際化が進むほど排外的な民族主義がよりどころとされる動きも生まれやすく、貞明皇后はそうした心性に傾いていたようだ。

大正一五年一月一七日の『読売新聞』にも、「皇后宮　思想の悪化を御心に懸けさせ　新年御詠と共に　民草に示し給ふ御近詠　山脇夫人に御下賜」の記事が載った。貞明皇后は大森鐘一皇后宮大夫を通して女子教育家の山脇房子に『神ながらの道』を下賜したのである。山脇は「近来大変に思想が変つて参りましてやゝもするとよくない考へをいだく人さへ出る今の世の中を御心に止めさせられたものと拝察いたします」と述べ、「かくまで御心を痛ませらるるはまことにおそれ多い」と恐懼した。そして、「外国からどんな新しい教へが来ても夫れを日本化して味はえ」という言葉に感銘し、「この御心を体して教への道にたづさわりたいと思ひます」と語った。下田歌子を失った貞明皇后が、今度は山脇を介して女子のへ影響力を行使しようとしているようにも見える。

筧の新聞連載と反論

筧は昭和五年五月二〇日から二四日まで『読売新聞』に「神社と国法」と題した五回の連載を書いた。それぞれ「神社及び国法の根底」「立国法（国体法）皇祖皇宗の遺訓」「憲法及第二十八条信教自由の本質」「神社の本質　神社の歓迎性」「神社法令の大系　神社の諸態様」について論じたのであった。こうした神社重視の連載の背景には貞明皇后の支援もあったのだろう。

ところが、翌六月五日から一〇日にかけて四回にわたり芙蓉楼主人の「筧博士のドグマを評す」が同じ『読売新聞』紙上に連載され、筧の神社神道至上主義の論説に批判を加えたのであった。芙蓉楼主人は、筧の、大日本帝国憲法は神社神道の精神を具体化したものでありドグマ（独断的な見解）によって定まったものではないという説を否定し、筧の説こそがドグマではないのかと反駁した。

芙蓉楼主人は「筧博士のトリックは元来配すべからざるものを強ひて結婚せしめんとする処にある。政体を宗教によりて神聖化せんと企て、祖先教を以て皇帝崇拝の保護色たらしめんとする」と論じた。そして「十重にも廿重にも神社神道を保障せしめねば安心がならぬものと見える」と、キリスト教の存在などを軽視する筧の独善性を論難し、筧は「神社神道を以て国教の樹立に資せんとする下心あるには非《あらざ》るか」と論を結んだ。

芙蓉楼主人は、昭和六年二月一三日の『読売新聞』にも「建国祭を顧みて」を載せ、「神話の存在は愛国的にも批判さるべき当然の運命をもつ」とし、「建国祭が紀元節以外に何等かの意味があるならば、それは日本の正しい批判と文化的の正道のために神話の批判に入らねばならぬ」と主張した。宗教問題に造詣深く、かつ科学的な論理思考を持った論客と想定される。

芙蓉楼主人の正体はともかく、『読売新聞』が貞明皇后の支援がある筧を批判する論説を載せたあたりに、昭和初期の一つの政治的雰囲気が漂う。伝統派の貞明皇后から開明派の昭和天皇に代替わりしたことも、少なからぬ影響があったろう。

修身と皇室

ところで、戦前の小学校の修身書には皇室や天皇、皇后、皇太后の記載もあり、皇室崇敬思想の涵養に大きな影響を与えていた。大正二年の尋常小学三年の修身書に「くわうごうへいか」があり、「くわうごうへいかはおちいさい時からしつそにあらせられ、又下のものをおあはれみになりました。くわうたいしひになれせられてからも、かひこをおかひあそばしたり、いくさの時にははうたいをおつくりになつてぐんじんにたまはつたり、ありがたいことがかずかずございます」と、漢字も読めない低学年のうちから、貞明皇后の「美徳」が讃えられていたのである（中村紀久二『復刻　国定教科書　解説』）。

他方、昭和初期になるとこうした修身教育に対して、現場で解釈を変える事態が起こり、文部省当局はこれを調査した。文部省思想局編『修身教材の取扱並に小学校教員左傾の原因に就いて　秘』（昭和一〇年一月）には、いわゆる「左傾教師」は「皇太后陛下」を教える時は、「皇室費の莫大さ」「皇太后陛下と吾々の生活との対比」「何が故にブルジョアは皇室皇族の行為を讃美するか」を暴露し、反君主制に逆用するとある。そして「君主制撤廃」「土地財産没収」の「プロレタリア・イデオロギー」を教える材料としていると指摘する。この報告書がどこまで実態を描いたのかは不明だが、修身を逆利用して、皇室の問題点を明らかにしようとする動きがあったことは考えられる。また、こうした思想的混迷の時代にあって、貞明皇后が「神ながらの道」に心の救いを求めたことも容易に想像しうる。

4　母子の齟齬

関東大震災

大正一二年九月一日、関東大震災が起きた時、貞明皇后は大正天皇と日光田母沢御用邸にいた。日光でも震動があり、柱がきしみ、物が落ちた。貞明皇后は「ご不自由な天皇の玉体にお手を添えられて」、庭先の広い芝生に導いた。そして、電話で東京と連絡をとるように指示した。しかし、電話は不通だった。貞明皇后は伝書鳩に「両陛下のご安泰を記した小さな通信文」を託して、空に放させた。

九月三日になって東京からの飛行機が通信筒を御用邸の庭に落とした。裕仁の無事が記されていた。御用邸では大正天皇と貞明皇后の無事を知らせるために、「大きな日の丸の旗」を何度も振って合図した。貞明皇后は葉山ではなく日光に静養したことを「不幸中の幸」と思った（主婦の友社『貞明皇后』）。

裕仁は九月一五日に摂政として東京を乗馬で視察した。翌一六日、牧野伸顕宮内大臣を赤坂離宮に呼び、震災のため結婚を延期すると述べた。日光の天皇と貞明皇后にもその旨が伝えられた。

貞明皇后はできるだけ早く、天皇不在の東京へ帰る決心をし、九月二九日に帰京した。上野駅についた貞明皇后は、宮城にもどらず、そのまま上野公園自治会館内の被災者収容所を慰問し、さらに宮内省巡回病院、神田和泉橋の三井慈善病院を見舞った。翌三〇日には陸軍第一病院などを、一〇月二

良子妃（香淳皇后）　　皇太子裕仁（昭和天皇）
（左右とも，『大正天皇御大喪儀記録』より）

日には伝染病研究所や済生会病院に足を運んだ。一一月五日には、横浜市野毛山などに避難した罹災者を慰問した（同前）。

翌大正一三年一月二六日、裕仁と久邇宮良子の結婚が行われた。貞明皇后は式の前に牧野宮内大臣に、婚礼は人生最大の祝典であるからすべての調度を整えておくべきだろうが、「皇太子は、ほしいものをいつでもお求めになれる境遇にあるのだから、いま一時に全部をととのえておく必要はあるまい」との指示を与えた（同前）。母の威厳でもあった。

良子の農作　大正一三年二月一日の『読売新聞』は、「東宮妃の宮のお畑から　お美事な練馬大根　御自身携へられて両陛下の御覧に」との見出しで、皇太子妃となった良子（香淳皇后）が、練馬大根を作って貞明皇后に見せたと伝えた。貞明皇后はすこぶる満足し、「是非丹精の畑を見たい」と述べた。皇太子妃良子は、赤坂離宮内の観菊会の菊畑三〇〇坪を改良して小松菜、白菜、ホウレン草、大根、蕪、牛蒡などを育てたというのだ。これらの野菜は裕仁の食膳に出したとも報じている。

良子はテニスやゴルフもするが、農作に興味を持ち、鋤《くわ》や鍬《すき》を手にして、運動服姿で種蒔きから取り入れまで自分ですると、東宮職事務官の木下道雄は取材に答えている。久邇宮家の令嬢であった良子の意外な一面である。

かつて大正九年に宮中某重大事件が起きた時、貞明皇后は「未だ真の御内約であるから御取り消しになれぬ分けでもない」と、良子の婚約破棄を認める発言をしたことがある（『牧野伸顕日記』大正一〇年五月九日）。背景には良子の実父である久邇宮邦彦の「御自分様が勝つたと云う御態度」などが気に入らなかったことがあった。貞明皇后は、元宮内大臣の波多野敬直の説得で結局は「左様か」と良子の結婚を認めるのだが、久邇宮家への不快感は根強く残った（浅見雅男『闘う皇族』）。

色覚問題自体は、貞明皇后自身が近眼でそれを裕仁に遺伝させたという悔いを持ちつつも、結婚に反対する材料にはならなかった。しかし、身分や生活習慣の違いへの拘泥はあった。貞明皇后は、自分の出自が五摂家であり、皇族の久邇宮家より下位にあることを気にしていたのである。育ちは中野の田舎の大河原家であり、近代化され欧風化された良子への思いは複雑であった。良子の農作は、そうした貞明皇后への配慮であったともいえる。

洋行帰り

貞明皇后は皇太子裕仁の欧州訪問に慎重であったが、その成功は素直に喜んだ。大正一〇年六月二八日の『原敬日記』にも「皇太子殿下御洋行御成功に付、皇后陛下今は大に御満足の様子なり」とある。

しかし、欧州で影響を受けた裕仁との波長は微妙にずれていった。裕仁の帰国後、貞明皇后も洋装が増えるが、本心とは違った。貞明皇后の四男の三笠宮崇仁は「やっぱり和服というものを尊重されていましたね。ご自分の御生活は洋装ですけれど、秩父宮や高松宮や私が大宮御所に出るときは、『和服で来るように』とおっしゃった」と語っている。三笠宮妃百合子も「夜は和服でした」と回想する。貞明皇后は養蚕をしており、絹が好きだったのだが、時代の変化や皇位継承者である裕仁の主義を尊重したともいえる。三笠宮は「貞明皇后としては昭和天皇が洋服や女官などの在来の制度を全部改革なさったというようなことには、ご不満があったのかもしれませんね」とまで述べている（工藤美代子『母宮貞明皇后とその時代』）。

女官の通勤制

三笠宮が指摘するように、裕仁の女官制度改革は貞明皇后の意思にそぐわないものであった。裕仁は欧州王室との交流から、皇室における家族別居の慣行を改めようとした。皇室には子供を他所に預けて育てるならわしがあり、昭和天皇も生後七〇日目に海軍中将の川村純義《すみよし》伯爵の家に里子に出され、数え四歳まで育てられている。次男の雍仁（秩父宮）も川村邸に預けられ、三男の宣仁（高松宮）も両兄とともに皇孫仮御殿で養育された。

裕仁は、欧州外遊などの経験を重ねて、家庭団欒の必要を強く思うようになり、結婚を目前にした大正一一年一月二八日、牧野伸顕宮内大臣を呼び、女官の通勤制を提案した。裕仁は、「子供も出来るとすれば此までの如く他へ預ける事は不賛成なり、奥にて一処に育てる方相当と考ふ」(『牧野伸顕日記』)と述べたのである。牧野は裕仁の突然の改革案に驚き抵抗し、貞明皇后の意向もうかがう必要を訴えた。それでも裕仁は意見を変えず、貞明皇后に相談するのは当然だが、「尚考え置き呉れ」と頑固な態度で応じた。牧野はこうした裕仁を知って、将来、貞明皇后とも衝突する危険と、母子の間の意思の疎通を図る必要性を痛感したのであった。

大正天皇崩御

牧野は同じ年の九月、貞明皇后と裕仁の行き違いを実感することになる。牧野は地方視察と重なるため、裕仁は新嘗祭ができないと貞明皇后に伝えたのである。貞明皇后はこれを諾したが、「殿下には御正坐御出来ならざるに付御親祭は事実不可能なり、今後は是非御練習の上正坐に御堪へ相成様致度」と注文をつけたのである。さらに「昨年来殊に此種の御務め事に御怠慢の御様子あり、今後は何とか自発的に御心懸け相成る様致度し、夫れも御形式になく御心より御務めなさるゝ様御自覚被為度望み居る」と、裕仁が祭祀を怠け、かつ形式的で心がこもっていないと批判したのであった(『牧野伸顕日記』大正一一年九月二二日)。

貞明皇后と裕仁の心が乖離する中、大正天皇が亡くなる。大正一五年一二月一日、葉山御用邸で静養中の大正天皇の容体が「一進一退」であり、一木喜徳郎宮内大臣が東京駅から葉山へ向かったと報道された。同日、東京府小石川白山の大乗寺(日蓮宗)では「聖上御脳御平癒の祈禱」が行われ、生母の柳原愛子二位局が同寺を礼拝した。翌二日の『朝日新聞』は、大乗寺の祈禱式で礼拝する柳原のていた。
写真と記事を掲載した。隠退したばかりの千種任子典侍や、照宮養育掛の竹屋志計子権典侍も同道していた。

一〇日、柳原は寝具などを揃えて鎌倉の別邸から自動車で葉山に向かった。しかし、貞明皇后は高齢の柳原の身を案じて引き取らせた。柳原は帰途の自動車の中で同乗の付き人である北大路かぢ女に「一言も語らず黙然として顔をそむけていた」という。「風吹き荒むさびしい逗子の海辺を一直線に鎌倉の別邸に帰った」と『朝日新聞』は書いた。

一一日、皇太子夫妻（裕仁・良子）は水仙と鶏卵を土産に持って葉山に向かった。すでに五度目の見舞いであった。「定めしおゆかしい妃殿下のお心づかひは、御病床の聖上並びに御看護の皇后陛下に御慰めとなることと拝察される」と同日の『朝日新聞』にある。

貞明皇后の看護の様子も日々報道され、「御食事までもお謹み　畏多き皇后宮の御心願　すべての御日課を廃せられ　昼夜の別なくひたすら御看護」（一二月一二日）、「拝するだに畏き　皇后宮の御心尽し　四日以来お風呂も召されず　御病床にお詰め切り」（一五日）、「御母陛下（貞明皇后）と共に東宮妃（良子・香淳皇后）暁ちかくまで御枕辺に　御小康は一に神明の御加護と　皇后宮伊勢神宮に御遥拝」（一九日）、「拝聞するだに涙こぼる、　皇后陛下の御心づくし　この幾月の常侍御看護に　その御かひも見えず」（一九日）などと続いた。貞明皇后の実母である浄操院（野間幾）も京都川端の九条家別邸の居間に閉じこもって、邸内の春日神社遙拝所を参拝したり、仏間に端座して「御脳御全快」を祈願したりした。

この間、貞明皇后は見舞いの者への采配もとり、奉伺者は全員新築されたばかりの新御用邸で受付けて、病床への立入を制限した。大正天皇の側には、看護の者のほかは、貞明皇后と皇太子夫妻、直宮たちのみしか出入りできなかった。そうした中で、一二月一七日、貞明皇后は、毎日のように鎌倉から葉山へ参殿する柳原は「何をおいても御病室へ通せ」と女官に命じたのであった。また一九日には、かつての養育掛であった曾我祐準《そがすけのり》には特別に入室を許可した。

梨本宮妃伊都子ら皇族たちは逗子ホテルに滞在して交代で御用邸に出ていた。しかし病室に入ることはなく、控室で病状を告げられていた。二四日の伊都子の日記には「御爪の色など昨日より紫色になり、御鼻の両方をちこみたり〔落ち込みたり〕との事」などとある。そして二五日、「午前一時十七分、宮内次官〔関屋貞三郎〕は、聖上陛下、大正十五年十二月廿五日午前一時十五分、御危篤の御容体にあらせらると申す。ア、万事休す」とある。そして一時三十分ごろ、一木宮内大臣が「しほ〳〵として来り」、午前一時二五分に「肺炎御増進、心臓マヒ」で大正天皇が亡くなったことを控えの皇族たちに告げたのであった。同日の『朝日新聞』は、「御すゝり泣きの声悲しく　皇后宮の尽きぬ御歎き　静かにガーゼもて御唇、御胸を霑《うるお》させらる　御痛はしき御臨終の御模様」の記事を載せ、「皇后宮には先帝の龍顔と侍医頭の顔とを交る〳〵御見つめになり眉一本のゆるぎにも御心砕かれたと承る、一時二十五分遂に聖上崩御遊ばさるゝや、一旦御病室から御退出になつた時は流石に御張りつめた御心もゆるませ給うたのか御足取りも重々しく拝された」と記した。病室で看護に努めた柳原愛子も「よゝとばかり　御枕辺に二位局　老の身痛はしく　張り詰めた気もくじけて」と伝えられた。

大正天皇が亡くなって皇太后になってからの貞明皇后は、紫か黒以外の色は着なかった。そして大正天皇の遺影がある御影殿《みえいでん》に毎朝入り、座したままの拝礼を欠かさなかったといわれる。三笠宮妃百合子は、御影殿に入るときは膝行（膝をついたまま前に動く）で挨拶をして退出したという（『母宮貞明皇后とその時代』）。そんな貞明皇后にとって、崇敬心がなく「西洋かぶれ」の裕仁は気障りでもあったのだ。他方、裕仁の方も、「神ながらの道」を信奉する貞明皇后の言動は煙たかったであろう。

昭和三年一〇月二〇日、枢密院議長の倉富勇三郎《くらとみゆうさぶろう》は『日記』に、貞明皇后が昭和天皇を諫めた元老西園寺の言葉を書き残している。貞明皇后は敬神の念が熱烈なので、昭和天皇の態度に満足しておらず、「形式的の敬神にては不可なり、真実神を敬せざれば必ず神罰あるべし」と述べたというのである。

竹屋姉妹

さて、裕仁の女官制度改革は、貞明皇后との妥協の中で進められた。大正一二年八月一四日の『読売新聞』は、「皇后陛下自ら東宮妃付女官を御選抜　将来の女官は社会的に活動出来るやうになる」との記事を載せた。裕仁の望む女官の通勤制を実現させるが、女官の人選は貞明皇后が仕切ったというのである。同記事によれば、「御所はすつかり純洋式にこしらへ両殿下の御居間は階上に、階下右側は事務室、女官の住居は御所の西北に建て増した」とある。そして、これまで全部宮中に泊まり込みで門外不出の掟があった女官制度を変えて、少人数の宿直は残すが通勤ができるようにしたと報道した。さらに女官の数名は貞明皇后が皇后宮職にある女官を直接訓練して、東宮女官として配置するとも伝えられた。「新妃殿下が『未来の国母陛下』としてむづかしい宮中儀

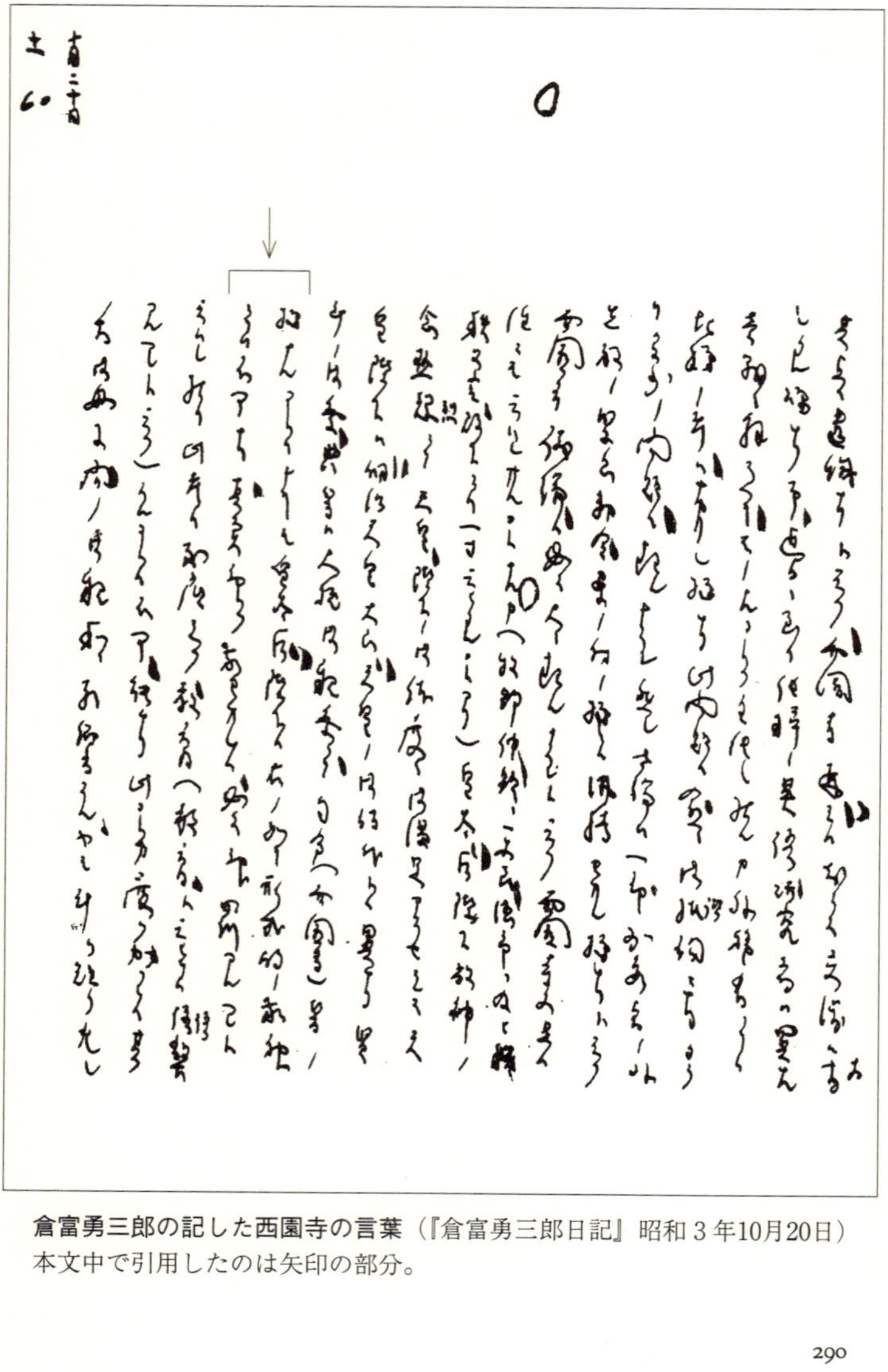

倉富勇三郎の記した西園寺の言葉（『倉富勇三郎日記』昭和３年10月20日）
本文中で引用したのは矢印の部分。

式その他のことに御不便のないやうに」との配慮という。また、今後の女官は宮中のことばかりでなく、社会的活動もできるようにと御所内でミシンやタイプライターをはじめ女子として必要な「お稽古」が許されるとも報じられた。

貞明皇后の指導が入ったとはいえ裕仁の後宮は新しい制度となり、従来の典侍、掌侍、命婦などの階層もなくなり、女官長と女官に分けられた。そして、初代の女官長には良子の母方の実家の薩摩島津家一門のハルが任命された。ハルは既婚者であり、裕仁の方針が貫徹した人事となった。

結局、昭和天皇は新方式の通勤型の「奥」を新設し、貞明皇后は従来の一生奉公型を堅持した。このため、「奥」の女官たちは改革派と伝統派に二分され、昭和天皇と貞明皇后に仕える女官たちの間に齟齬が生じることともなった。こうした中、女官長の島津ハルが突然辞任した。理由は夫長丸の急逝であったが、新旧女官の齟齬に嫌気がさしたともいわれる。島津ハルの後任として、公家で名家の竹屋志計子が新たな女官長に抜擢される。志計子は、明治天皇に仕えた雅楽部長の竹屋光昭子爵の娘で、貞明皇后の女官長ともいうべき皇太后宮職典侍の竹屋津根子の四つ違いの実妹であった。昭和天皇と貞明皇后に仕えるそれぞれの女官の最高責任者を実の姉妹にすることにより、相互の意思の疎通を図ろうとしたのである。

河井皇后宮大夫の悩み

女官制度改革の具体化を命ぜられたのは、皇后宮大夫の河井弥八であった。

河井家には当時の女官制度改革のためのメモや史料が今も残る。

河井の改革は昭和二年五月一六日の『読売新聞』でも、「女官制度の改正に　河井大夫のなやみ二種の女官があるため」と報道された。同記事によれば、一木喜徳郎宮内大臣から宮内省の官制改革を命ぜられ、人事異動などがなされ、残るは女官制度改正のみとなったが、皇太后宮職と皇后宮職の二つの異なった女官制度があり、現行では皇太后宮職女官は優退の規定がなく、また女官そのものが官吏として変則的な待遇なので、苦心が多いというのである。当時は、高等女官一八名、判任女官三〇名、同待遇一〇名の規定があり、それぞれ典侍、権典侍が高等官四等以上、掌侍が同五等、権掌侍六等、命婦七等、権命婦八等となっており、かつ古来の慣習である源氏名を持っていた。皇太后宮職の女官はそうした制度であったが、皇后宮職はこれと異なり、その二つの女官制度を整合的に改革しなければならなかったのである。

結局、表18と表19に示したように、皇太后宮職女官から皇后宮職女官へ異動させるなどの処置をとりながら、両職の女官数などを調整したのであった。昭和二年に筆頭典侍であった正親町鐘子は辞任して、竹屋津根子がこれに代わった。また、皇太后宮職女官であった北村民枝、万里小路そで、吉見光子らは皇后宮職女官となった。そのほか、皇太后宮職女官で辞任した者もおり、昭和三年に不審火に見舞われる梨木止女（「椿の局」）もその一人であった。なお、皇后宮職女官長心得の竹屋志計子は昭和三年一一月一日に正式に女官長となった。

表18　昭和初期の女官一覧（昭和２年５月現在）

部署	地位	源氏名	氏名
皇太后宮職	典侍	松風	正親町鐘子
	同	揚桃	竹屋津根子
	権典侍	海棠	清水谷英子
	同		山口正子
	掌侍	桂	吉見光子
	権掌侍	呉竹	穂穙英子
	同	早百合	東坊城敏子
	同	撫子	高松千歳子
	同	糸柳	万里小路そで
	同	躑躅	大原慶子
	命婦	榊	生源寺政子
	権命婦	蕗	三善千代子
	同	檀	西京子
	同	椿	梨木止女
	同	菫	北村民枝
	同心得		今大路ふじ
	御用掛		山中貞子
	同		佐分利文子
	同		吉田鞆子
皇后宮職	女官長心得		竹屋志計子
	照宮御養育掛		山岡淑子
	高等官		伊地知みき子
	同		津軽理喜子
	同		油小路蒙子
	御用掛		高木多都雄

（註）　皇太后宮職は，ほかに判任女官として女嬬12名，権女嬬６名。
　　　　皇后宮職は，ほかに判任女官女嬬６名，雑仕女数名。
（出典）『読売新聞』昭和２年５月16日より作成。

表19　昭和初期の女官一覧（昭和３年現在）

部署	地位	源氏名	氏名	前職
皇太后宮職	典侍	揚桃	竹屋津根子	
	権典侍	海棠	清水谷英子	
	同		山口正子	
	権掌侍	撫子	高松千歳子	
	同	躑躅	大原慶子	
	命婦	蕗	三善千代子	権命婦
	権命婦	檀	西京子	
	同		今大路ふじ	権命婦心得
	御用掛		山中貞子	
	同		吉田鞆子	
皇后宮職	女官長心得		竹屋志計子	
	女官		山岡淑子	照宮御用掛
	同		伊地知みき子	
	同		津軽理喜子	
	同		油小路蒙子	
	同		北村民枝	皇太后宮職権命婦
	同		万里小路そで	皇太后宮職権掌侍
	御用掛		高木多都雄	
	同		吉見光子	皇太后宮職掌侍

（出典）『朝日年鑑』昭和４年版より作成。

第十四章　戦時下の宮中

1　皇太后としての采配

朝香宮の配偶問題

皇室の一夫一婦制が進む中、皇族たちの浮き名も問題視されるようになっていた。昭和九年から翌一〇年にかけて、朝香宮家の「御配偶」が宮中内で問題となった。朝香宮鳩彦《あさかのみややすひこ》の正室は明治天皇の内親王である富美宮允子であったが、すでに昭和八年一一月に亡くなっていた。長男は孚彦《たかひこ》で二〇歳代前半の若い盛りであった。

当時、宗秩寮総裁兼内大臣秘書官長であった木戸幸一《きどこういち》の『日記』には、朝香宮の「配偶」が話題となり、貞明皇后と相談しながらその処理にあたったことが記されている。昭和九年一二月三日の『木戸日記』によれば、松平慶民《まつだいらよしたみ》式部長官は、貞明皇后から「朝香宮の御配偶の問題」につき心配しているので、木戸が会いに来るようにと伝えられた。同月八日、木戸は大宮御所を訪れ、貞明皇后と

「朝香宮の御配偶選定」の問題について一時間半に渡り「委曲言上」し、貞明皇后の意見も聞いている。そして同月一二日、木戸は朝香宮と会い、「御配偶の問題」で朝香宮の意向を聞いて、一時間ほど相談したのであった。

この経緯だけでは、朝香宮鳩彦の浮き名か、長男である孚彦の結婚問題かわかりにくい。以後の展開を見ると、どうも鳩彦の女性問題であったようで、そもそも木戸は孚彦の時は「朝香若宮」と記すし、まだ二〇歳代前半の孚彦の行動としてはかなり深刻な展開だからだ。鳩彦は明治二〇年生まれの四八歳。ゴルフの宮様としても知られ、駒沢リンクでは「カウント・アサ」と称するなど、現代的な宮様であり、フランス帰りの精悍な陸軍軍人であった。

他方、朝香宮かどうかは不明だが、昭和一一年一月八日の『高松宮日記』には、「△△宮が新橋の芸者と関係なさつて胤を宿してゐる」「オカミが相当な腕きゝで、早くなんとかしなくては愈々面倒になるだらう」「若い方が早くから堕落なさつては真にこまる」などともあり、若い皇族の女性関係も問題になっていた。

「玄人の経過もご承知」

いずれにせよ、木戸は秩父宮とも相談し事態の解決を図る。そして昭和一〇年六月二九日、木戸は「朝香宮の例の問題は本日完全に解決し、全部取引を済ませたる旨話あり、大に安心す。五千円、手紙一三通」と『日記』に書いた。「五千円支払って、証拠となる手紙一三通を引き取った」という意味であろう。

木戸は同年八月九日に秩父宮に呼ばれ、秩父宮が朝香宮と「御配偶」について話した経過を聞いた。

朝香宮は沼津御用邸の貞明皇后と会ったが、その時、「必しも正式の妃殿下にあらずとも兎に角早く安定することが必要なり」といわれたという。木戸は「大宮様は玄人の経過も御承知にて、御心配の結果、沼津にて相当突込みて御話ありし御様子なり」との秩父宮の言葉を書き残している。貞明皇后はこうした男女の情話にも巧みに対応できたのであった。

武家出身の妃たち

貞明皇后と秩父宮雍仁は誕生日が同じ日であった。また、長男裕仁との微妙な齟齬もあって、貞明皇后は秩父宮びいきであるとの印象が持たれている。貞明皇后が自分の子としてみな同等に扱う努力はしたであろうが、長男は皇位後継者であり、自分一人の子供ではないという意識から、相対的に秩父、高松、三笠の弟たちへの親密度が強まったことは否めない。

貞明皇后は裕仁の正室である良子やその実家の久邇宮家の皇室の伝統を軽んずる態度を批判的に見ているところがあった（浅見雅男『闘う皇族』、工藤美代子『国母の気品』）。その反面、秩父宮はじめ高松宮、三笠宮の妃たちには、厳しくとも好意的なまなざしがあった。それは、皇位継承者への過度の対応の顕れでもあったろうが、他方、良子がもともとの皇族出身者であることからくる複雑な感情も影響していたようだ。

周知のように秩父宮ら弟宮たちの妃は、会津松平、徳川宗家、河内丹南藩主と、みな武家出身であった。会津松平と徳川宗家にいたっては維新で賊軍とされ、その社会的復権が難しい家々であった。そうした家柄の妃たちと貞明皇后との精神的な交流は、良子を別種のものとして存在させていた。三笠宮妃百合子は「こなた（当方）のことは里の誰も分からないことですからね。相談のしようもないわけです。だから、ご相談するのは自然と貞明皇后様になるわけ」（工藤美代子『母宮貞明皇后とその時代』）と語っているが、武家出身の妃たちは、宮中のしきたりに慣れず、なにかと貞明皇后に頼ることになったのだ。そのことが貞明皇后の自尊心を満たし、弟宮の妃たちへの信頼ともなった。

節子と勢津子

ちなみに、秩父宮妃に松平節子《せつこ》を抜擢したのは貞明皇后で、会津松平家と皇室との和解の意味を持たせたかったといわれる（『国母の気品』）。前述したが、貞明皇后の実父の九条道孝は戊辰戦争で奥羽鎮撫総督として会津を総攻撃した指揮官であった。その「和解」の気持ちもあったのかもしれない。松平節子が秩父宮妃となり、貞明皇后の「節子《さだこ》」と同字をはばかって、伊勢の「勢」と会津の「津」を合わせた「勢津子」と改名したことにも、そうした意図が反映していたようだ。

ところで、昭和一一年の二・二六事件勃発の際に、一部の反乱将校の中には秩父宮を「新帝」として担ごうとした動きがあったといわれる。秩父宮は陸軍軍人として兵士たちと寝食をともにした同志的な関係から、安藤輝三ら隊付の青年将校たちの人望を得ていたからだ。実際には、秩父宮を担いだクーデターとはならず、秩父宮も昭和天皇の立場を尊重した対応を続けた。しかし、流言は広まり、秩父宮好きの貞明皇后の存在が背後にあったとの「尾ひれ」もついた。皇室の伝統と格式を尊重する貞明皇后が、現天皇を放擲して次男を皇位につけようとしたとは考えにくい。とはいえ、こうした風聞は、昭和天皇に精神的圧迫を与えたろう。

というのである。

島津ハル事件

二・二六事件の余燼がさめやらぬ昭和一一年八月二九日の『朝日新聞』は、「警視庁邪教にメス　島津元女官長を検挙」の記事を載せた。名流婦人を中心とする一団が「不敬なデマ」を飛ばしているので調査したところ、元皇后宮職女官長の島津ハルがその中にいたというのである。

ハルは女官長を辞任して後、在野にて女子教育に携わり、大日本連合婦人会理事長などをつとめた。ところが、警視庁特高部は、ハルの不敬に亘る言説を理由に検挙した。昭和一一年九月一二日の『木戸幸一日記』には、「神政竜神会の矢野〔祐太郎〕、天津教にも関係ある模様なり。島津は矢野とは五、六回も会見せり―島津は将来自分が再び女官長となり、山本〔英輔〕大将が侍従長となる等と述べ居ると云ふ」とある。そして、神政竜神会の矢野らの著書に「皇太后陛下、秩父宮殿下、同妃殿下に於かせられては自由主義思想を抱持せられ、我国の惟神道を『オミット』する」などの文言があり、これらが不敬であるとみなされたのであった。また『木戸日記』の昭和一一年末には、島津ハルの聴取書が残されており、「高松宮の生霊―宮様の御生母である大正天皇の女官の死霊」などという不可解なメモがある。字義通りに解釈すれば、高松宮の生母は大正天皇の女官であり、その女官は死んでいるということになる。かつて女官長をつとめ宮中内部の情報に詳しいと思われるハルの言葉であるだけに、木戸らは困惑したであろう。もっともハルは、その後、精神異常者として処理されている。

2　溥儀との絆

秩父宮の「満州国」差遣

かつての清朝の最後の皇帝であり、日本が軍事力で強硬に建国した「満州国」の執政となった溥儀《ふぎ》は、光宮宣仁（高松宮）の一年下の明治三九年生まれであった。貞明皇后にすれば、流産した子と近い年齢であり、我が子同様の扱いをしたとしても不思議はなかった。少なくとも、皇室の長老でもある皇太后として、新たな帝国を創設した近隣の若き皇帝に相応の配慮は欠かさなかった。まして、日本と密接な関係を持つ「新国家」であっただけに一層の心遣いがあった。

溥儀のほうも、皇室に敬意を表した。昭和七年一〇月二〇日付『朝日新聞』は、溥儀が昭和天皇、香淳皇后、貞明皇后にそれぞれ歴代清朝の蔵品を献上したことを伝えている。昭和天皇には宋代の刷版で乾隆帝の蔵書が、貞明皇后には「壇香十八子珠串」などが贈られた。昭和八年一〇月一一日の『読売新聞』によれば、満州国憲法制度調査のために来日していた満州国立法部総長趙欣伯は、この日の午前一〇時半に参内して、執政溥儀よりあずかった金龍銀鼎を貞明皇后ら「三陛下」に献上した。この鼎は高さ約二尺五寸といわれるから、およそ七六センチである。

昭和九年六月二日には、昭和天皇の名代として秩父宮が「満州国」帝政実施慶祝のため差遣され、軍艦「足柄」にて大連に向かい、五日に「満州国」の首都である新京（旧長春）に着した。秩父宮は溥儀に日本の最高勲章である大勲位菊花大綬章を持参したのであった。秩父宮は渡満前の五月三一日に大宮御所にて貞明皇后に暇乞いを述べ、かつ晩餐し、歓談や茶菓を楽しんだ。「重き御使命につき御心遣ひを遊ばされ」と、同年六月一日付の『読売新聞』は、貞明皇后の動きも伝えている。また、使命を果たして六月一八日に帰国した秩父宮は、まず昭和天皇に「満州国」の帝政状況などを述べ、香淳皇后にも挨拶し、さらに大宮御所の貞明皇后に帰朝の報告をした（『読売新聞』昭和九年六月一七日）。

溥儀の来日

昭和一〇年四月六日、溥儀が初来日した。来日に先立ち、溥儀から昭和天皇と香淳皇后に大勲位蘭花大綬章などが、貞明皇后に満州式刺繡テーブル掛、皇太子明仁《あきひと》に同衛立、各皇族に満州産銀製鼎が、それぞれ贈られた（同前、昭和一〇年三月一九日）。

七日、夜来の雨が上がった桜の中、溥儀は自動車にて赤坂離宮から明治神宮へ向かった。参拝後、大宮御所の貞明皇后を訪問した。貞明皇后は初対面の溥儀を出迎えて握手をし、長旅を労い、古美術の置物、綴錦の壁掛を贈った。通訳には外務省嘱託の岩村成允臨時御用掛があたった。溥儀は大宮御所を退出後、靖国神社を参拝し「満州国」建国の犠牲者の霊を慰めた。ちなみに、通訳を務めた岩村は翌昭和一一年五月四日に、式部職御用掛となり、「満州語」「支那語」の担当となった。溥儀来日の臨時通訳を除けば、宮内省としてはじめての「満州語」「支那語」の御用掛であった（『朝日新聞』昭和一一年五月五日）。

嵯峨浩の結婚

昭和一二年四月三日、溥儀の弟である溥傑《ふけつ》が、嵯峨《さが》実愛《さねなる》の曾孫である浩《ひろ》と結婚した。日満の融和をはかる政略結婚であった。嵯峨家は公家の大臣家であり、維新期に実愛は反幕派公卿の中心的存在として活躍し、王政復古後に議定《ぎじょう》となった。維新後の爵位ははじめ伯爵であったが、後に侯爵に陞爵した。

浩は女子学習院を卒業して後、関東軍の主導で進められた溥傑との結婚により慧生《えいせい》と嫮生《こせい》の二人の娘をもうけた。戦時中は溥傑とともに日本と「満州国」を行き来し、終戦直後は八路軍に連行され、さらに国民党軍に拘束されるなど、「流転の生涯」を送った。戦後も、学習院大学在学中の長女の慧生が天城山で心中するなどの悲劇を経験した。

浩は溥傑との結婚にあたり、母の尚子とともに大宮御所に挨拶に上がっている。貞明皇后はこの時、「皇帝に仕えることは、わが国の陛下に仕えるのと同じことだ。また、日本の宮内省からも入江（貫一・満州国宮内府次官）、加藤（内蔵助・満州国宮内府秘書官）の両氏が行っているから、淋しがらずに溥傑に仕え、日本の婦徳を示すように……」と述べたという。そして、「満州の地にも持参して、中山一位局の婦徳を思い出すがよい」と、明治天皇の生母である中山慶子から貞明皇后が若いころにもらったという無地薄緑の反物を贈られた（愛新覚羅浩『流転の王妃』）。

手をつなぐ溥儀

溥儀の離日後も貞明皇后との交流は続いた。秩父宮が昭和一三年六月に中国戦線視察の途中に「満州国」に立ち寄った際、溥儀は昭和天皇、香淳皇后、貞明皇后へ贈る美術工芸品などをあずけた（『読売新聞』昭和一三年六月八日）。また、昭和一五年四月一九日、貞明皇后は渡満する帝室林野局技師に「御料林に生い繁るエゾ松、トゞ松の珍らしい針葉樹」の苗木二〇〇本を持たせて、溥儀に贈った。この苗木は新京の宮殿の庭に植えられた（同前、昭和一五年四月一七日)。

そして同年六月二六日、溥儀は再び来日し、昭和天皇に会い、「紀元二千六百年の盛興」を祝した。二七日、溥儀は前回同様、明治神宮、大宮御所、靖国神社などを回った。大宮御所では貞明皇后に対面し、「聖代」を寿ぐ祝詞と来日の挨拶を述べた。二九日にも貞明皇后より内輪の午餐に招かれ「種々御物語り」などした。この時、秩父宮妃、高松宮、同妃、三笠宮ら直宮も同席した。歓談の合間には川合玉堂の席画があり、溥儀の旅情を慰めた(同前、六月二九日・三〇日)。同席した高松宮の『日記』(昭和一五年六月二九日)によれば、座るのに軍服よりはいいとのことで、モーニングコートと黒ソフトで出かけたとある。溥儀は貞明皇后の右隣に座った。食堂で懐石料理が出て後、貞明皇后は着替えて茶室にて茶を点てた。四時頃、庭に出た。川合玉堂の席画は、庭内の衆芳亭で行われた。照宮もいたという。高松宮はこの夜、赤坂離宮滞在中の溥儀の晩餐会に招かれ、満州料理を食している。「新京でたべた菜包と云ふもの」と『日記』にある。貞明皇后は列席しなかった。

なお、昭和一五年六月三〇日の『読売新聞』によれば、貞明皇后は溥儀との再会にあたり、満州の地質に適した松の苗木八種千数百本を贈り、新京に造営中の新宮殿に移植し、「日本皇室と満州帝室とを結ぶ永遠の象徴とする」と伝えている。前回の溥儀初来日の時、貞明皇后は溥儀の将来に期待する以下の若松の歌を詠んでおり、それにちなんだものであった。「若松の一本そへる心地して末たのもしき春の庭かな」「われをしもみ母のごとくおぼしつるその御心にしたしまれつる」。

さらに、昭和一八年四月七日の『読売新聞』によれば、東條英機首相が「満州国」を訪問し溥儀に会った際に、貞明皇后からあずかった枝垂桜と菓子を渡したとある。溥儀がはじめて来日した時、大宮御所の糸桜を手折って贈ったことにちなんだという。貞明皇后は、悪化する戦局の中、日満の絆の維持に心を砕いたのであった。

一方、昭和一五年六月三〇日の『朝日新聞』は、貞明皇后と溥儀が大宮御所庭内の衆芳亭に移動する際に坂道があり、「坂道にはお手を宛《さなが》ら御母に仕へ参らす如し」と、溥儀が貞明皇后の手をとって助けたことを大々的に報道していた。この記事について、溥儀は後にこう書いている。「坂を上るとき、私が日本の皇太后に手を貸した、〔中略〕私が裕仁天皇の母に手を貸した気持はときかれれば、率直に言って、純粋にへつらいのためだった」（溥儀『わが半生』）。当時五七歳の貞明皇后は、二二歳下の溥儀の複雑な心をどう読んでいたのだろうか。

3　ハンセン病患者への下賜

皇太子裕仁と岩下壮一

皇太子裕仁は大正一〇年の欧州旅行時にベルギーのルーベン大学を訪問した。ベルギーからオランダを訪問してフランスに戻る途中の六月二〇日、ベルギーを再通過したのである。ルーベン大学は第一次大戦でドイツ軍に占領され、付属図書館を焼き払われたのであった。裕仁は焼け落ちた図書館の破壁の下で、天主公教会の枢機卿でかつての同大学哲学部長であったメルシェーから、当時の事情を聞いた。この時、文部省在外研究留学生として裕仁の案内をつとめたのが、岩下壮一であった。

岩下壮一は、三井系の実業家で衆議院議員でもあった岩下清周《きよちか》の長男として生まれたが、東大哲学科を卒業して大学院へ進み、七高で教鞭をとった後に英仏に留学し、大正一四年にカトリックの司祭となって帰国したという経歴を持つ。

そのころ父の清周は北浜銀行の疑獄事件により罪に問われていた。出獄後は富士山麓に隠棲して不二農園を経営したり、温情舎小学校を建てたりした。農園の近くにあったハンセン病患者を収容する神山《こうやま》復生病院の存在を知り、その援助をはじめたのもそのころであった。当時の神山復生病院はフランス人などの外国人が経営しており、「実に忍びない」と清周は思っていた。清周は長男の壮一に「日本にはライ患者が多い。この方面に尽くせ」「らい者の友となれ」とハンセン病救済を訴え、昭和三年に他界した（小坂井澄『人間の分際』、梅原卓『世評正しからず』）。

岩下壮一
（神山復生病院提供）

神山復生病院

清周が援助した神山復生病院は、明治一六年にパリ外国宣教会のテストウィド神父が一人の女性ハンセン病患者と出会い、その救済に努めたことにはじまる。神父はその後、御殿場市鮎沢の家屋を借りて数名の患者を保護し、さらに富士山麓の土地を購入して明治二二年五月二二日に病院を開設した。

病院は外との境に垣根があるだけで、隔離のための厳重な門はなかった。人権を尊重した比較的自由な活動が行われ、治療のみならず、娯楽のための俳句会や劇団「天国座」などを結成し、ハーモニカと紙太鼓の「復生バンド」もあった。箱根にハイキングに行ったり、野球大会や運動会もするなど、病院内は家族的であった。病院では患者たちの生活費を工面し、患者たちも茶や野菜などを生産し米以外は自給自足につとめた（『神山復生病院の一〇〇年』）。

皇室の援助

明治三四年に昭憲皇太后より一〇〇円の下賜金があり、以後、皇室の援助が続いた。当時の米一俵は約四円五〇銭であった。大正一〇年からは宮内省より毎年助成金が届いた。そして大正一三年、貞明皇后が沼津御用邸行啓の際に、金一封と患者各自へ縞布地一反・裏地一反を贈った。この布地は沼津高等女学校生徒の奉仕活動で着物に仕立てられ患者一同に渡された。

昭和三年、岩下清周と壮一親子がしばしば、時の復生病院院長であったドルワール・ド・レゼーを訪問し、援助をしたりした。ところが翌年、レゼーは危篤となり他界した。貞明皇后からはレゼーへの見舞いの花と金一封が贈られ、またこの年より毎年貞明皇后からの下賜金がなされるようになった。昭和五年一一月五日、レゼーの跡を継いで岩下壮一が第六代目の病院長に就任し、皇室からの援助も続いた。同年の貞明皇后からの下賜金で患者一人づつの希望品や病院備品（オルガン、映写機、ラジオ）などが購入され、残金とレゼー遺金とを患者慰安基金としてその利息を娯楽用品費に充てた。

昭和七年一一月一〇日、貞明皇后より「つれづれの友となりてもなぐさめよゆくことかたきわれにかはりて」の歌を贈られた。この年も下賜金で玄米三二〇俵、白米三〇俵を購入しており、「御下賜金で年間最も安く手に入れられる時期にまとめて購入できる」ので「とてもたすかった」と『神山復生病院の一〇〇年』は伝える。

昭和八年五月二八日の故昭憲皇太后の誕生日には、貞明皇后は昭憲皇太后の「印」である「楓《かえで》の実生《みしょう》」を一五〇本贈った。この楓は成長して、八〇年近く経った現在も季節ごとに見事な青葉や紅葉を見せている（口絵参照）。

こうした皇室の援助に対して、病院側は貞明皇后が沼津より帰京の際に東海道線（現在の御殿場線）沿いで「お見送り」をしたいとの希望を提出して許可された。昭和八年六月七日、軽症者三〇余名が送迎し、黒の洋装で車窓に起立している貞明皇后を見た。「天刑と呼ばれる患者の奉送を、陛下がご起立になつておうけ下さつた」と「みな笑いながら感きわまつて泣いていた」と岩下は記している（『神山復生病院の一〇〇年』）。

日本のマザー・テレサ・井深八重

昭和初期は、国の方針で患者たちの強制隔離政策が実施され、断種や堕胎が行われていた収容施設もあった。神山復生病院では断種はしなかったが、時代と法律が患者の人権を奪っていた。そんな中、岩下は五ヶ年計画により医療の充実や患者の生活向上に励んだ。未感染児童の保護も行った。

このころの復生病院の看護婦長が井深八重《いぶかやえ》であった。旧会津藩名門の家柄で、美貌の才女であったが、発疹のため受診しハンセン病の疑いありと診断され、神山に入院し、本名を隠して堀清子と名のった。井深は病院の生活の中で信仰を深め、数年後、誤診とわかっても看護婦として院内に残った。九二年の生涯を患者の救済に捧げ、日本のマザーテレサと呼ばれる。

井深は昭和五年に功労者として貞明皇后から表彰され、さらに昭和一六年にはハンセン病の「十一天使」の一人として、「過去十九年間患者のため慈母の真心で接している奇特な女性」と紹介された（『朝日新聞』昭和一六年七月一六日）。

救ハンセン病の日

貞明皇后は神山復生病院のみならず、全国のハンセン病問題に関心を持った。

昭和六年一一月一一日付の『読売新聞』は貞明皇后が岡山国立療養所のハンセン病患者四七〇名に三〇〇〇円を下賜したと報じた。これを受けて、翌年四月一二日の同紙では、一木喜徳郎宮内大臣ら四〇〇名の宮内官が今後二〇年以上継続的に醵金《きょきん》することも伝えられた。一回分の額は約一〇〇〇円であった。さらに昭和一〇年二月一〇日には台湾への下賜も報道された。そうした中で、岡山の長島愛生園長の光田健輔《みつだけんすけ》は大宮御所へ伺候するなど貞明皇后との交流を深めた。光田は戦前においてはハンセン病治療のパイオニア的存在であったが、戦後、プロミンによる治療の有効性が認められたにもかかわらず戦前の隔離政策を継続したとして問題視されている。とりわけ昭和二八年制定の「らい予防法」成立に関わったとして、その医師としての姿勢が問われている。

ちなみに、昭和六年に貞明皇后の下賜金で「癩《らい》予防協会」が設立され、誕生日である六月二五日前後は「癩予防デー」とされた。現在も「ハンセン病を正しく理解する週間」として残る。また、貞明皇后と昭憲皇太后の「印」である藤と楓にちなんだ藤楓《とうふう》協会が、貞明皇后が亡くなった昭和二六年五月一七日の一カ月後の六月一三日に高松宮宣仁を総裁として設立され救ハンセン病事業を続けた。その後、平成一五年三月三一日に解散し、現在は「ふれあい福祉協会」となった。

「皇恩」と慈善事業

ところで、ハンセン病救済は「皇恩」の宣揚を目的としていた。大正一一年ごろの経済不況の中で、貞明皇后は皇室の手許金を節約し、これを社会事業にあてたのである。牧野伸顕宮内大臣が貞明皇后に皇室の節倹と社会事業への貢献を求めたことが背景にあった。この結果、皇室は「慈善恩賞の府」となり、「皇恩」の概念が広まった（片野真佐子『近代の皇后』）。井深八重の神山復生病院ほか、小河《おがわ》滋次郎《しげじろう》が創設した方面委員制度（現在の民生委員制度）、矢島楫子《かじこ》の東京婦人矯風会、石井筆子の滝乃川学園、野口《のぐち》幽香《ゆか》の二葉幼稚園、山室軍平の救世軍など、貞明皇后は多くの福祉活動と接点を持ったのである。

当時は、王制打倒の思想も広まり、ロシア革命など王制崩壊が現実のものとなっていた。欧州王室の人々の暗殺や処刑などの情報も入ったし、現実に皇太子裕仁はじめ皇族へのテロも起きた。社会構成員の王室への心をつなぎとめることは必須の課題であった。その文脈で、社会的弱者への救済は重要な施策であった。とりわけハンセン病救済事業は、内務省地方局長の次田大三郎が光明皇后の故事をふまえ、貞明皇后にその役割を願って承諾を得たという経緯があり、貞明皇后の「慈愛」が政策的に意図された面は否めない。

皇室の慈善事業の資金は国家予算から提供されたものであり、皇室を媒体とせず、国家の機関が直接救済活動をすれば、「皇恩」などという大仰なものを存在させずにすむ。とりわけ、王制より共和制を普遍原理としてきた近代社会において、王制を擁護するための慈善事業というシステムに批判的な意見が出るのは当然ともいえる。

しかし、こうした国家や皇室側の狙いは成功して、ハンセン病救済事業における「皇恩」が広まったのも事実である。しかも、広まったのは「皇恩」だけではなかった。皇室の援助は、各界の寄付金や後援活動もひきだした。そして「皇后」という人格がクローズアップされることで、「皇恩」の相乗効果を生んだ（遠藤興一『天皇制慈恵主義の成立』）。

この「皇恩」のシステムは、内務省の官僚たちによって考案され、体制維持のための方策として活用された。すなわち、皇室のハンセン病救済事業には王制堅持という政治的意図が色濃くふくまれていた。もっとも多くの患者や現場にとって、その意味をどうとらえるかは様々だ。このことは、ハンセン病救済事業をふくむ皇室の福祉活動全般の評価とも関係する。

ちなみに、すでに昭憲皇太后の時代に、孤児救済、貧民救済など伝統的な慈善事業をはじめ、事故や災害などの近代的な補償も進められてきた。このため、昭憲皇太后の事業を継承しつつ、貞明皇后としての独自の事績を残す必要があった。それがハンセン病救済事業であった。そして昭憲皇太后の事業の延長であることを強調することで、皇室の伝統事業としての意味を持たせたのであった。

4　後退する戦線

灯台守を激励

昭和一一年一二月一〇日、大宮御所での歌会にて「灯台守」の兼題が出た。貞明皇后は「荒浪もくだかむほどの雄心をやしなひながら守れともし火」と詠んだ。また秩父宮妃勢津子も「あれくるふ沖にむかひて灯火をもりつつあかす夜もいくよか」と詠むなど、皇族や皇族妃たちもそれぞれに「灯台守」を歌った。歌は逓信大臣と拓務大臣に渡され、同月二三日に全国二〇〇余ヶ所七〇〇〇余名の灯台従業員に清書して贈り、「日夜拝誦せしめること」になった。

貞明皇后はかねてより、「風浪荒ぶ孤島に航海者のいのちの灯を守る」灯台守の生活に深く関心を持っており、大正一二年五月四日に三浦半島の観音崎灯台を行啓していた。昭和一二年には従業員に下賜金を渡した。また、内地のみならず、台湾や関東州をふくむ三四一カ所の灯台や灯標にラジオを取り付けて従業員らの修養と慰安に役立てようともした。

ちなみに『秩父宮雍仁親王』によると、貞明皇后は昭和初期に神子元島《みこもとしま》に行啓したいと希望したことがあったという。下田港から南へ約一一キロの海上の小島で、全島巌塊、一本の草木もなく、灯台長以下数名の職員たちは雨水を飲料水にしていた。海上が荒れれば帰還ができなくなるので、行啓は陸続きの伊豆石室岬《いろう》（石廊崎）に代えてもらったという。

昭和一四年には逓信省灯台局長を大宮御所に招き、灯台守の苦労などの説明を聞いた。同年秋に樺太中知床岬灯台が新設されたばかりであり、貞明皇后はその模型をもらっている。そして、昭和一五年は、明治二年五月に観音崎灯台が設置されて七〇年目にあたり、灯台守にとって記念すべき年となった（『朝日新聞』昭和一四年一二月二八日）。

昭和一五年二月には貞明皇后の「荒浪も」の歌を三条公輝《きんてる》御歌所長が書いて、内地三〇〇カ所のほか、朝鮮、台湾、南洋、関東州の六五カ所、さらに各府県の大灯台二〇カ所に贈った（同、昭和一五

剣ヶ崎灯台への行啓
（『読売新聞』昭和16年6月8日）

年二月二〇日)。三月四日には、皇太子明仁が神奈川県三浦郡南下浦村の剣ヶ崎灯台を行啓、双眼鏡で房総半島の鋸《のこぎり》山や伊豆大島を眺めたりした（同、昭和一五年三月五日）。

貞明皇后は昭和一六年六月七日、葉山御用邸行啓の折に剣ヶ崎灯台を訪ねた。貞明皇后は「飲水として天水を利用し、野菜を栽培して自給自足の生活を営みながら航海標識を守る職員らの日常」を聞いた。その後、東京湾出入船を監視する見張所や機械類を見たりした（同、昭和一六年六月八日）。この時の貞明皇后の下賜金で灯台済育会を設立し、灯台守とその家族たちの福利厚生の贈進をはかった（『読売新聞』昭和一六年八月一二日）。

戦勝の狂歌

昭和一七年四月二九日の天長節の『入江《いりえ》相政《すけまさ》日記』に、興味深い記述がある。昭和天皇と香淳皇后が貞明皇后に、以下のような御孔子《みくじ》（神籤）の狂歌を贈ったのである。

陶製皿　　ドリヤンもマングステインも海越えてやがてはのらむこの皿の上に
かゝへ鞄　チヤーチルの秘策はこれが中にあり蓋をあくればからにぞありける
御盆　　　みいくさはたゞかちにかつみ国には一度に来たり正月と盆
インクスタンド　蘭印の油田の中はからならずこのスタンドにはインクなけれど
万年筆　　嘉辰令月歓無極　万年筆中印気未央
紅茶々碗　セイロンのうまき紅茶をこれに入れてすゝむる時は今ぞ来向ふ

貞明皇后が贈った誕生日の進物には、以下の狂歌が添えられていた。

竹製花生色々　なびき伏す南の島に咲き誇る色とり〳〵の花を盛らばや
コーヒー茶碗　コーヒーの香り高しもジヤバ島のぶんどり物の香り高しも
竹模様広蓋　ぶんどりをこれにのせんと思ひしが余りに多くてとてものせきれず
豆盆栽五つ　戦《ママ》いくさラヂオの告ぐる夕ぐれにこの鉢を見て涼ませ給へ
　　　　　　みいくさは小粒ながらも勇ましくこの鉢五つ小さけれども

南方よりの色々の品　敵兵はあはてふためき逃げにけり後に残りし品々はこれ
セルロイド起上りこぼし（起つ時泣く）
人形は泣いても起つに泣き乍《なぎ》ら敗けて起てないウインストンチヤーチル

緒戦の勝利に沸く天皇一家の心のはずみがうかがわれる。しかし、戦局は急変した。

「奮戦記」　貞明皇后の励ましを受けた灯台守たちであったが、戦局悪化の中で最前線に立たされることとなった。昭和二〇年五月九日付の『朝日新聞』は、「〝死の灯台守〟奮戦記」と題する記事を掲載し、「海の孤島に荒波砕け散る岬の突端に海上航路の〝護〟の役割を担ふ灯台守の人々」「敵が物量を恃んでその傲慢な鋒先を沖縄本島に向けて来て以来、南西諸島の島々にある灯台は敵艦載機の好個の攻撃目標となり連日熾烈な銃爆撃に暴されてゐる」と、その悲惨な情況を伝えた。わずか数名の住民しかいない某孤島から、敵の攻撃の中を「半死半生本土に生還した」者の情報によれば、残された住民は山に逃げ込んだが、食糧欠乏となった。また灯台長らは重要書類を焼却し、全員死を決して職務の遂行に勤めた。「敵は灯台の無防備を知つてか超低空で銃爆撃を加へ来つた。われら一同は、皇太后陛下下賜の御歌を奉唱」とある。無線機も破壊され、食糧も尽きて、死を待つのみとなったが、決死的救出艇によって助けられたというのである。

同記事は、「西南諸島をはじめ南の島々には今なほ孤立無援勇敢活躍するあまたの灯台職員が何れも皇太后陛下から賜はつた御歌を奉じて祖国の安泰を祈りつゝ戦ひ続けてゐることを忘れてはならない」と訴えた。

戦後の昭和二〇年一〇月二八日の『朝日新聞』によれば、同月二四日、灯台局長は軽井沢に疎開中の貞明皇后に、「灯台の被害は四割に及び、重要灯台の被害が特に甚しく、九州の島々は全部無事引揚げを完了し、沖縄は池間島灯台員が軍隊とともに台湾に引揚げたほか、その他は全然不明」と伝えた。

野口幽香の聖書進講

ところで、戦時中に香淳皇后に聖書を進講した女性がいた。野口幽香《ゆか》である。

野口は慶応二年（一八六六）二月一日、姫路藩の代々の砲術藩士の家に生まれた。父母を失った悲嘆もあって教会に通うようになり、明治二二年に受洗した。

明治二四年、東京師範学校女子部の第一回卒業生総代となり、同校助教諭に任ぜられる。明治二七年には新設された華族女学校幼稚園の保母となり、学監の下田歌子から「平民主義でやってもらいたい」と指示された。津田梅子と交友のあった森島みねとの交流もあって明治三三年には貧民のための二葉幼稚園を設立。野口は華族女学校の教員でありながら、スラム街の幼稚園教育もはじめたのであった。

その後、野口は疲労などから大正八年に学習院に辞表を提出するが、貞明皇后から澄宮（三笠宮崇仁）の教育を依頼され、「最後の御奉公」のつもりで澄宮の養育にあたった。野口は澄宮に慣れてもらうために数度参殿し、「お池の鯉にふをやることからドングリとり、茗荷《みょうが》採り、ボート遊び」などをしたという。

野口は大正一一年に学習院を退職し、二葉保育園の経営と聖書研究の道に入る。この間、野口の影響を受けた女官の伊地知幹子（ミキ）が受洗したりした。この伊地知や保科武子、皇后宮大夫の広幡忠隆らが尽力して、昭和一七年、野口の香淳皇后への聖書進講が実現したという。野口は、伊地知に「かつてお手許にさし上げた筈のあの聖書をおすすめ申上げたいのです」と手紙を出していた。

野口は香淳皇后の恩師として毎年地久節に招かれ、対面していた。昭和一七年三月六日、香淳皇后は野口の「やわらかな心のぬくもりを感じる話をぜひ聞いてみたい」と思い、野口は「戦争で御心労の多い皇后様を、すこしでもおなぐさめしたい」と願い、宮中修養講話進講が実現した。第一回は四月一七日で、同年五月二一日、六月一八日にも開かれた。昭和一八年には五月一三日、六月一八日、七月三一日、一二月二日の四回。昭和一九年には四月二六日、五月二五日、七月一二日、一〇月二六日、一一月一六日の五回がなされた。しかし昭和二〇年は野口は空襲から逃げる日々が続き、参殿進講はなかった。戦後の昭和二一年になって再開し、一〇月二一日、一一月一九日、昭和二二年にも五月二一日に行われた。計一五回であった（貝出寿美子『野口幽香の生涯』）。

片野真佐子は、こうした香淳皇后への野口の聖書進講に貞明皇后も関わっていたと推測する（『皇后の近代』）。しかし、確証はない。昭和九年から昭和天皇の侍従をつとめてきた入江相政の『日記』に野口の進講の記載はなく、皇后宮職内の一部の内密な動きであったのだろう。敗戦前後の不安な政局の中、香淳皇后が精神的安定を得るためにとった処方の一つであったとも考えられる。かつて、貞明皇后が筧克彦の「神ながらの道」に依存した時の心の動きに似ているからだ。いずれにせよ、香淳皇后も貞明皇后もキリスト教を自らの信仰とはしなかった。

第十五章　神性なき時代

1　端座

御所炎上

昭和二〇年五月二四日の空襲で吹上御苑のほか、伏見、北白川、東久邇、朝香の各宮家も被害を受けた。翌二五日夜にも大空襲があり、宮城、大宮御所、東宮仮御所はじめ、秩父宮、三笠宮、山階宮、伏見宮、閑院宮、梨本宮の各宮邸が全焼した。宮城が焼けたのは、三宅坂の参謀本部周辺からの飛び火だった。

この日、被害を受けた三笠宮崇仁は「全部燃えました」「ここから裏へずうっと行くと大宮御所でしたが、燃え落ちてものすごい煙でこちらも身動きができなかった」と、回想している。また、当時の噂として「貞明皇后の御所を焼けば、貞明皇后が天皇に『もう戦争は止めるように』とおっしゃるんじゃないかと敵は考えたんだと」いうものもあった（『母宮貞明皇后とその時代』）。

大宮御所は無数の焼夷弾の直撃にあって全焼し、貞明皇后は「危機一髪のところで」防空壕（御文庫）に避難した。廂の下に入るや否や、廂の上で焼夷弾が落下炸裂したという（筧素彦『今上陛下と母宮貞明皇后』）。その後、防空服に鉄兜という姿で何時間も対空射撃と焼夷弾の下で頑張っていたようだ。天皇が東京にいるから、自分も疎開はしないという意志だった。被害のなかった高松宮妃喜久子が、空襲の翌二六日に貞明皇后を見舞うと、防空壕の中で泰然と正座しており、「これで一般の国民とおんなじになった」と述べたという。喜久子が自分の家が焼けなかったことをすまなく思うと、「いえ、そちらが残ってくれたので助かる」とも言った（高松宮喜久子『菊と葵のものがたり』）。

五月二七日には高松宮が菓子を持って貞明皇后を見舞い、大宮御所の防空壕に入った。高松宮は「地階御座所にお御影様《みえい》（肖像画）もう大分前からおまつりあり、それで御寝は地下室に、いつか翁島へ御成のときの畳じきの寝台お持込みにて御やすみの由、拝見す」と『日記』に記した。大正天皇の「お御影様」を防空壕に移してあり、福島県翁島の高松宮別邸（現・福島県迎賓館）に行啓した時の寝台を使っていたというのである。

度重なる行幸啓

一方、昭和天皇は実母の貞明皇后の疎開を願っていた。当時、宮内省総務局庶務課長（幸啓課長、宣旨課長も兼任）であった筧素彦は、「大宮さまは、お上（天皇陛下）を東京にお残しして疎開なさることを承知なさらないということで陛下も頭を痛めておいでだった」（『今上陛下と母宮貞明皇后』）と記している。素彦はかつて貞明皇后に「神ながらの道」を進講した筧克彦の長男である。

貞明皇后の疎開のために、六月はじめごろには、軽井沢の近藤別邸を改造し、防空壕も掘ってあった。しかし、貞明皇后は動かなかった。六月一四日、空襲の間隙をぬって、昭和天皇と香淳皇后が、大宮御所の防空壕へ行幸啓した。見舞いと疎開依頼のためといわれる。そして、二週間後の六月二八日には貞明皇后が皇居に挨拶に来る。疎開に関する返事がなされたのだろう。

さらに七月一九日、香淳皇后が単独で大宮御所へ行啓、このころ貞明皇后の軽井沢疎開が具体的に本決まりになった。すでに三日前に沼津御用邸本邸は空襲で焼失していた。七月三一日、貞明皇后の疎開は八月二〇日と決定し、八月一日に筧は大金益次郎宮内次官と軽井沢の実地検分をした。

八月六日、香淳皇后が大宮御所を行啓、昭和天皇は陸軍大学校の卒業式のため侍従武官を差遣した。この日、筧らは広島への原爆投下の報を聞いたのである。八月一五日に終戦となるが、貞明皇后の軽井沢疎開は予定通り二〇日に決行された。筧は幸啓課長として貞明皇后の軽井沢疎開に同行し、貞明皇后から数々の「犒《ねぎら》い」の言葉をもらった。筧はそのたびに、貞明皇后の間近で「五厘刈りにしたばかりの真青な頭」を何度も何度も下げたという。筧は敗戦のお詫びに加藤進総務局長と「グリグリ頭」にしたのだ（同前）。

ところで敗戦一年後の昭和二一年八月一五日の『朝日新聞』は、当時の宮内大臣石渡荘太郎《いしわたそうたろう》の回想を載せ、戦争終結二日前の昭和二〇年八月一三日、昭和天皇は突然、一六日に貞明皇后に会いに行くと言い出したことを報じた。石渡は「事態切迫」を理由に延期を願ったが、昭和天皇は事態切迫で、「和戦の決定」もどうなるか分からない。「どう決まるにせよ、私の身はどうなるかわからない、だからこれが最後と思つて一度お目にかかつておきたい」と述べたという。結局、一五日の戦争終結が決定し、昭和天皇の大宮御所行幸は幻となった。

「玉音放送」後

貞明皇后は、昭和二〇年八月一五日の「玉音放送」を焼けた大宮御所内の防空壕で聞き、「これで皇室は明治維新前に戻ります」と述べたという。昭和天皇の終戦を伝えるラジオ放送を聞いた後、貞明皇后は大正天皇の「御影様」に事態を報告をし、二〇日に軽井沢に向かった。

軽井沢の近藤別邸には一二月五日まで滞在したが、帰京し、一七日から沼津御用邸西付属邸に移った。筧素彦は、昭和二一年三月二九日、皇后宮職事務官となり、沼津の貞明皇后に挨拶に出向いた。この時、貞明皇后は筧に「どうか手荒なことはしないように」「賜わりものなどについて総務課流は困ります。すべてその都度私の指図を仰いだ上で執行してくれますように」との二点を注意した。

筧は「手荒なこと」について、貞明皇后の侍医であった筧繁互助会病院長を辞任させた人事問題などを思った。また、占領軍の改革で皇太后宮職の女官たちの人員整理について心配していると解釈した。貞明皇后は、娘時代から独身のまま一生奉公を覚悟してきた女官たちを、世間の風にあてるのは忍びないと思っていたのである。

「総務課流」については、形式的な下賜などを嫌った貞明皇后の対応であった。筧は一度、貞明皇后に相談なしに処理したことがあり、貞明皇后に叱責された。しかし、筧は、貞明皇后は「なさることすべてにお心が籠もっており」、形式的では叱られて当然と反省したという（『今上陛下と母宮貞明皇后』)。

「これでいいのです」

昭和二一年五月、宮内次官となった加藤進は沼津御用邸で貞明皇后と対面した。貞明皇后は敗戦後の占領改革で皇室がどうなるかを加藤に聞き、皇籍離脱の場合、皇族たちはどうなるかと尋ねた。加藤は、「今まで通りのお暮らしは実に難しいであろう」と返答した。すると貞明皇后は、自分が農家で育ったのでどんな苦労も引き受けられるが、皇族たちはそうはいかないので、「じっくりと時間をかけ」、「気を長くしてやらねばなりませんよ」と助言した。貞明皇后は「私については御一新のこと、何も心配いりません」と、占領改革への覚悟を示したという(『今上陛下と母宮貞明皇后』)。同年一二月一九日、貞明皇后は沼津から赤坂の大宮御所に戻った。

翌昭和二二年一〇月、貞明皇后は皇籍離脱のラジオニュースがあることを事前に知っていたようで、ラジオの漫才の声を聞いて部屋を覗いた寛素彦を、ニコニコしながら「まあいいから一緒に聞いていで」と招き入れている。漫才が終わるとニュースが始まり、直宮《じきみや》以外の皇籍離脱が伝えられた。寛は思わず「ハッ」としえ貞明皇后の顔色をうかがった。しかし、貞明皇后は平然として聴いていた。寛が「まことに恐れ入ったことで」と述べると、貞明皇后は「これでいいのです。明治維新この方、政策的に宮さまは少し良すぎました」と断言したという(同前)。

また、貞明皇后は「昔の四親王家になるわけですね」と、三笠宮妃百合子に言っている(『母宮貞明皇后とその時代』)。「四親王家」とは、一般に有栖川、伏見、閑院、桂という維新前の四宮家を指すが、貞明皇后は自分の男子である秩父、高松、三笠、そして皇太子明仁の弟である義宮《よしのみや》(常陸)を意識したのであろう。直宮を残す方針は、すでに前年の一一月二九日に昭和天皇から皇族たちに知らされており、特に驚く話ではなかった。四人の皇位継承者を産んだ貞明皇后としては、多すぎる宮家への複雑な思いがあったのだ（浅見雅男『闘う皇族』）。

2　沼津の暮らし

御用邸のサツマイモ

戦後、貞明皇后は沼津で過ごす時間が増えた。昭和二一年には長期滞在し、市内各地を視察などした。昭和二二年の滞在記録はないが、昭和二三年以後は三月から一カ月以上静養するのが常となった。

西付属邸は、明治三八年八月に川村純義伯爵の別邸を買い上げて、皇孫であった昭和天皇の御用邸として設置されたものであり、部屋数二六室を持つ木造平屋建の和風住宅であった。空襲で本邸が焼失して後は本邸の役割を果たすようになり、昭和四四年の沼津御用邸廃止まで皇室に利用された（現在は「沼津御用邸記念公園」）。西付属邸の南端には御日拝室があり、貞明皇后は戦後はそこで毎日読経をし、大正天皇の冥福を祈っていたといわれる。

戦後、荒れ放題だった本邸の焼跡は、沼津学園高等学校創始者の青木信而校長が引率した女生徒たちによって整備され、サツマイモの栽培がされるようになった。貞明皇后も「モンペ」になって軍手をはめて、一緒に石ころを拾ったり、芋苗を植えたり、草取りをしたという。女官や皇太后宮大夫の坊城俊良《ぼうじょうとしなが》も手伝った。坊城は「肥っていてお腹がつかえて苦しいので」草取りは免除されたが、逃げるわけにもいかず、筧は見ていて「同情にたえなかった」と回想している。サツマイモは「御影様」はじめ、昭和天皇、香淳皇后、各宮家にも配られた。昭和天皇は、貞明皇后が亡くなった翌年、「母宮のめでてみましし薯畑ことしの夏はいかにかあるらむ」と詠んでいる（『今上陛下と母宮貞明皇后』）。

貞明皇后の静岡巡啓

昭和天皇は昭和二一年六月一七日から一八日にかけて静岡県内各所を巡幸した。背広でソフト帽の昭和天皇は、各地で声をかけ、静岡市両替町では人びとにもみくちゃにされながら行幸した。この間、香淳皇后は沼津御用邸までは昭和天皇と同行したが、その後は御用邸で貞明皇后と過ごし、帰京の際に合流したのであった。当時、皇太后宮大夫であった坊城俊良は、「皇太后と皇后が御一緒の御殿に御一泊になったということは、私の知っている範囲では、全く前例のないこと」と書いている。貞明皇后と香淳皇后は、揃って御用邸内を散歩し、夕食をとり、深更まで二人きりで会話をした。「終戦という険しい時代を背景に」「前例にもなき夜をこめてのお物語はなんであったろうか」「晴れ晴れと、そして柔く温い光のもれるお部屋を仰いでは、奉仕の者も、警衛の者も、その夜はひとしおもの静かに、それぞれのもの思いにふけった」と、坊城は回想する（坊城俊良『宮中五十年』）。

一方、貞明皇后は昭和天皇帰京後、沼津から浜松まで学校、引揚者寮、工場などを巡啓した。昭和天皇の巡幸した後を、「どこでもニコニコ」と親しげに声をかけたので、「和気あいあいとした空気に皇后』)。

包まれるのを常とした」という。沼津の引揚者寮協生園では、三歳ぐらいの女の子が「おばあちゃん、このお靴、きれいねェ！」と無邪気な声をあげた。貞明皇后は、その子の足元に膝をついて「あんたも大きくなったら、きつと、もっといいお靴がはけるようになるよ」と答えた(『今上陛下と母宮貞明皇后』)。

「鳳鳴林」　沼津滞在中の貞明皇后は、しばしば大中寺《だいちゅうじ》にも行啓した。昭和二一年一月一〇日、大中寺から貞明皇后に「早咲きの老梅一枝と千両万両一束」、「近所の農家の丹精による大中寺芋、八つ頭、赤芽、白菜などを二籠」献上した。貞明皇后は「老梅一枝」を気に入り、昭和天皇に贈った。

同年三月八日、貞明皇后は大中寺に「先帝御供御下り御菓子、御羊羹五、御煙草大函一、御沈香三、御花料金五拾円」を下賜した。沈香は貞明皇后秘蔵のもので、「形状は黒々とした光沢をもった重味のあるすこぶる大きいものであった」。大中寺では「光栄を分って」、沈香は大本山の妙心寺管長と本師である国泰寺派管長に、煙草は村の金岡国民学校の職員へ、羊羹(虎屋)は同校の在校生から選んだ「孝子」(孝行な模範生)四人に配った。

同年一一月二一日、貞明皇后は坊城大夫、筧事務主管、山川一郎侍医、権典侍清水谷英子らと大中寺へ行幸した。県警務課長や沼津警察署長も随行した。午前中に沼津の旧海軍工廠に疎開中の女学校生徒らへの行啓をすませ、警察官サイドカーの先導で、黒塗りの自動車に清水谷権典侍が陪乗して、一二時四〇分に大中寺山門に着した。本堂を礼拝し、初穂料などを下賜した後、昼食をとり、庭園を逍遙、梅一株を植えた。貞明皇后は、かつて昭憲皇太后が柳原愛子の筍掘りを笑い「鳳鳴林」の名がついた竹藪で、その命名の由来を聞き、「うっかり笑うとこういうことになる」と機嫌よく笑った。そして、三時二〇分に沼津御用邸へ戻った。

「御服装は濃紺の紋平風の御洋装に編み上げのお靴」「度のつよそうな眼鏡」「御ぐしは束ねておられたが、その中には白いものが目だって拝見された」、質素だったが「胸飾りのみが一きわ気高く拝された」と、接待した大中寺住職の髙橋友道は記している（『大中寺と沼津御用邸』）。

ヴァイニング夫人への微笑み

貞明皇后が沼津から帰京して一年ほど過ぎた昭和二二年一〇月、皇太子明仁の家庭教師であるヴァイニング夫人が、松平信子の介添えで大宮御所の貞明皇后を訪問した。ヴァイニング夫人は初対面の貞明皇后を、「明るいお目をなさった、体の小さなおかたで、横顔はどこか鷹を思わせるものがあり」と記した。貞明皇后は黒い絹のV字型の襟のドレスで、黒いレースの立襟だったという。「黒玉のビーズのついた小さなスリッパが、長いゆたかなスカートの下に見えていた」「服装の中でただ一つ明るい箇所といえば、V字型の襟元におつけになったダイヤモンドの飾りのついた、プラチナのピンだけである」と、ヴァイニングはこまやかな観察をしている（主婦の友社『貞明皇后』）。

貞明皇后はヴァイニングと皇太子の教育方針などのやりとりをした。この時、貞明皇后は皇室の親子が同居しないことを「不思議にお感じになる」だろうが、これは「日本の古い伝統にもとづくものです」と語った。ヴァイニングは「仰せの通り、わたくしにはたいへん奇異に感じられます。育ち盛りの幼児から家庭教育の温かさを奪ってしまっている現状は、それがどんなに伝統のあることであっても、たいへん残念です」と率直な返事をした。貞明皇后は、その返事に「ただほほえみ、うなずいて」いただけであった。

その後、ヴァイニングは、源氏物語絵巻の屏風が立ち、床の間には竹内栖鳳《たけうちせいほう》の富士の軸がかけてある部屋で、女官の運んだ茶や黒塗りの蒔絵のある重箱などのもてなしを受けた。さらに、絹糸や絹布、金糸銀糸の刺繍のある絹の衣装を陳列する別室に入り、日本のシルクとアメリカとの関係について、貞明皇后から直接説明を聞いた。

帰りがけ、ヴァイニングが廊下の角でふりかえると、貞明皇后は同じ姿でその場に立ったまま「ほほえんで」見送っていた（同前）。

3　女官の整理

宮内省の縮小

昭和二〇年一〇月二三日、皇后宮大夫兼侍従次長に任ぜられた木下道雄は、昭和天皇の下で敗戦後の皇室改革にあたった。この日、昭和天皇と香淳皇后に拝謁し、はじめての侍立を保科武子皇后宮女官長とつとめた。その後、政務室で昭和天皇から「時局重大の際、任務を完遂せよ」と激励され、「侍従職と皇后宮職とを併合して内廷府を作ること」を命ぜられた。そして、内大臣府は将来廃止するので、内廷府に併合するか、政務連絡局、あるいは侍従職と呼ぶようにせよとも述べた。内大臣府が権力中枢とみなされることを避けるための機構縮小であった（木下道雄『側近日誌』）。

翌二四日も、木下は政務室にて昭和天皇に拝謁し、天皇から「女官を減員する場合には、月のさわり及び死の忌の為勤務不能となる従来の慣例あることを注意せよ。男子の如く単純に減員は出来ぬなり。此の点、大宮御所及び掌典職にも関係あり」との指示を受けた。人員削減にあたり、女官は生理や祭祀上の都合があるので、男子のように単純に減らせないし、皇后宮のみならず皇太后宮や掌典とも関係するというのである。昭和天皇は新任の木下に宮中独特の組織運用についての配慮を与えたのであった（同前）。

かつて昭和天皇は皇太子時代に女官の通勤制を求めて、宮内大臣の牧野伸顕と意見を違えたことがあった。牧野は宮中祭祀上の問題や伝統を重んずる貞明皇后の意向などを理由に抵抗を見せたが、結局は、昭和天皇の希望する通勤制を認めたのであった。しかし、そのために貞明皇后の配下の伝統的な女官制度と、昭和天皇の新しい女官制度の二重構造が生まれ、女官同士の関係も難しくなっていた。

大宮御所への介入

木下は、同年一二月一八日に、「女官の勇退」や「女官の階級を簡純化し人員を減少すること」を、昭和天皇に申し述べる。その後、木下は、石渡荘太郎宮内大臣、大金益次郎宮内次官らとも相談し、女官階級の簡純化の具体案を聞いた。待遇官による女官と女官補の二階級案、女官、女官補、女官補心得の三階級案などあったが、いずれにせよ、貞明皇后の伝統的な生涯奉公の典侍、掌侍、命婦などがいる女官制度とは大きく異なる組織を目指していた。

一二月二五日には、女官制度に関して香淳皇后の意見も聞いた。「皇后宮の御話相手となるべきものを撰び、日勤として自宅より通はしむ」「判任女官は宮城内に生活し日夜両陛下の御用を奉仕す」「衛生女嬬《にょじゅ》は女嬬の資格を廃してこれを侍医課嘱託とす」などが話題となっていた（同前）。ちなみに、皇后宮職の女官は奏任以上（女官長は勅任か奏任）、皇太后宮職の場合は命婦以上が奏任（典侍は勅任か奏任）とされたので、「判任女官」とは女嬬のことである。女嬬は通勤ではなく住み込み型にせよというのであった。

翌昭和二一年一月二四日の木下の『日記』には「昨日、陛下の仰せ。人員も減らさねばならぬ、大宮御所との関係なるが故に、必要とする女嬬は大宮御所と協議の上減らしては如何」とある。皇后宮職女官の整理にあたっていた木下は、皇太后宮職にも介入せざるを得ない状況に追い込まれていたのである。そして三月一六日には、昭和天皇から、東宮御所には「優秀な女官」を送っているので、東宮職で女官が不用ならば、青山の大宮御所に回すという案を提示された。「青山は疲労も多い故、外山か原田をこちらに引取り劣者を整理するも一策」とあり、皇后宮職、東宮職、皇太后宮職の女官たちを異動させて整理しようとしていたことがわかる（同前）。

大宮様御用邸

昭和天皇の宮中改革は貞明皇后の存在や意向も配慮しながら進められた。昭和二〇年一一月一日、天皇は木下に「大宮御所大膳を如何にするか」と問い、木下は「大宮御所大膳は独立、互助」と答えている。

そして、昭和二一年三月一九日、木下は沼津の貞明皇后に会いにでかけた。呉竹寮組織変更の件を貞明皇后に伝え、その了解を得るためである。貞明皇后は異議を唱えなかった。さらに木下は貞明皇后と御用邸について話し合った。「夏冬の大宮様御用邸としては、沼津と軽井沢とあれば足る様に思はれたり。冬の寒さが御困難にて、夏の暑さは苦に遊ばされず。台湾に住みたいと思ったとの御話ありし位、冬は暖地を選定すること必要の様なり」。貞明皇后は暑さには耐えられたが、寒さには弱かった（同前）。

ところで、木下はかつて昭和天皇が皇太子時代に進めた女官制度改革を支持しており、その仕残しになっていた大宮御所の改革を、この機会に一気にやってしまおうと意気込んでいた（髙橋紘「昭和天皇と『側近日誌』の時代」『側近日誌』）。しかし、そのため貞明皇后の逆鱗にふれたともいわれる。

最後の典侍

戦後の焼け残った「お局」（女官宿舎）で、新聞を読んでいる竹屋志計子の写真が残っている（『ミカドと女官』）。志計子は、昭和改元後、初代の皇后宮職女官長である島津ハルが辞任して後の女官長となった。志計子が女官長をつとめた当時の女官たちは人数も少なく多忙を極め、病気になったりする者も多かった。志計子も胃カタル、感冒などを患い、血圧が高くなり静養をとるほどであった（同前）。志計子は昭和一三年に辞任し、後任の保科武子に職を委ねた。

志計子は旧公家の名家で、子爵家の出身であった。通勤型の皇后宮職女官長とはなったが、独身で一生奉公のしきたりのまま、「奥」の「生き字引」として、女官長辞任後も「お局」に住んでいた。当時の「お局」は紅葉山の下にある一の側、二の側、三の側と呼ばれる建物で、女官たちの住居であった。空襲で二の側は焼けたが、二棟が残り、志計子は戦後は三の側の一階に住み、昭和二五年五月に亡くなるまで昭和天皇や香淳皇后に奉仕し、若い女官たちの相談役になっていた。

志計子の実姉が、皇太后宮職典侍であった竹屋津根子である。津根子は昭和二五年に貞明皇后が亡くなるまで皇太后宮職の筆頭典侍として女官長的な役割を果たした。貞明皇后が伝統的な女官組織を維持したため、津根子もそうした生涯を送った。しかし、皇太后宮職が廃止されると、宮中を出て、津根子の実弟にあたる静岡県富士川町岩淵の西大路家に身を寄せた。津根子は、「お付きの女官」たちと西大路家の離れに住み、『旦那様』と呼ばれ、宮中の時のままの暮らしを守った。妹の志計子も供を連れて遊び来たことがあった。生活は宮中を去るときの支度金で充分まかなえたという（『皇室と静岡』）。

4　狭心症

大日本蚕糸会総裁

戦後の貞明皇后の活動の中心は大日本蚕糸会総裁としての仕事であった。大日本蚕糸会は明治三八年に財団法人となり、伏見宮貞愛や閑院宮載仁らを総裁とし、皇室と蚕糸業界の深い結びつきを築いてきた。昭和二二年九月二日には、「蚕好き」で知られる貞明皇后が総裁となり、蚕糸絹織物業を戦後日本経済の再建に役立てようとした。同年一〇月二八日の総裁就任の挨拶では、「科学の応用と経営の刷新とに工夫をこらし、いよいよ製品の声価を高めることに一だんと努力される様」と激励した。貞明皇后は昭和二三年から二五年にかけて、数え六五歳を超す高齢で、関東、甲信、東北などの主要蚕糸絹業地の施設や実況を視察し、関係者を激励し続けた（早川卓郎編『貞明皇后』）。

秩父宮妃勢津子の実母である松平信子は、「私は永い間、皇太后さまの御愛顧をいただいて、繁々御伺ひして親しく御指導を頂きました。何と申しても、お好きなもの、御熱心なことは蚕糸が一番のようでした」と語る。「毎年春には御自分の御居間に蚕と一緒に暮すのが天国であり、給桑後のさわやかな食桑のざわめきを静かに聞くのが何よりの楽しみと仰せられていた」とも回想する。貞明皇后は蚕糸関係であれば、新聞雑誌を精読し、外国誌まで目を通していたという（同前）。

ちなみに、蚕糸業を視察したりする途次、ハンセン病病棟である東村山の全生園前を通過したり、里親の家である高円寺の大河原家などを立ち寄ったりもした（主婦の友社『貞明皇后』）。

シルクフェアーへ東劇へ

昭和二二年五月三〇日付『朝日新聞』は、二九日に香淳皇后、梨本宮妃伊都子、李方子らとともに日本橋白木屋の「シルクフェアー」へ行啓したと伝えた。貞明皇后は戦後も養蚕所で蚕を育てており、「このごろ良いタネはありますか」「この糸は何回こすると切れますか」などと専門的な質問をした。

このフェアーは、連合国軍最高司令部（ＧＨＱ）が戦後経済再建のために、蚕糸絹業の復興を図り、その宣伝のためになされたものであった。この時、貞明皇后は正倉院御物織物を見て、天平時代の織物の耐久性について、とくに「御愛育の小石丸」をとりあげて、在来種の糸質の優秀性について指摘したという（早川『貞明皇后』）。

戦後の貞明皇后は香淳皇后と行動をともにすることが増え、同年一一月二九日には、貞明皇后と香淳皇后とが東劇で「忠臣蔵」を五時間あまりも観賞した。占領軍は日本の軍国主義を支えた封建的忠誠心を鼓舞する「忠臣蔵」などの仇討ちものの上演を禁止していたが、解禁されたのであった。貞明皇后はオペラグラスで楽しみ、香淳皇后はハンカチで涙をぬぐった。休憩時間に俳優を代表して挨拶に出た六代目尾上菊五郎に「今日は面白い歌舞伎をどうもありがとう」と返答したと、翌三〇日の『朝日新聞』は報道している。

昭和二五年一一月三日の文化の日（明治天皇誕生日）には、貞明皇后、香淳皇后、順宮《よりのみや》、清宮《すがのみや》らで、国立国会図書館で開会中の音楽資料展に出かけている。七代目板東三津五郎の舞踊「木賊刈《とくさかり》」、東京芸大音楽部管弦楽の「未完成交響曲」、宮城道雄の箏「六段」などを、一般聴衆とともに二時間ほど観賞したと、翌日の『朝日新聞』にある。なお、貞明皇后は終演後に、「三津五郎は自分のかつて視た舞踊家の中、すぐれた舞踊の名手と考えるが、彼は時代と妥協して、自分の芸術の中に新味を加えて踊ることをしない舞踊家ではないのであろうか」という意味の質問をした。説明にあった者は、これに対して、「自分の芸術を変えようとして変えることのできない芸術家であります、それだけに彼の舞踊は一般向きではないかも知れませんが、古い芸術を守り通す当代随一の踊り手ではあります」と答えた。貞明皇后は「わが意を得たようにいちいちうなずいて」いたという（早川『貞明皇后』）。

皇居勤労奉仕団

昭和二〇年一一月二二日、宮城県栗原郡の二人の青年が、宮内省総務課長の筧素彦に皇居外苑の草刈りをさせてほしいと依願した。筧は二人の熱気を感じて、上司にあたり、承諾した。こうして、一二月八日、宮城県の青年団六二名が上京した。奉仕場所は、当初予定した草刈りでなく、宮殿の焼け跡の片づけをすることになった。外苑ではなく、宮城内の作業になったのである。さらに、侍従次長の木下道雄から奉仕団の概要を聞いていた昭和天皇が、木下の案内で作業を見に来た。昭和天皇は奉仕団に「汽車が大へん混雑するというが、どうやって来たか」「栗原というところはどんなところか」「米作の状況はどうか」「どんな動機で来たのか」などいろいろ聞いた。鈴木は「今年は米作は半作ですが、栗原の農民は少しもへこたれてはおりません」などと答えた。天皇との会話は三〇分におよび、天皇はそのつど「ご苦労」とか「ありがとう」とか返事をした。やがて天皇は政務所へ戻っていった。その後姿を見ながら一同期せずして「君が代」を斉唱したという。その後、同じ場所にいる女子青年団員のところへ、香淳皇后が女官を連れてやってきた。皇后も三〇分ほど会話して帰って行った（日本教文社編『皇居を愛する人々』）。

この後、全国各地で奉仕団が結成され、皇居の清掃などをしに上京するようになった。皇居のみならず大宮御所の清掃や茶摘みなども行うようになり、貞明皇后も作業中の奉仕団に会いに出た。皇居勤労奉仕希望者の世話などをした萩《はぎしゅうげつ》 萩月は「皇太后陛下は、夏の或時は御庭先に出られて薬草園にあれこれと御手入れをなさつたり、御指図をなさつて居られた。又御係を呼ばれ態々《わざわざ》地図を広げられ、明日の奉仕団はどの辺の人々か、山国からか、又海の島からかと御調べになつて、奉仕の当日には、

貞明皇后多摩東陵
（東京都八王子市長房町武蔵陵墓地）

其人々に御尋ねになること等もあらせられた」と記している（『皇居勤労奉仕を語る』）。

冬菊の光

昭和二六年五月一七日三時三〇分、貞明皇后は奉仕団に会うために身仕度をしていたところ、突然、狭心症となった。そして四〇分後の四時一〇分、貞明皇后は急逝した。六六歳であった。昭和天皇と香淳皇后は皇居から大宮御所にかけつけたが、間に合わなかった。腸チフスの経験はあったが、ほかに持病もなく、日ごろ健康であっただけに、周囲は驚きを隠せなかった。天皇は六月一〇日からの関西旅行を中止した。首相の吉田茂は大宮御所を弔問、連合軍総司令部最高司令官のリッジウェイは高級副官のウェントン大佐を宮内庁に遣わして弔意を表した。

「貞明皇后」と追号されたのは六月八日である。「貞明」の出典は周易繋辞《けいじ》下の「日月之道は貞《ただ》しく明かなる者なり」からとられ、大正天皇と並べるにふさわしいように字画が少なく、読みやすい当用漢字から選ばれたと、翌九日の『朝日新聞』は伝える。

六月二二日に大喪儀が行われ、棺と一緒に高松宮が執筆した陵誌が多摩東陵に埋葬された。「お墓は地下十尺の石室　ミイラ保存法は施さず」と二一日付の『朝日新聞』にある。新憲法や新皇室典範には皇太后葬儀の規定がなく、宮内庁と政府とが協議して、準国葬の「皇太后大喪」となった。

一五〇日目には、皇太子明仁に遺愛の象牙の筆立てなど一五点が贈られた。明仁は、「今一度あひたしと思ふ祖母宮に馬の試合の話をもせず」と詠んだ。明仁は、学習院馬術部主将として試合に出場すると、必ず貞明皇后を訪ねて話を聞かせていた。しかし、五月三日の都主催の憲法記念馬出大会にはじめて中障害の個人競技に出たが、貞明皇后は忙しく、話を聞かないまま他界したのであった。明仁の歌は、色紙に記され、棺とともに多摩東陵に埋められた（『朝日新聞』昭和二六年一〇月一七日）。

宮内省侍医寮御用掛の経験もある俳人の水原秋桜子は、貞明皇后のはからいで、離宮などを見学できたという。秋桜子は、戦後に「冬菊のまとふはおのが光のみ」の句を詠んだ。皇室の権力と権威が弱まっても毅然たる態度で屹立していた貞明皇后を意識した句ともいわれる。

ところで、貞明皇后が亡くなってその葬儀の予行をしているさなかの昭和二六年六月一八日、宮内庁長官であった田島道治は日記にこう書いた。「大宮御所にて朝、〔皇太后宮〕大夫〔清水谷英子〕より山川〔一郎〕侍医の話きく。大正十四年八月子供の引つけせくのことあり。それ迄大体は中よくなく、女官は皇后様付、大正天皇御気の毒とか。入沢〔達吉・侍医頭〕と皇后様と転地にて意見正反対。強引に、十五年八月葉山へ、それ故煩悶にて身体の御病気はなからんとのこと」（加藤恭子『昭和天皇と美智子妃　その危機に』）。

田島が皇太后宮大夫の清水谷から山川侍医の話として聞いたという内容だが、大正一四年八月に大正天皇が子どもの痙攣のような引きつけがあったというのだ。それまで天皇と貞明皇后の仲はよくなく、女官も皇后付なので、大正天皇は気の毒だった。転地療養の場所について、入沢侍医頭と貞明皇后との意見が正反対であり、強引に葉山に決まった。天皇の引きつけは煩悶であって、身体の病気ではなかったというのが、おおよその趣旨だろう。亡くなって後に明かされた秘話であった。女官を味方につけて、大正天皇を統制していた貞明皇后の姿をのぞき見たような思いがする。

貞明皇后記念館事件

貞明皇后が亡くなって二年後の昭和二八年一一月、貞明皇后が登山をした沼津市香貫山に「貞明皇后御遺徳記念碑」が建立された。その後、沼津市に貞明皇后記念館建設の動きが生まれたが、不幸な事件となった。

発端は、昭和二九年七月ごろであった。貞明皇后ゆかりの御用邸のある静岡県沼津市の日蓮宗の住職と国際文化協会沼津支局長とが、貞明皇后を偲ぶ記念館建設を計画したが、両者の意見が合わなかった。このため、国際文化協会沼津支局長は同会理事長に話をもちかけ、翌昭和三〇年九月に理事長が東京都知事に募金を申請した。申請は許可されなかったが、理事長に記念館建設の意思はなく、寄付行為だけが進んだのである。寄付を募るパンフレットには元公爵の一条実孝、元貞明皇后侍医の山川一郎、静岡県知事斎藤寿夫ら有名人約四〇名が賛同人として名を連ねていたが、当人たちに無断でなされたものであった。しかし、パンフレットが配付された八幡製鉄所、日本鋼管、味の素など都内の一流企業はじめ一〇〇社ほどが寄付を提供し、その総額は八〇〇万円になった。味を占めた理事長はその後も寄付行為の延期を申請し、貞明会と名づけて大々的な活動を展開するようになった。日比谷公会堂では募金の芸能会を開き、蔵前国技館で花相撲を催したりした。また、福島県など各地の小学校生徒らから一〇円、二〇円という善意の小額寄付を集めたのであった。この総額は二〇〇〇万円以上に達したと推定されている。当時の大卒事務系の初任給は一万五〇〇〇円だった。

一方、国際文化協会支局長は昭和三一年夏に土地借入申請をしたが、不審の点があり却下されていた。そして昭和三三年になっても記念館建設予定地とされた沼津市では何の動きもなく、警視庁捜査二課は、貞明会理事長宅などを詐欺の疑いで家宅捜査をした。その結果、理事長には詐欺や賭博の前科があり、暴力や恐喝の前科者を集めて資金を調達させていたことが判明したのであった（『朝日新聞』昭和三三年三月一九日、二〇日、二一日）。

戦後民主社会になって貞明皇后への畏敬の念が消えたために起きた事件であったが、他方、詐欺に遭った側からすれば、皇室の威光や貞明皇后の名声が完全には消えていないがための不幸でもあった。

遺品の発見　昭和五八年一月、貞明皇后の形見分けの品々が、皇室の祈願寺であった八王子市加住町の日蓮宗「十行山大乗寺」（内海徳勝住職）で発見された。同月六日付の『朝日新聞』は「貞明皇后の遺品見つかる」の記事を掲載した。見つかった遺品は、一二単衣、羽二重の帯や足袋、ふとん、まくらなどのほか、大理石の釈迦如来像、青貝細工の食台、花器など数十点。島津家ゆかりの花瓶もあった。十行山大乗寺はかつて文京区白山五丁目にあり、貞明皇后が病気がちの大正天皇の健康を祈願した寺といわれる。発見した郷土史研究家の北島藤次郎は「皇后はおそらく、この寺で徹夜で祈願されたのではないか。だから、ふとんやまくらなど寝具類も見つかったのだろうと思う」と語った。形見分けの品は、貞明皇后が亡くなって後の昭和二六年一〇月一日に宮内庁から下賜したという。寺は天正五年（一五七七）に十行院日合上人が開山し、維新後も「別格御所寺」とされた由緒あるものであったが、昭和二〇年四月一四日の空襲で全焼した。そして、昭和五〇年一一月に八王子に移転したのであった。

ちなみに、大正三年、小池道子権掌侍は昭憲皇太后の冥福を祈るために法華経八巻を書写し、大乗寺に昭憲皇太后愛用の遺品を寄贈している（『読売新聞』大正六年二月二五日）。「御所寺」であった大乗寺は、昭憲皇太后と貞明皇后の二代の遺品を授かったのである。

おわりに

生まれながらの皇后はいない。天皇あるいは皇位継承者との結婚によって、皇后となる。明治維新前の皇后は、天皇の正室以上の意味をもたず、その容姿を人々に知られることもなかった。維新後は、天皇の正室であると同時に、「国母」として人々の前に現れ、人々、とりわけ女性の生き方の規範となった。皇后となるには、そうした資質を持った女性でなければならなかった。昭憲皇太后も貞明皇后もその条件と期待に応えた。

昭憲皇太后と貞明皇后はともに五摂家の子女であり、皇后（皇太子妃）となって後は、良妻賢母たる女子の模範となり、女子教育や社会事業にも貢献した。軍事援護も行い、戦時には繃帯巻や傷病兵慰問などの中心となった。

ただ、同じような二人でありながら、生来の個性や置かれた境遇は違っていた。昭憲皇太后は幕末に京都の一条家で生まれ、家の門の外に出たことは少なかった。運動は得意とせず、歌や学問に秀でていた。皇太子妃を経験せずにはじめから皇后となった。京都から東京へ移住して新時代の皇室を一から築いたが、宮中には旧来の伝統も残り多くの側室が存在した。昭憲皇太后は「国母」としての模範的言動を重ねるが、一夫一妻多妾という複雑な人間関係の中で生きた。子をもうけることができず、天皇に対して遠慮がちであった。

貞明皇后は維新後東京に移った九条家で生まれ、五歳まで農家に里子に出されて育った。皇太子妃には候補であった伏見宮禎子の内定取消によって選ばれた。女学校で近代教育を受けたはじめての皇太子妃であり、「おてんば」であるために旧慣を重んずる女官たちから違和感を持たれた。しかし、伴侶の皇太子は病弱で軽率なところがあり、貞明皇后は看病をするのみならず、天皇代理として政治にも関わらざるを得なくなった。また、皇位継承者を出産して側室制度を事実上廃止させた。

昭憲皇太后と貞明皇后のそれぞれの苦悩の形は違ったが、その精神的負担はともに重かった。「国母」として気丈に生きた二人であったが、人知れず、その心の安定につとめる必要があった。昭憲皇太后が煙草を愛し、貞明皇后が信仰にすがったのは、その表れではなかったか。そして、二人は大きな病気もせず、突然、他界した。死因がともに狭心症なのは暗示的だ。昭憲皇太后も貞明皇后も、「超人的な人生」を歩んだストレスが重なったのではないか。

昭憲皇太后と貞明皇后以後も、近代の皇后はその私生活を抑えて人々の模範となるという同じ使命を担ってきた。戦後に「開かれた皇室」となってからも、皇后の負う精神的負担に変わりはなく、むしろ加重されている。昭憲皇太后と貞明皇后が負った心の負担を考察することは、現代的な課題なのである。

二〇一〇年九月二四日

小田部雄次

主要参考文献

本書執筆に際して主に利用した史料や著書を中心に載せた。そのほか部分的に引用したものなどは、本文中に注記した。

新　聞

『読売新聞』『朝日新聞』（明治～平成）
　昭憲皇太后や貞明皇后に関する報道記録の集積として価値が高い。

日記など

原奎一郎編『原敬日記』福村出版　全六巻　昭和四〇年八月～昭和四二年四月二〇日
宮内庁『明治天皇紀』吉川弘文館　全一二巻　昭和四三年一〇月一日～昭和五〇年一二月一〇日
　宮内庁の公式記録である。昭憲皇太后や貞明皇后の明治期における動向がおさえられる。
トク・ベルツ編、菅沼竜太郎訳『ベルツの日記』岩波文庫　全二巻　昭和五四年二月一六日～同年三月一六日
木下道雄『側近日誌』平成二年六月一五日
伊藤隆・広瀬順晧編『牧野伸顕日記』中央公論社　平成二年一一月二〇日
髙橋紘・粟屋憲太郎・小田部雄次編『昭和初期の宮中と天皇』岩波書店　全六巻　平成五年六月二五日～平成六

年九月一二日
安在邦夫・望月雅士編『佐佐木高行日記　かざしの桜』北泉社　平成一五年四月
昭憲皇太后や貞明皇后の言動や、皇室に対する側近たちの意見などが具体的である。下田歌子の動きなど宮中裏面の諸情報がふくまれ、史料的価値が高い。
梨本宮妃伊都子の『日記』（原本）
既に刊行された『梨本宮伊都子妃の日記』小学館文庫（平成二〇年一一月一二日）に未収録の記事が多く、宮廷裏面史を知る貴重な記録である。

伝記・回想録

ピエール・ロチ、村上菊一郎・吉氷清訳『秋の日本』角川文庫　昭和二八年一〇月二〇日
観菊会での昭憲皇太后の行状などを細かに観察した記録。
O・V・モール、金森誠也訳『ドイツ貴族の明治宮廷記』新人物往来社　昭和六三年四月二〇日
昭憲皇太后の側にあって明治宮廷の整備に大きな役割を果たしたモール夫妻の体験記。
秩父宮雍仁『皇族に生まれて』渡辺出版　平成一七年一二月二日
坊城俊良『宮中五十年』明徳出版　昭和三五年六月二五日
「高松宮宣仁親王」伝記刊行委員会編『高松宮宣仁親王』朝日新聞社　平成三年三月二〇日
秩父宮を偲ぶ会編『秩父宮雍仁親王』昭和四五年九月一日

皇后関係

片野真佐子『皇后の近代』講談社選書メチエ　平成一五年一一月一〇日

昭憲皇太后や貞明皇后をふくむ近代の皇后について、実証的にまとめた学術研究書。
保阪正康『皇后四代』中公新書ラクレ　平成一四年一〇月一日
昭憲皇太后や貞明皇后をふくむ近代の皇后について、コンパクトにまとめた基本文献。
梨本伊都子『三代の天皇と私』講談社　昭和五〇年一一月三日
遠藤興一『天皇制慈恵主義の成立』学文社　平成二二年一月三〇日

昭憲皇太后関係（伝記類）

山口鼎太郎『明治皇后』南北社　大正三年五月一日
昭憲皇太后が亡くなってから最も早く刊行されたもので、その事績や年譜など基礎的な情報がまとめられている。
坂本辰之助『昭憲皇太后　附女四書』画報社　大正三年五月二〇日
洞口猷寿『昭憲皇太后宮』頌徳会　大正三年五月二一日
皇学書院『昭憲皇太后御聖徳録』大正三年五月二五日
上田景二『昭憲皇太后史』公益通信社　大正三年八月二〇日
大日本実修女学会編『昭憲皇太后御一代記』東京国民書院　大正三年八月二五日
昭憲皇太后の生涯を事績や側近の行状などを詳細に描いたもので、とりわけ皇后となってからの逸話が多くふくまれている。
椎名龍徳『昭憲皇太后宮』霊岸授産場出版部　昭和四年一月二五日
渡辺幾治郎『昭憲皇太后の御坤徳』東洋書館　昭和一七年九月二日

昭憲皇太后関係（その他）

小出粲『みくるまのあと』皇后宮職　明治二四年二月
香川敬三『繫暉日記』皇后宮職　明治二六年一一月二三日
実業之日本社『婦人世界　皇太后陛下追悼号』大正三年五月一日
足立栗園『昭憲皇太后　御歌百話』中外出版社　大正三年六月五日
警視庁『昭憲皇太后御大喪儀記録』大正四年二月二三日
明治神宮社務所『明治天皇　昭憲皇太后　御逸事集』昭和二年七月二〇日
田口章太『昭憲皇太后御遺訓　婦道読本』昭和一三年一月二〇日
日本赤十字社『昭憲皇太后基金に就いて』昭和一六年九月二六日
明治天皇聖徳奉賛会『明治天皇　昭憲皇太后　御聖徳史』昭和一八年一〇月一日
出雲井晶『春の皇后』サンケイ出版　昭和五九年一二月二五日
出雲井晶『エピソードでつづる昭憲皇太后』錦正社　平成一三年一月九日
若桑みどり『皇后の肖像』筑摩書房　平成一三年一二月一〇日
　昭憲皇太后の肖像を素材として、皇后の果たした機能などを論じた。昭憲皇太后論として画期的な著書。
伊藤之雄『明治天皇』ミネルヴァ書房　平成一八年九月一〇日
高良留美子編・田島民著『宮中養蚕日記』ドメス出版　平成二一年七月一七日

貞明皇后関係（伝記類）

早川卓郎『貞明皇后』大日本蚕糸会　昭和二六年一二月二五日
　貞明皇后の戦後の大日本蚕糸会の活動などが詳しく記されている。

主婦の友社『貞明皇后』昭和四六年五月一五日
関係者の回想などをもとにして貞明皇后の生涯を丁寧にまとめた。逸話に肌触りがある。

貞明皇后関係（その他）

吉田鞆子『筑紫行啓供奉記』大正一二年五月一五日
内務省神社局『神ながらの道』大正一五年一月二五日
三重県『皇太后陛下行啓記』昭和一三年三月二五日
愛知県『皇太后陛下　関西地方行啓　愛知県記録』昭和一三年三月二五日
筧克彦『大正の皇后宮御歌謹釈』昭和三六年七月一五日
筧素彦『今上陛下と母宮貞明皇后』日本教文社　昭和六二年四月二五日
主婦の友社『貞明皇后御歌集』昭和六三年一〇月五日
出雲井晶『天の声　小説・貞明皇后と光田健輔』展転社　平成四年六月一日
山口幸洋『椿の局の記』近代文芸社　平成一二年一一月三〇日
浅見雅男『闘う皇族』角川選書　平成一七年一〇月三一日
久邇宮家と皇室との関係を丁寧に描いた。とりわけ宮中某重大事件における貞明皇后の立場が明晰に論じられている。
工藤美代子『母宮貞明皇后とその時代』中央公論新社　平成一九年七月一〇日
貞明皇后の末子である三笠宮崇仁夫妻への取材記録。臨場感ある思い出話とそれらを歴史の文脈に位置づけた。
西川泰彦『貞明皇后その御歌と御詩の世界』錦正社　平成一九年一〇月一九日
工藤美代子『国母の気品』清流出版　平成二〇年七月二一日

榊原喜佐子『大宮様と妃殿下のお手紙』草思社　平成二二年今年の三月一日
加藤恭子『昭和天皇と美智子妃　その危機に』文春新書　平成二二年三月二〇日
浅見雅男『皇太子婚約解消事件』角川書店　平成二二年四月二九日
　皇太子嘉仁の婚約解消をめぐる貞明皇后の評判や動向などが実証的に描かれている。

大正天皇関係

原武史『大正天皇』朝日選書　平成一二年一一月二五日
古川隆久『大正天皇』吉川弘文館　平成一九年八月一日
F・R・ディキンソン『大正天皇』ミネルヴァ書房　平成二一年九月一〇日

自著

『四代の天皇と女性たち』文春新書　平成一四年一〇月二〇日
『ミカドと女官』扶桑社文庫　平成一七年一月三〇日
『華族』中公新書　平成一八年三月二五日
『華族家の女性たち』小学館　平成一九年四月三〇日
『李方子』ミネルヴァ書房　平成一九年九月一〇日
『皇族に嫁いだ女性たち』角川選書　平成二一年三月一〇日
『皇族』中公新書　平成二一年六月二五日
『皇室と静岡』静新新書　平成二二年九月二一日
　昭憲皇太后や貞明皇后はじめ近代の天皇や皇族たちの静岡での動きがまとめてある。

昭憲皇太后・貞明皇后略年譜

（註）齢は数え、ただし、昭憲皇太后は入内にあたり嘉永三年生まれと変えたので、公式には一年若くなる。ⓢは昭憲皇太后、ⓣは貞明皇后。

和暦	西暦	齢 ⓢ	齢 ⓣ	関連事項	一般事項
嘉永 二	一八四九	1		4・17ⓢ京都一条烏丸東入の一条家桃花殿に生まれる。	
三	一八五〇	2		4・23ⓢ勝子と命名、富貴と称される。	
五	一八五二	4		ⓢ伏見宮順子、一条忠香の正室となる。	
六	一八五三	5			6・3ペリー浦賀に来航。
安政 五	一八五八	10		6・12ⓢ皇女富貴宮が生まれる（はばかって寿栄と改名）。9・16ⓢ生母・新畑民子逝去、花容院と号される。	6・19日米修好通商条約調印。
文久 三	一八六三	15		11・7ⓢ父・一条忠香逝去。	
慶応 二	一八六六	18			12・25孝明天皇崩御。
三	一八六七	19		5・14ⓢ女御に内定、「四つ目」を忌み嘉永三年生まれとする。6・27ⓢ初お目見えの参内、	1・9明治天皇践祚。

四 明治 元	一八六八	20	翌28日に女御となる。4・24Ⓢ長兄・一条実良逝去。12・26Ⓢ入内に先立ち、寿栄から美子と改名。12・28Ⓢ入内、皇后となる。	9・20明治天皇東幸。
二	一八六九	21	10・5Ⓢ東京へ向かう。	6・17公卿と諸侯を華族と称す。
四	一八七一	23	2月Ⓢ宮中にて養蚕を試みる。8・1Ⓢ後宮改革にて皇后の実権確立。11・9Ⓢ津田梅子ら女子留学生と対面。	
五	一八七二	24	4・24Ⓢ後宮改革にて内女房と皇后宮女房の区別を撤廃し、皇后の下に統括。12月Ⓢ平尾鉐に歌子の名を授ける（下田歌子）。Ⓢこの年、内田九一が和装の写真を撮影。	3・22英照皇太后の東上。12・3改暦で太陽暦となる。
六	一八七三	25	1・1Ⓢはじめて年始拝賀を受ける。2・8Ⓢはじめて乗馬をする。3・3Ⓢ英照皇太后とともに眉墨とお歯黒を廃する。4・9Ⓢ隅田川を上り向島の桜を楽しむ。5・13Ⓢ新暦になってはじめての誕生日、後に28日に改める。6・19Ⓢ英照皇太后と富岡製糸場へ行啓。7・2Ⓢはじめて西洋料理を食す。12・17Ⓢ明治天皇と横須賀造船所に行幸啓。	3・20明治天皇断髪。12・9皇族の陸海軍従事。

七	一八七四	26		3・19ⓢ横浜瓦斯器械所を視察。	
八	一八七五	27		11・29ⓢ東京女子師範学校開校式に行啓。	
一〇	一八七七	29		6月ⓢ『明治孝節録』編纂。8・21ⓢ第一回内国勧業博覧会行啓。9・11ⓢ内廷夜話はじまる。	2・15西南戦争はじまる。
一二	一八七九	31		4・28ⓢ英照皇太后と横浜で軍艦「扶桑」を見学。5・8ⓢ英照皇太后と青山御所の養蚕所を視察。9月平民出身の女官である岸田俊子から『孟子』などの進講を受ける。11・27ⓢ明治天皇、英照皇太后と吹上御苑で犬追物を見る。	
一三	一八八〇	32		11・18ⓢはじめての観菊会。	
一四	一八八一	33		3・14ⓢハワイ皇帝カラカワと対面、ハワイ皇后へ白縮緬を贈る。4・26ⓢはじめての観桜会。	
一五	一八八二	34		10・18ⓢ内国絵画共進会に英照皇太后と行啓。	
一七	一八八四	36	1	2月ⓢ博愛社へ下賜金。6・25ⓣ東京神田錦町一丁目一二番地で、九条道孝4女として生まれる、生母は野間幾。7・1ⓣ東京府東多摩郡高円寺の農家、大河原金蔵・てい夫妻にあずけられる。	
一八	一八八五	37	2	11・13ⓢ華族女学校開校式に行啓。	
一九	一八八六	38	3	6・23ⓢはじめての洋装。7・30ⓢ華族女学校	

				卒業式にはじめて洋装で行啓。	
二〇	一八八七	39	4	3・18ⓢ華族女学校に「金剛石」「水は器」を下賜。6月ⓢ『婦女鑑』編纂。	5・20博愛社を日本赤十字社と改称。
二一	一八八八	40	5	11・10ⓣ大河原家から赤坂福吉町の九条家にもどる。	
二二	一八八九	41	6	2・5ⓣ東京師範学校女子部付属幼稚園に入園。6月ⓢ洋装写真を撮る。	2・11大日本帝国憲法発布。
二三	一八九〇	42	7	4・4ⓢ京都方面行啓、途中で明治天皇と合流。9・1ⓣ華族女学校初等小学科に入学。	
二四	一八九一	43	8	5・11ⓢニコライ事件でロシア皇后マリアに親電送る。	
二五	一八九二	44	9	3・15ⓢ華族女学校生徒に『みくるまのあと』を下賜。11・18ⓢ中島俊子と対面。	
二六	一八九三	45	10	9・1ⓣ華族女学校高等小学科に進学。	
二七	一八九四	46	11	3・9ⓢ銀婚式。10・8ⓢ陸海軍戦傷者に繃帯を下賜。	7・16領事裁判権廃止。8・1日清戦争。
二八	一八九五	47	12	3・17ⓢ傷病兵慰問のため広島大本営へ行啓。	
二九	一八九六	48	13	9・1ⓣ華族女学校初等中学科進学。	
三〇	一八九七	49	14		1・11英照皇太后崩御。
三二	一八九九	51	16	8・21ⓣ皇太子嘉仁妃に内定。	

三三	一九〇〇	52	17	5・10ⓣ皇太子嘉仁と結婚。7・25ⓣ皇太子嘉仁と日光御用邸に避暑。	
三四	一九〇一	53	18	4・29ⓣ第一子迪宮裕仁（昭和天皇）を出産。	
三五	一九〇二	54	19	6・25ⓣ第二子淳宮雍仁（秩父宮）を出産。	1・30日英同盟。
三六	一九〇三	55	20	8・25ⓣ流産。	
三七	一九〇四	56	21	2・29ⓢ愛国婦人会に下賜金。6・17ⓢⓣ繃帯を陸海軍に献納。	2・10日露戦争。
三八	一九〇五	57	22	1・3ⓣ第三子光宮宣仁（高松宮）を出産。7・26ⓣ昭憲皇太后の代理として米国陸軍長官タフトらと対面。	
三九	一九〇六	58	23	1・4ⓣ実父・九条道孝逝去。	
四〇	一九〇七	59	24	5・4ⓣ皇太子嘉仁と靖国神社臨時大祭行啓。7・24ⓣ皇太子嘉仁と東京勧業博覧会行啓。	
四一	一九〇八	60	25	1・26ⓢ養母・一条順子逝去。	
四二	一九〇九	61	26	5・29ⓣ皇太子嘉仁と横須賀軍港行啓。	
四三	一九一〇	62	27	5・20ⓣ築地のエドワード7世弔祭に皇太子嘉仁と天皇皇后の代理として参列。	8・29韓国併合。
四四	一九一一	63	28	3・27ⓣ葉山御用邸にて腸チフスとなる。	2・21関税自主権確立。
四五 大正元	一九一二	64	29	7・19ⓢ明治天皇不例となり昼夜看護。7・30ⓣ皇后となる。10・21ⓣ天皇嘉仁と青山御所に	7・30明治天皇崩御。

				て飛行船を見る。10・27ⓣ天皇と飛行機を見る。ⓢこの年、第9回赤十字国際会議に一〇万円下賜（昭憲皇太后基金）。	
二	一九一三	65	30	6・18ⓣ紅葉山に養蚕所を建設。10・27ⓣ女子学習院行啓。11・7ⓣ愛国婦人会へ下賜。	
三	一九一四	66	31	3・26ⓢ沼津御用邸にて狭心症発作。4・11ⓢ崩御。5・9ⓢ昭憲皇太后と追号。5・24ⓢ大喪儀、伏見桃山東陵に埋葬される。10・19ⓣ東京慈恵会慰問。10・21ⓣ赤十字社篤志看護婦人会へ下賜。12月日本救世軍へ下賜。	7・28第一次世界大戦。
四	一九一五		32	11・10ⓣ京都御所で即位式なるも、懐妊中のため参列せず。12・2ⓣ第四子澄宮崇仁（三笠宮）を出産。	
五	一九一六		33	1・21ⓣ久留米衛戍病院に義眼や義肢を贈る。5・16ⓣ陸海軍将校婦人会10周年に行啓。	
六	一九一七		34	5・4ⓣ奠都50年奉祝博覧会行啓。11・2ⓣ化学工業博覧会行啓。	
七	一九一八		35	7・20ⓣ農事試験場のメロンが献上される。	8・2シベリア出兵。
八	一九一九		36	11・10ⓣ東京高等工業学校行啓。ⓣこの年、大森鐘一皇后宮大夫が滝乃川学園を視察。	6・10裕仁婚約発表。

九	一九二〇	37	3・30ⓣ大正天皇第一回病状発表。5・15ⓣ皇后としてはじめて靖国行啓。5・31ⓣ横須賀で戦艦「陸奥」の進水式参列。ⓣこの年、ポーランド孤児を救済。	12月宮中某重大事件。
一〇	一九二一	38	4・11ⓢ昭憲皇太后基金第一回配分。6月ⓣ御殿場の神山復生病院に金品下賜。	3・3裕仁欧州旅行。
一一	一九二二	39	3・24ⓣ江田島行啓。	
一二	一九二三	40	5・4ⓣ三浦半島の観音崎灯台行啓。9・29ⓣ上野公園に避難中の罹災者を慰問。11・5ⓣ横浜市野毛山などに避難中の罹災者を慰問。	9・1関東大震災。12・27虎ノ門事件。
一三	一九二四	41	2・26ⓣ筧克彦の「神ながらの道」を聴講。	1・26裕仁・良子結婚。
一四	一九二五	42	5・10ⓣ銀婚式（結婚25周年記念日）。	
一五	一九二六	43	12・25ⓣ皇太后となる。	12・25大正天皇崩御。
昭和元				
二	一九二七	44	11・18ⓣ宮城から青山東御所へ移る。	
五	一九三〇	47	5・6ⓣ赤坂離宮御苑内広芝の大宮御所へ移る。	
六	一九三一	48		9・18満州事変。
七	一九三二	49	11・10ⓣハンセン病救済事業関係者へ「つれづれの」の歌を下賜。	
八	一九三三	50	5・28ⓢⓣ昭憲皇太后の誕生日にちなみ、楓の	12・23明仁（今上天皇）誕生。

一〇	一九三五	52	実生を神山復生病院に下賜。2・2ⓣ全国の九〇歳以上の高齢者に真綿を下賜。4・6ⓣ来日した溥儀と会う。4・18ⓣ少年保護功労者表彰。	
一一	一九三六	53	12・23ⓣ全国の灯台職員とその家族に歌と金一封を下賜。12・25ⓣ大正天皇十年式年祭、方面委員連盟に下賜金。	2・26二・二六事件。
一二	一九三七	54		7・7盧溝橋事件。
一五	一九四〇	57	6・26ⓣ再来日した溥儀と会う。	
一六	一九四一	58	6・7ⓣ三浦半島の剣ヶ崎灯台行啓。	12・8太平洋戦争。
一七	一九四二	59	4・29ⓣ天皇誕生日に天皇皇后と緒戦勝利を喜ぶ狂歌を交わす。	
二〇	一九四五	62	5・25ⓣ大宮御所、空襲で焼失。8・20ⓣ軽井沢の近藤別邸に移る。12・17ⓣ沼津御用邸に移る。	8・15敗戦。
二一	一九四六	63	4・5ⓣ生母・野間幾逝去。12・19ⓣ沼津御用邸より赤坂の大宮御所へ移る。	
二二	一九四七	64	5・29ⓣシルクフェアー行啓。9・2ⓣ大日本蚕糸会総裁に就任。10月ⓣヴァイニング夫人と懇談。	10・14皇籍離脱。

二三	一九四八		65	10・19ⓣ蚕糸業視察の途次、高円寺の大河原家に立ち寄る。	
二六	一九五一		68	5・17ⓣ大宮御所にて狭心症で崩御。6・8ⓣ貞明皇后と追号。6・22ⓣ多摩東陵に埋葬される。	9・8対日講和条約。

竹越與三郎　西田　毅
内藤湖南・桑原隲蔵　礪波　護
岩村　透　今橋映子
西田幾多郎　大橋良介
金沢庄三郎　石川遼子
上田　敏　及川　茂
柳田国男　鶴見太郎
厨川白村　張　競
大川周明　山内昌之
西田直二郎　林　淳
市河三喜・晴子　河島弘美
折口信夫　斎藤英喜
九鬼周造　粕谷一希
辰野　隆　金沢公子
シュタイン　瀧井一博
*福澤諭吉　平山　洋
*西　周　清水多吉
福地桜痴　山田俊治
田口卯吉　鈴木栄樹
*陸　羯南　松田宏一郎
黒岩涙香　奥　武則
宮武外骨　山口昌男
*吉野作造　田澤晴子
野間清治　佐藤卓己
山川　均　米原　謙

岩波茂雄　十重田裕一
*北　一輝　岡本幸治
中野正剛　吉田則昭
満川亀太郎　福家崇洋
杉　亨二　速水　融
*北里柴三郎　福田眞人
田辺朔郎　秋元せき
*南方熊楠　飯倉照平
寺田寅彦　金森　修
石原　純　金子　務
J・コンドル　鈴木博之
辰野金吾　河上真理・清水重敦
小川治兵衛　尼崎博正

現代

昭和天皇　御厨　貴
高松宮宣仁親王　後藤致人
*李方子　小田部雄次
吉田　茂　中西　寛
マッカーサー　柴山　太
石橋湛山　増田　弘
重光　葵　武田知己
池田勇人　中村隆英

高野　実　篠田　徹
和田博雄　庄司俊作
朴正煕　木村　幹
竹下　登　真渕　勝
*松永安左エ門　橘川武郎
鮎川義介　井口治夫
出光佐三　橘川武郎
松下幸之助　米倉誠一郎
渋沢敬三　井上　潤
*本田宗一郎　伊丹敬之
井深　大　武田　徹
佐治敬三　小玉　武
幸田家の人々　金井景子
*正宗白鳥　大嶋　仁
大佛次郎　福島行一
*川端康成　大久保喬樹
*薩摩治郎八　小林　茂
松本清張　杉原志啓
安部公房　成田龍一
三島由紀夫　島内景二
R・H・ブライス　菅原克也
金素雲　林　容澤
柳　宗悦　熊倉功夫

バーナード・リーチ　鈴木禎宏
イサム・ノグチ　酒井忠康
川端龍子　岡部昌幸
藤田嗣治　林　洋子
*井上有一　海上雅臣
*手塚治虫　竹内オサム
山田耕筰　後藤暢子
古賀政男　藍川由美
*吉田　正　金子　勇
武満　徹　船山　隆
*力道山　岡村正史
美空ひばり　朝倉喬司
植村直巳　湯川　豊
*西田天香　宮田昌明
安倍能成　中根隆行
サンソム夫妻　平川祐弘・牧野陽子
和辻哲郎　小坂国継
矢代幸雄　稲賀繁美
石田幹之助　岡本さえ
*平泉　澄　若井敏明
安岡正篤　片山杜秀
島田謹二　小林信行
前嶋信次　杉田英明
保田與重郎　谷崎昭男

福田恆存　川久保剛
井筒俊彦　安藤礼二
佐々木惣一　松尾尊兊
*瀧川幸辰　伊藤孝夫
矢内原忠雄　等松春夫
福本和夫　伊藤　晃
*フランク・ロイド・ライト　大久保美春
大宅壮一　有馬　学
今西錦司　山極寿一

*は既刊
二〇一〇年十月現在

島津斉彬　原口　泉
*古賀謹一郎　小野寺龍太
*栗本鋤雲　小野寺龍太
*月　性　海原　徹
*吉田松陰　海原　徹
*高杉晋作　海原　徹
ペリー　遠藤泰生
オールコック　佐野真由子
アーネスト・サトウ　奈良岡聰智
冷泉為恭　中部義隆

近代

*明治天皇　伊藤之雄
*大正天皇　F・R・ディキンソン
*昭憲皇太后・貞明皇后　小田部雄次
大久保利通　三谷太一郎
山県有朋　鳥海　靖
木戸孝允　落合弘樹
井上　馨　伊藤之雄
*松方正義　室山義正
北垣国道　小林丈広

板垣退助　小川原正道
大隈重信　五百旗頭薫
伊藤博文　坂本一登
井上　毅　大石　眞
井上　勝　老川慶喜
*桂　太郎　小林道彦
渡辺洪基　瀧井一博
*乃木希典　佐々木英昭
林　董　君塚直隆
児玉源太郎　小林道彦
*高宗・閔妃　木村　幹
山本権兵衛　室山義正
高橋是清　鈴木俊夫
小村寿太郎　簑原俊洋
*犬養　毅　小林惟司
加藤高明　櫻井良樹
加藤友三郎・寛治　麻田貞雄
牧野伸顕　小宮一夫
田中義一　黒沢文貴
平沼騏一郎　堀田慎一郎
宇垣一成　北岡伸一
宮崎滔天　榎本泰子
*浜口雄幸　川田　稔
幣原喜重郎　西田敏宏
関　一　玉井金五

水野広徳　片山慶隆
広田弘毅　井上寿一
安重根　上垣外憲一
グルー　廣部　泉
永田鉄山　森　靖夫
東條英機　牛村　圭
今村　均　前田雅之
蔣介石　劉　岸偉
石原莞爾　山室信一
木戸幸一　波多野澄雄
岩崎弥太郎　武田晴人
伊藤忠兵衛　末永國紀
五代友厚　田付茉莉子
大倉喜八郎　村上勝彦
*安田善次郎　由井常彦
渋沢栄一　武田晴人
山辺丈夫　宮本又郎
武藤山治　阿部武司・桑原哲也
小林一三　橋爪紳也
大倉恒吉　石川健次郎
大原孫三郎　猪木武徳
*河竹黙阿弥　今尾哲也
イザベラ・バード　加納孝代
*林　忠正　木々康子
森　鷗外　小堀桂一郎

二葉亭四迷　ヨコタ村上孝之
夏目漱石　佐々木英昭
巌谷小波　千葉信胤
樋口一葉　佐伯順子
島崎藤村　十川信介
泉　鏡花　東郷克美
有島武郎　亀井俊介
永井荷風　川本三郎
北原白秋　平石典子
菊池　寛　山本芳明
宮澤賢治　千葉一幹
正岡子規　夏石番矢
高浜虚子　坪内稔典
与謝野晶子　佐伯順子
*種田山頭火　村上　護
*斎藤茂吉　品田悦一
*高村光太郎　湯原かの子
萩原朔太郎　エリス俊子
原阿佐緒　秋山佐和子
*狩野芳崖・高橋由一　古田　亮
竹内栖鳳　北澤憲昭
黒田清輝　高階秀爾
中村不折　石川九楊

横山大観　高階秀爾
*橋本関雪　西原大輔
小出楢重　芳賀　徹
土田麦僊　天野一夫
岸田劉生　北澤憲昭
松旭斎天勝　川添　裕
中山みき　鎌田東二
佐田介石　谷川　穣
ニコライ　中村健之介
出口なお・王仁三郎　川村邦光
島地黙雷　阪本是丸
*新島　襄　太田雄三
木下広次　冨岡　勝
嘉納治五郎　クリストファー・スピルマン
津田梅子　田中智子
*澤柳政太郎　新田義之
河口慧海　高山龍三
山室軍平　室田保夫
大谷光瑞　白須淨眞
*久米邦武　高田誠二
フェノロサ　伊藤　豊
三宅雪嶺　長妻三佐雄
*岡倉天心　木下長宏
志賀重昂　中野目徹
徳富蘇峰　杉原志啓

藤原定家　赤瀬信吾
*京極為兼　今谷　明
*兼好　島内裕子
重源　横内裕人
*運慶　根立研介
快慶　井上一稔
法然　今堀太逸
慈円　大隅和雄
明恵　西山　厚
親鸞　末木文美士
恵信尼・覚信尼　西口順子
覚如　今井雅晴
道元　船岡　誠
叡尊　細川涼一
*忍性　松尾剛次
*日蓮　佐藤弘夫
一遍　蒲池勢至
夢窓疎石　田中博美
*宗峰妙超　竹貫元勝

南北朝・室町

後醍醐天皇　上横手雅敬
護良親王　新井孝重
*北畠親房　岡野友彦
楠正成　兵藤裕己
*新田義貞　山本隆志
光厳天皇　深津睦夫
足利尊氏　市沢　哲
佐々木道誉　下坂　守
円観・文観　田中貴子
足利義満　川嶋將生
足利義教　横井　清
大内義弘　平瀬直樹
伏見宮貞成親王　松薗　斉
山名宗全　山本隆志
日野富子　脇田晴子
世阿弥　西野春雄
雪舟等楊　河合正朝
宗祇　鶴崎裕雄
*満済　森　茂暁
一休宗純　原田正俊
蓮如　岡村喜史

戦国・織豊

北条早雲　家永遵嗣
毛利元就　岸田裕之
*今川義元　小和田哲男
*武田信玄　笹本正治
武田勝頼　笹本正治
*真田氏三代　笹本正治
三好長慶　仁木　宏
宇喜多直家・秀家　渡邊大門
*上杉謙信　矢田俊文
吉田兼倶　西山　克
山科言継　松薗　斉
*雪村周継　赤澤英二
織田信長　三鬼清一郎
豊臣秀吉　藤井讓治
*北政所おね　田端泰子
*淀殿　福田千鶴
前田利家　東四柳史明
黒田如水　小和田哲男
蒲生氏郷　藤田達生
*細川ガラシャ　田端泰子
伊達政宗　伊藤喜良
*支倉常長　田中英道
ルイス・フロイス　エンゲルベルト・ヨリッセン
*長谷川等伯　宮島新一
顕如　神田千里

江戸

徳川家康　笠谷和比古
徳川家光　野村　玄
徳川吉宗　横田冬彦
*後水尾天皇　久保貴子
光格天皇　藤田　覚
崇伝　杣田善雄
春日局　福田千鶴
池田光政　倉地克直
シャクシャイン　岩崎奈緒子
*田沼意次　藤田　覚
*二宮尊徳　小林惟司
末次平蔵　岡美穂子
高田屋嘉兵衛　生田美智子
林羅山　鈴木健一
吉野太夫　渡辺憲司
中江藤樹　辻本雅史
山崎闇斎　澤井啓一
山鹿素行　前田　勉
*北村季吟　島内景二
貝原益軒　辻本雅史
松尾芭蕉　楠元六男
*ケンペル　B・M・ボダルト＝ベイリー
荻生徂徠　柴田　純
雨森芳洲　上田正昭
前野良沢　松田　清
平賀源内　石上　敏
本居宣長　田尻祐一郎
杉田玄白　吉田　忠
上田秋成　佐藤深雪
木村蒹葭堂　有坂道子
*大田南畝　沓掛良彦
菅江真澄　赤坂憲雄
*鶴屋南北　諏訪春雄
良寛　阿部龍一
*山東京伝　佐藤至子
*滝沢馬琴　高田　衛
シーボルト　宮坂正英
本阿弥光悦　岡　佳子
小堀遠州　中村利則
狩野探幽・山雪　山下善也
尾形光琳・乾山　河野元昭
*二代目市川團十郎　田口章子
与謝蕪村　佐々木丞平
伊藤若冲　狩野博幸
鈴木春信　小林　忠
円山応挙　佐々木正子
*佐竹曙山　成瀬不二雄
葛飾北斎　岸　文和
酒井抱一　玉蟲敏子
孝明天皇　青山忠正
*和宮　辻ミチ子
徳川慶喜　大庭邦彦

ミネルヴァ日本評伝選

企画推薦
梅原　猛
ドナルド・キーン
佐伯彰一
角田文衞

監修委員
上横手雅敬
芳賀　徹

編集委員
石川九楊
伊藤之雄
猪木武徳
今谷　明
今橋映子
熊倉功夫
佐伯順子
坂本多加雄
武田佐知子
竹西寛子
西口順子
兵藤裕己
御厨　貴

上代

俾弥呼　古田武彦
日本武尊　西宮秀紀
仁徳天皇　若井敏明
雄略天皇　吉村武彦
*蘇我氏四代　遠山美都男
推古天皇　義江明子
聖徳太子　仁藤敦史
斉明天皇　武田佐知子
小野妹子・毛人　大橋信弥
*額田王　梶川信行
弘文天皇　遠山美都男
天武天皇　新川登亀男
持統天皇　丸山裕美子
阿倍比羅夫　熊田亮介
柿本人麻呂　古橋信孝
*元明天皇・元正天皇　渡部育子
聖武天皇　本郷真紹
光明皇后　寺崎保広
孝謙天皇　勝浦令子
藤原不比等　荒木敏夫
吉備真備　今津勝紀
藤原仲麻呂　木本好信
道　鏡　吉川真司
大伴家持　和田　萃
行　基　吉田靖雄

平安

*桓武天皇　井上満郎
嵯峨天皇　西別府元日
宇多天皇　古藤真平
醍醐天皇　石上英一
村上天皇　京樂真帆子
花山天皇　上島　享
*三条天皇　倉本一宏
藤原薬子　中野渡俊治
小野小町　錦　仁
藤原良房・基経　滝浪貞子
菅原道真　竹居明男
*紀貫之　神田龍身
源高明　所　功
慶滋保胤　平林盛得
*安倍晴明　斎藤英喜
藤原実資　橋本義則
*藤原道長　朧谷　寿
藤原伊周・隆家　倉本一宏
藤原定子　山本淳子
清少納言　後藤祥子
紫式部　竹西寛子
和泉式部　ツベタナ・クリステワ
大江匡房　小峯和明
阿弖流為　樋口知志
坂上田村麻呂　熊谷公男
*源満仲・頼光　元木泰雄
平将門　西山良平
藤原純友　寺内　浩
空　海　頼富本宏
最　澄　吉田一彦
*空　也　石井義長
奝　然　上川通夫
*源　信　小原　仁
後白河天皇　美川　圭
式子内親王　奥野陽子
建礼門院　生形貴重
平清盛　田中文英
藤原秀衡　入間田宣夫
平時子・時忠　元木泰雄
平維盛　根井　浄
守覚法親王　阿部泰郎
藤原隆信・信実　山本陽子

鎌倉

源頼朝　川合　康
*源義経　近藤好和
源実朝　神田龍身
後鳥羽天皇　五味文彦
九条兼実　村井康彦
北条時政　野口　実
熊谷直実　佐伯真一
*北条政子　関　幸彦
北条義時　岡田清一
曾我十郎・五郎　杉橋隆夫
北条時宗　近藤成一
安達泰盛　山陰加春夫
平頼綱　細川重男
竹崎季長　堀本一繁
西　行　光田和伸

刊行のことば

歴史を動かすものは人間であり、興趣に富んだ人間の動きを通じて、世の移り変わりを考えるのは、歴史に接する醍醐味である。

しかし過去の歴史学を顧みるとき、人間不在という批判さえ見られたように、歴史における人間のすがたが、必ずしも十分に描かれてきたとはいえない。二十一世紀を迎えた今、歴史の中の人物像を蘇生させようとの要請はいよいよ強く、またそのための条件もしだいに熟してきている。

この「ミネルヴァ日本評伝選」は、正確な史実に基づいて書かれるのはいうまでもないが、単に経歴の羅列にとどまらず、歴史を動かしてきたすぐれた個性をいきいきとよみがえらせたいと考える。そのためには、対象とした人物とじっくりと対話し、ときにはきびしく対決していくことも必要になるだろう。

今日の歴史学が直面している困難の一つに、研究の過度の細分化、瑣末化が挙げられる。それは緻密さを求めるが故に陥った弊害といえるが、その結果として、歴史の大きな見通しが失われ、歴史学を通しての社会への働きかけの途が閉ざされ、人々の歴史への関心を弱める危険性がある。今こそ歴史が何のためにあるのかという、基本的な課題に応える必要があろう。評伝という興味ある方法を通じて、解決の手がかりを見出せないだろうかというのも、この企画の一つのねらいである。

狭義の歴史学の研究者だけでなく、多くの分野ですぐれた業績をあげている著者たちを迎えて、従来見られなかった規模の大きな人物史の叢書として、「ミネルヴァ日本評伝選」の刊行を開始したい。

平成十五年（二〇〇三）九月

ミネルヴァ書房

《著者紹介》

小田部雄次（おたべ・ゆうじ）

1952年　東京都生まれ。

1985年　立教大学大学院文学研究科博士課程単位取得。

現　在　静岡福祉大学教授。

著　書　『徳川義親の十五年戦争』青木書店，1988年。

『梨本宮伊都子妃の日記』小学館，1991年。

『ミカドと女官』恒文社21，2001年。

『四代の天皇と女性たち』文春新書，2002年。

『家宝の行方』小学館，2004年。

『華族』中公新書，2006年。

『華族家の女性たち』小学館，2007年。

『天皇・皇室を知る事典』東京堂出版，2007年。

『李方子』ミネルヴァ書房，2007年。

『皇族に嫁いだ女性たち』角川選書，2009年。

『皇族』中公新書，2009年。

『皇室と静岡』静新新書，2010年。

ミネルヴァ日本評伝選

昭憲皇太后・貞明皇后

——一筋に誠をもちて仕へなば——

2010年11月10日　初版第1刷発行　〈検印省略〉

定価はカバーに
表示しています

著　者　小田部　雄　次

発行者　杉　田　啓　三

印刷者　江　戸　宏　介

発行所　株式会社　ミネルヴァ書房

607-8494　京都市山科区日ノ岡堤谷町1

電話（075）581-5191（代表）

振替口座　01020-0-8076番

共同印刷工業・新生製本

ISBN978-4-623-05908-9

Printed in Japan

人名索引

※「昭憲皇太后」「貞明皇后」は，頻出するため省略した。

あ 行

か　行

さ 行

た 行

な　行

は　行

ま　行

や　行

ら　行

わ　行